职业教育 法律职业教育精品系列教材

民事司法沟通

刘爱君 王善忠 李迎新
宋 垚 刘哲尔 编著

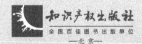
知识产权出版社
全国百佳图书出版单位
——北京——

图书在版编目（CIP）数据

民事司法沟通/刘爱君等编著. —北京：知识产权出版社，2021.11
ISBN 978-7-5130-7778-1

Ⅰ．①民… Ⅱ．①刘… Ⅲ．①民事诉讼—沟通—研究—中国
Ⅳ．①D925.1

中国版本图书馆CIP数据核字(2021)第208004号

责任编辑：赵　军　　　　　　　　　责任校对：谷　洋
封面设计：纵横华文　　　　　　　　责任印制：刘译文

民事司法沟通

刘爱君　　王善忠　李迎新　宋垚　刘哲尔　编著

出版发行：	知识产权出版社有限责任公司	网　　址：	http://www.ipph.cn
社　　址：	北京市海淀区气象路50号院	邮　　编：	100081
责编电话：	010-82000860转8127	责编邮箱：	zhaojun99668@126.com
发行电话：	010-82000860转8101/8102	发行传真：	010-82000893/82005070/82000270
印　　刷：	北京虎彩文化传播有限公司	经　　销：	网上书店、新华书店及相关专业书店
开　　本：	787 mm×1092 mm　1/16	印　　张：	16
版　　次：	2021年11月第1版	印　　次：	2021年11月第1次印刷
字　　数：	313千字	定　　价：	68.00元

ISBN 978-7-5130-7778-1

法律职业教育精品系列教材
编 委 会

总 主 编

许传玺

编委会成员

本书写作团队介绍

刘爱君 拥有经济学硕士和法学学士双专业背景，中国政府采购评审专家，中国企业联合会维权工委委员，北京市西城区人民调解员协会专家顾问，北京市政法系统"十百千"人才，北京政法职业学院学术委员会委员，兼职律师。拥有新闻主任编辑高级职称，曾在《法制日报》十四年的新闻从业经历中斩获部级、市级新闻奖项。此后仍笔耕不辍，将题材由新闻类转为法律实务领域。近十年从事公益法律服务的一线实践与研究，多次接受《法治日报》《中国法院报》等媒体采访报道；主持编写的全国司法职业教育"十二五"规划教材《法律援助实务》荣获司法部司法行政系统业务培训优秀教材二等奖；主持编写的《人民调解实用技巧》被作为行业培训教材；参与主讲的"法律文书情境训练"课程被评为司法部精品课程。继2016年出版个人专著《调解沟通艺术》之后，继续尝试将法律与沟通这种跨界研究进行到底。

王善忠 北京市隆安律师事务所合伙人，中国人民公安大学法学硕士。曾在北京市石景山区人民法院从事审判和执行工作七年，业务专长刑事辩护、刑事合规、刑民交叉争议解决、金融不良资产处置。

李迎新 中国人民大学法学院经济法学硕士，从事司法审判工作十年。在《人民司法》等期刊发表论文、案例十余篇，曾获全国法院系统学术论文讨论会二、三等奖。学术专长为民事诉讼法、经济法学。

宋垚 南开大学法学硕士，拥有法学、工商管理双学位。曾发表论文多篇，合著出版《再审疑难案件法官评述》。

刘哲尔 北京师范大学法学院毕业。多次参与演讲比赛并获嘉奖，在"京都杯"模拟法庭比赛中担任评委，"本地生活杯"全国高校联合辩论赛总决赛中担任点评嘉宾。

专家荐语 1

　　《民事司法沟通》聚焦未来从事法律职业人士所需的特殊沟通技巧，旨在帮助学员和读者提高在民事诉讼和仲裁等相关服务和程序中与不同类别的交流对象进行有效专业沟通的技能。

　　如何进行有效的交流是一门学问，也是从事法律职业的一项重要技能。记得十多年前参加《侵权责任法》的起草工作，有位领导曾给我这样的指导："一个好的意见，不仅要内容好，还要'会说'，也就是正确地沟通与表达。"否则，即使有什么好主意，也未必能成为法律条文。立法程序中的沟通是如此，司法程序中的沟通更是如此。

　　《民事司法沟通》对民事司法实践中的有效沟通进行了体系化和具有可操作性的探索，在法律人"如何正确说话"这个领域进行了具有创新性的尝试。我欣赏这种创新且务实之作，希望它能够给读者带来新的知识、思路和体验。

张新宝
中国人民大学法学院教授

专家荐语 2

把"司法口才"和"管理沟通"这两个专业领域融于一体是本书作者们的一次大胆尝试。《民事司法沟通》的丰富内容和巧妙构思让沟通学与民事诉讼实现了跨界"握手",完成了一项具有挑战性、独创性、启发性的创作,令人赞叹。

本书从沟通基础理论入手,将美国心理学家马斯顿的 DISC 性格分析工具引入到当事人沟通中,结合民事纠纷处理主体——律师、法官、书记员的一线工作特点,以及与当事人面对面沟通的不同场景,深入浅出地提供了简单实用的沟通技巧与方法,对提高从事民事法律专业人士的业务素质和当事人满意度,进而促进解纷息讼大有裨益。

实践是最好的老师。作为具有三十八年律师执业经验的资深法律人,我非常欣喜地看到,本书的作者均来自法律实务一线,他们将实践中的所思所问所为集中于本书中。我与作者之一的刘爱君教授相识于中国律师改革开放的激情年代,她曾经是位活跃在中国律师与法制新闻领域的媒体人,近年来她勤勉积淀,本书是她与其他四位作者将法律服务实践与思考研究成果结合的一次呈现,令人眼前一亮。

沟通学与司法实务的碰撞,不是简单的传术,而是一种授道。懂得并精熟与人沟通,既是一门值得深究的学问,更是司法工作追求的一种境界,本书的问世,为从事实务工作的法律人打开了一扇窗。

李大进

资深律师

中华全国律师协会前副会长

北京市律师协会前会长

专家荐语 3

　　《民事司法沟通》一书涉猎了一个前人较少研究的司法实务领域。以往的司法实务研究更多地从案例研究或制度分析着眼，很少从人际沟通角度进行实务探讨。但实际上，沟通是纠纷解决中一个必不可少的要件。大量纠纷的发生尤其是民事纠纷的发生，本身就来自沟通缺失或沟通失误带来的冲突。民事纠纷的解决过程，无论是司法还是非司法手段，都是通过一整套沟通手段最终达到定纷止争的目的。民事司法是国家司法权力介入的、以严格程序为沟通平台的、带有强制性色彩的纠纷沟通解决方式。民事司法具有效力强制性、严格程序性的刚性色彩，同时也具有平等沟通的柔性色彩。为有效运用沟通手段，顺利实现信息传递、柔性解决纠纷的目的，司法领域中沟通问题的研究必不可少。

　　本书填补了民事司法沟通领域的空白，带有一定的开创性。本书侧重于实务实战性，以 DISC 人类行为语言的性格特质分析理论以及基础沟通技能理论作为专业沟通的理论来源，以民事诉讼程序中法官、书记员、律师等主体在不同工作场景下的不同交流需求、方法分别加以介绍，配以大量实践案例情境内容。本书针对实务人群，定位在训练实务技能方面，具有很强的操作指导性。本书主要作者刘爱君，长期从事司法实务教学工作，并具有新闻领域从业经验，在民事司法沟通领域有独到的理论与实践心得。本书创作团队集合了几位一线经验丰富的司法工作者，大大增强了本书的实务性和可操作性。

　　希望本书能给司法实务工作从业者以有效指导和帮助，也希望对于司法沟通研究领域有兴趣的读者，能从中得到启发。

邹　治
北京市高级人民法院民一庭副庭长

目 录

通 识 篇

应 用 篇

通 识 篇

第一章　沟通与司法沟通

本章要点

◇ 沟通和司法沟通的特性

◇ 司法沟通与司法口才的区别

◇ 有效司法沟通的条件

有人说，沟通伴随着人类历史的发展和人们社会生活的方方面面，只要有人的地方就有语言，就会有沟通。关于沟通的定义也有数百种版本之多，但归纳起来，比较一致的意见：沟通是一种信息、思想、情感的传递与交换的过程，它已经成为人们生活与工作中一项必不可少的技能。

提到司法沟通，大家可能非常陌生，从已有的研究成果中难以找到一个现成的定义，但随着我国依法治国进程的加快，民事司法沟通研究已不能再被忽视和边缘化了。近十年来，人们的法制意识不断增强，我国司法审判的受案量连年攀升。2019 年 3 月最高人民法院工作报告记载：2018 年全年全国法院依法审理涉民生案件审结一审民事案件 901.7 万件，同比上升 8.7%，其中涉及教育、就业、医疗、养老等案件 111.1 万件。推广河南、湖南等地法院经验，依法制裁恶意欠薪行为，帮助农民工追回劳动报酬 95.3 亿元。审结婚姻家庭案件 181.4 万件，发出人身安全保护令 1589 份。三年来，人民法院全力攻坚，共受理执行案件 2043.5 万件，执结 1936.1 万件，执行到位金额 4.4 万亿元，解决了一批群众反映强烈的突出问题，基本形成中国特色执行制度、机制和模式，促进了法治建设和社会诚信建设，"基本解决执行难"这一阶段性目标如期实现。在这一串数字的背后是司法审判辅助工作的大力发展，法院诉讼服务部门、诉前调解部门像雨后春笋般应运而生，基层法院每天接待各类来访的当事人络绎不绝，他们或进行诉前咨询、立案或是开庭，领取各类文书，抑或是申请执行、投诉信访等，如今的法院已经不再是与人们距离遥远的"衙门"，而是当事人法律权利得以实现、权益得以保障的最后一道防线。同时，以各地律师协会为代表的专业行业组织成立了多种律师公益服务团队，每年承接大量的法律咨询、接待、疏导等公益法律服务，为社会的和谐安定作出了积极有益的贡献。

当我们为一线的法官、书记员、律师、人民调解员等专业的法律人点赞的同时，透过一次次的接待、咨询、传唤、调解等工作画面，可见以民事法律事务与服务为载体的民事司法沟通无处不在。本书以民事司法沟通为核心，将带领读者开启一段全新的学习旅程。

第一节　走近民事司法沟通

一、沟通的定义

沟通自然离不开人所使用的言辞（语句）以及沟通的内容。所谓沟通就是人与人之间，根据预定的目的，通过一种或多种方式，借助某种或某些载体，彼此交流思想、传递信息、交换意见的过程或活动。

（一）沟通首先是信息的传递

具体来说，沟通首先是一种信息的传递，也就是要有沟通的内容、方式，有明确的沟通目的和方向。这里的信息具有丰富的内涵，它包括语言信息和非语言信息。语言信息包括口头信息和书面信息，非语言信息包括副语言信息和身体语言等。沟通的主体就是信息的发送者，沟通的对象也就是信息的接收者。

（二）接收者对信息的理解影响沟通的有效性

沟通对象——接收者对信息的接收并非单向被动的，而是要进行分辨、吸收或加工，以对信息发送者做出相应的回应或反馈。当接收者无法对信息充分了解并吸收时，沟通可能出现障碍，影响沟通的效果。一般而言，有效沟通要求接收者能够将对方传递过来的信息充分理解并加以判断，做出相应的回应或反馈。

（三）沟通具有双向、互动特点

沟通是人与人之间彼此交换信息、情感的过程，一句话、一个眼神、一个微笑、一个态度，都向对方传递着不同的信息与情感，同样，接收这一信息的一方会从信息传递者的一句话、一个眼神、一个微笑或态度中，体会出不同的含义，做出相应的理解与判断，从而加以回应。沟通是一个双方互动的过程。

二、沟通的分类

沟通的分类有多种，比较有代表性的分类法有如下三种。

（一）根据沟通方式不同分类

面对面沟通。当沟通主体与沟通对象面对面，通过口语交流的方式进行信息的传递，就是面对面沟通。这种沟通方式交流比较直接，非语言的作用较为显现，作用独特。同时，面对面沟通的内容比较灵活，沟通双方都可以根据现场的交流情况随时调整沟通的内容或交流的语言，比如可以增加使用积极的身体语言来向对方暗示自己是一位很好的倾听者及交流对象。当然，双方也很容易从对方传递的身体语言和言辞信息中及时捕获信号，以做出相应的反馈，从而使沟通交流更加顺畅有效。

书面沟通。当沟通主体与沟通对象无法同时出现在同一现场，书面沟通就是一种常见的沟通方式。随着科技手段不断升级换代，传统上使用纸质材料（如书信）进行信息传递和交流的书面沟通方式日渐被电子邮件、微信、微博、公众号等取代。与面对面沟通相比，书面沟通更加正式、诚恳，沟通的内容易于固定及保存，它因不受沟通双方时间和空间的限制，更易被广泛用于客户与销售、公司与员工、公司与公司之间的业务交流上。

（二）根据沟通是否具有互动分类

单向沟通。当沟通的主体与沟通的对象不具备相互反馈条件时，沟通的主体也就是信息的发送者仅发送信息到达沟通对象，即信息接收者仅接收信息，不做相应反馈给信息发送者，这种固定的沟通方式就是单向沟通。例如公司单纯地发出通知给员工，法院给民事被告方发送原告的起诉材料及传票等。

双向沟通。当沟通主体与沟通对象，也就是信息的发送者和接收者会随着沟通内容的变化，而不断变换各自的角色，双方也随时从对方那里获取信息，再予以反馈，从而形成交流互动。例如律师给当事人提供的法律咨询、调解员给双方进行纠纷调解都属于这类沟通方式。

（三）根据沟通是否借助载体分类

直接沟通。沟通双方不借助任何媒介，而是当面直接交流，例如民事纠纷调解、当面咨询等。

间接沟通。沟通双方不直接见面交流，而是借助第三方媒介进行交流，比如微信、电子邮件、电话等。

（四）根据与沟通对象的关系分类

根据不同沟通对象与沟通主体的关系及身份地位的不同，可以分为上级沟通（与比自己职位高的领导沟通）、下级沟通（与比自己职位低的下属沟通）、同行沟通（发生在同事之间或不同单位或部门的同级人员之间）。

三、民事司法沟通的定义

（一）司法概念界定与民事司法沟通

一般认为，司法是指司法机关依据宪法和法律规定的职权和程序，具体应用法律处理各种案件的过程。对于司法的界定学界观点各异。[1] 但普遍将司法的概念等同于司法机关。对于司法机关的界定，比较有代表性的两种观点分别是：第一种观点是司法机关仅指人民法院和人民检察院；第二种观点认为除了上述两大机关外，还应包括公安机关和司法行政机关。本书的立足点在于提高参与处理民事纠纷和冲突或民事非诉法律事务的专业人员的沟通能力，而非注重学术争议。因此，民事司法仅界定为处理民商事纠纷和冲突的办案机关及处理民商事非诉讼法律事务的相关机构适用法律处理纠纷的活动，包括诉前、诉中、诉后等民事诉讼程序各阶段，以及非诉讼法律事务的各个阶段。

法兰克福大学哲学和社会学教授、"批判理论"和新马克思主义的主要代表人物德国的哈贝马斯最早提出沟通理论并运用于法律领域。《在事实与规范之间——关于法律和民主法治国的商谈理论》一书中，他首次提出了法律商谈理论的问题。其后比利时法学家马克·范·胡克（Mark Van Hoecke）在其《法律的沟通之维》一书中对哈贝马斯法律商谈理论在法律哲学领域进行了更为具体的分析和运用，对法律沟通存在的法理基础作了深入的分析。在《法律的沟通之维》一书中，虽然贯穿全书的主题和关键词是法律沟通，但其对法律沟通只有描述性的表述，并没有给法律沟通下定义[2]。目前关于法律与沟通的著述文献寥寥，这也是促使本书作者写作的原因。

根据民事司法和沟通的相关概念及界定，我们将民事司法沟通定义为：处理民商事纠纷或冲突或非诉讼民商事法律事务时，相关国家司法机关办案人员或相关法律工作者，面对特定对象，运用法学、语言学、心理学、逻辑学等相关知识所进行的信息、思想的传递与互动交流、商议等过程。它是从事民商事诉讼、非诉讼相关

---

[1] 杜国胜：《司法口才理论与实务》，中国政法大学出版社 2015 年版，第 24 页。

[2] 郭锦杭："法律沟通的实证分析"，载《嘉应学院学报》2010 年第 9 期，第 73—74 页。

法律事务的办案、执法、辅助工作人员所必备的工作技能之一。

（二）民事司法沟通的主体及沟通对象

按照机构性质，民事司法沟通主体主要包括：人民法院、律师事务所、诉调对接的人民调解机构、公证处、仲裁院等。参与的法律专业人员范围涉及：法官及法官助理、书记员及相关司法辅助人员、律师及助理等相关人员、参与诉调对接的调解员、公证员及助理等相关人员、仲裁员及其他相关人员等。这些主体在特定的专业工作环境下，面对特定沟通对象，通过运用沟通技能，以提高理清案件事实、准确适用或解释法律、化解矛盾、处理纠纷、宣讲普及法律的能力及效率。

民事司法沟通对象应当是所有涉及民事法律事务需求的当事人，包括提起民事诉讼或尚未提起民事诉讼，但已发生民事纠纷或冲突，或有民事法律事务诉求所涉及的各方当事人及利害关系人，也应包括有非诉讼法律需求的当事人。

为了内容的集中性，本书主要阐述和介绍法官、书记员、律师参与民事诉讼纠纷处理工作的沟通技能与任务。针对上述三大沟通主体的工作特性与职责，将民事司法沟通的主要内容细分为：诉前律师接待当事人咨询、书记员诉讼服务接待、法官和书记员接待当事人信访；庭前书记员向当事人进行送达与传唤；法官和书记员开庭审理期间的沟通、律师参与庭审的沟通；法官主持纠纷调解、书记员辅助调解、律师参与调解的沟通；判后执行期间的沟通等。这些沟通内容都在三大沟通主体的日常工作中以不同的工作场景加以体现，具体内容详见本书第六、七、八、九、十章。

四、民事司法沟通的作用

（一）利于指导司法工作实践

2019 年 7 月针对北京市 23 个法院的一线法官、书记员及法院行政管理干部做的专项调研回收的 540 份问卷中，在"书记员需要的其他能力"选项中，排名前三位的能力包括：（1）熟练的案件整理管理能力（91.61%）；（2）较强的语言文字的理解归纳概括能力（81.18%）；（3）较强的沟通协调能力（80.99%）。如果把第一项能力看作工作技能的话，那么，语言文字的理解归纳概括能力和沟通协调能力则构成了司法沟通技能的核心部分。可见不论是法官还是书记员，在实际工作中所需要的工作技能，除了法律知识的运用能力外，良好的沟通能力会使其在工作中大为受益。

（二）利于塑造良好职业形象

在民事司法沟通的各个阶段中，有相当一部分环节是书记员与当事人的沟通、律师与当事人的沟通，特别是在接待、咨询、传唤这些沟通场景中，作为沟通对象的当事人第一次接触司法机关，第一次接触法律专业事务，都是从与书记员或律师的见面、电话沟通开始的，比如接到法院书记员通知自己涉诉的电话，这些书记员或律师与当事人第一次接触时留下的第一印象如何，直接关系到当事人对于整个司法机关及法律专业服务队伍整体形象的认识。书记员、律师们在沟通中所表现出的工作态度、专业程度，都是这个群体整体业务素质的直接反映。因此，学习和掌握一定的司法沟通技巧，将有利于提升司法人员及法律工作者的职业素质。

（三）利于法制宣传，彰显司法尊严

民事司法沟通离不开有声语言的表达，在内容上离不开向沟通对象释疑解惑或是法制宣传，抑或是普法教育。当律师接待当事人提供纠纷解决咨询时，沟通内容中除了对具体案情的分析，还少不了就民事诉讼程序有关规定向当事人进行宣讲介绍，这就是一种自然普法的过程；当法官主持庭审时，会在必要的情况下对当事人进行法律释明，这一行为也是体现法律尊严和法制宣传的过程；当法官或调解员在对当事人进行调解时，对于有过错的当事人在有必要的情况下会采取一定的批评教育的方式加以沟通调解，这一过程也是彰显司法尊严和法制宣传的体现。因此，民事司法沟通的过程也是普法宣传，保障法律有效、正确、公正实施的过程。

第二节　民事司法沟通的特点与能力培养

一、民事司法沟通的特点

讲到民事司法沟通的特点，就需要提到司法口才，目前司法口才历经二十几年的研究与发展，已经进入了大部分高等院校法学院的课堂，但研究成果及专业特色十分有限。本教材编写组通过对民事司法沟通的研究及与司法口才的比较，将民事司法沟通归纳为如下几个特点。

（一）从与司法口才的区别看

（1）双向性。根据司法口才的定义可以看出，司法口才是国家司法机关办案人员及其诉讼活动中的其他人员，使用有声语言依法、高效、权威、公正地进行司法活动的口语能力。❶司法口才是以诉讼口才为主的，根据不同司法机关办案主体的区别，可分为侦查机关口才、检察机关口才、审判机关口才等。侦查机关口才和检察机关口才主要围绕刑事诉讼来展开，表现在讯问犯罪嫌疑人或被告人，公诉人在法庭上的发言，如宣读刑事起诉书等；审判机关口才主要是法官主持下的庭审语言，律师在庭审中的发言，如文书宣读等。这些语言表达的口才内容中，除了民事、行政案件庭审中，法官对诉讼双方的问话，双方需要应答外，还包括刑事案件庭审中公诉人讯问被告人、被告人应答等环节，具有双向交流的特点。其他大部分司法口才运用场合主要以单向独白式语言表达方式为主，特别是司法宣读口才是典型单向独白式的语言表达。也就是说，在司法口才的大部分语境中，都是说话的一方向对方发出要传播的信息，而对方只是信息的接收者，说者和听者关系固定，没有互动。

而司法沟通则不同，在民事司法沟通中，因为大部分沟通场合是沟通主体与沟通对象就专业性的问题进行双向交流，说者和听者的地位并不固定，双方互为信息的传播者和接收者，是一种会话式的语言交流方式。

（2）应变性。司法口才中侦查、检察，以及刑事审判中的审判口才多以讯问语言居多，同时司法宣读、法庭辩论的语言在整体司法口才中占有相当的比重，因此，司法口才强调的是主体的表达能力，表达的内容多以文书等诉讼材料的准备为基础。司法口才因为使用的场合多为刑事侦查及案件庭审，均为严肃庄重的场合，主体的权威性较强，因此，口才表达的内容具有较强的宣教性和说理性。

而民事司法沟通中，大量的沟通环节发生于诉讼之前庭审之外，而且沟通主体与沟通对象不局限于法官与当事人，还包括律师与当事人、书记员与当事人、调解员与当事人等，沟通双方地位平等，在一些咨询接待的场合，沟通对象随机性较强，且沟通的目的常常以沟通主体为沟通对象答疑解惑、明辨法理或是教导指引为主，因此沟通主体不可能事先准备文字材料作为发言的基础，而是要根据沟通对象的交流内容来调整自己的语言表达。

（3）亲和性。司法口才的应用场合决定了口才主体所使用的语言要强调庄重规范、法言法语，例如在有双方律师参与的民事庭审中，双方律师在法庭上的发言均应要求使用法言法语，在宣读文书、举证质证、法庭辩论的各个阶段，专业性的要求必不可少。

而民事沟通，因为沟通场合以开庭审理之外居多，非专业人士的当事人在沟通中必然遇到法言法语难以理解的障碍，因此，作为沟通主体的专业人士一方，必须使用通俗易懂的语言加以解释。不仅如此，很多当事人在最初接触律师、调解员时

---

❶　安秀萍：《司法口才学教程》，中国政法大学出版社 2017 年第 3 版，第 2 页。

不一定对其具有信任感，因此在律师接待咨询或调解员主持调解时，当事人可能表现出一定的戒备性、掩饰性心理。相当多的当事人第一次面对法官或书记员时，具有一定的对抗性心理。这都需要沟通主体能够在民事司法沟通中使用较为亲和的语言，缓解沟通对象的心理负担，放下包袱，将负面情绪调整到可以交流的层面上来。

（二）与司法口才的共性

合法性。司法口才和民事司法沟通尽管在使用场合上有较大区别，涉及的内容也不同，但沟通主体都是要在法律规定的程序下进行活动。语言表述的内容都有相应的法律依据，只是在说理时，民事司法沟通更多地强调情理的因素。

特定性。两者的主体都是特定的群体，如果是在诉讼阶段，两者的主体主要指司法人员、仲裁人员及律师、调解人员、法律工作者等。如果是在民事非诉讼阶段，民事司法沟通的双向互动性特征，使得参与办案人员及其相关人员也可以成为沟通的对象。

二、培养民事司法沟通能力的基本要求

（一）知识性要求

良好的法律功底。民事司法沟通能力的提高，离不开司法办案人员及法律专业工作者作为沟通主体的知识积累。良好的法律功底自然必不可少。民事司法工作的每个环节都离不开法律的专业知识，沟通主体在沟通中少不了使用大量的法言法语，还要能够准确适用法律，熟练运用法律知识来为沟通对象——当事人解答各种疑难，或提供准确可行的纠纷解决方案。

广博的相关知识。民事司法沟通作为一门学科，离不开沟通学、口才学、心理学、逻辑学等相关学科，同时在沟通中，为了增加沟通话题的丰富性和沟通内容的深度，要求沟通主体能够有广博的知识，以便在沟通中拉近彼此距离，增加沟通内容的色彩。

（二）思维性要求

沟通强调互动性、随时性，沟通的内容大多数不可能做太多的前期准备，双方对对方的表达要及时做出回应与反馈，没有太多思考时间，这就要求作为法律专业人士的沟通主体要有较强的思辨性，要能够在沟通中做出有逻辑、有层次、语言流畅、清晰准确的表达。

（三）表达性要求

良好的沟通能力离不开良好的口语表达能力，只有口语表达用词准确、得体、

通俗，语音清晰，声音积极，音量适中，表达内容清晰、易懂、有说服力、有逻辑、有针对性，才能够使沟通对象比较轻松地获得沟通主体所要传递的信息、思想与情感，能够比较准确地理解领会沟通主体所表达的含义。

（四）辨识性要求

司法沟通主体需要在沟通中具备基本的察言观色的能力，同时将观察到的沟通对象的非有声语言要素加以识别、分析并判断，才能及时准确地了解沟通对象的思想与感情细节，了解他们未能说出的心里话或是准确听出话外音。本书第二、三、四章加入了辨识沟通对象行为倾向和肢体语言的章节，以帮助读者有效提升了解沟通对象的基本方法与技能。

（五）心理性要求

民事司法沟通的内容性质决定了有些沟通并非是沟通对象乐于进行的，特别是当沟通对象出现了不愿意接受的家庭纠纷时，他们往往承受着很大的心理压力，例如，民事诉讼的多数被告在接到法院书记员通知其被诉的电话时都是相当排斥的，甚至有些当事人会直接在电话里破口大骂，无礼地将电话挂断，这就要求书记员们具备智慧的心态，超强的承受能力，始终保持自信的平和态度完成传唤任务。再比如，一些经验不足的律师出庭参加诉讼时可能会比较紧张，面对法官的问话或是对方犀利的质证意见，往往出现应答障碍、表达不清或不连贯、发言声音过小等情况，从而在庭审中处于被动。这就需要沟通主体在从事民事司法沟通中具备高度的自信心，以应对沟通中的不确定性，将自己业务技能水平尽量发挥出来。

〖 **活动平台** 〗

1. 请自行准备一篇五六百字的故事性或理论性文章，练习速读。

训练要求：请在反复朗读 5 遍以上的情况下，加快速度，要求吐字清晰、准确、不漏字、音量适中。

2. 逻辑思维描述练习：描述你的同学或朋友给大家听，限时 1 ～ 2 分钟。

训练要求：请用流畅的语言描绘他／她的特点，可以围绕面貌、发型、服饰、举止、声音等，也可以讲他／她的习惯、爱好等。要求线索清晰、重点突出、有细节、层次分明。

第三节　民事司法有效沟通的要素

民事司法沟通首先是属于沟通的范畴，它具有沟通的基本特性，要实现有效的司法沟通，就要先满足常规有效沟通的基本条件。一个好的沟通不仅是信息的有效传递，更需要有思想、情感被信息接收者理解，当接收者对所传递来的信息、思想、情感能够与发送者所要表达的意思理解较为一致时，就是典型的有效沟通的过程。

一、目的明确灵活应变

沟通是一项有目的活动，目的决定着沟通的内容和沟通的方向，决定沟通主体要向沟通对象发出什么信息。当沟通双方对沟通目的都比较明确、具体，沟通会一拍即合；如果沟通目的不明，沟通就变成了闲聊。例如，一位当事人认为自己的劳动权利被侵害，准备起诉单位，找到律师进行咨询，他的目的可能有多项，一是需要听律师给他分析基本案情，进而通过律师的分析与判断，给出他下一步处理纠纷的方法建议；二是了解基本的法律规范和诉讼程序要求，对自己已拥有的权益以及需要付出的成本进行比较分析判断；三是通过与律师的咨询，对律师的专业水平进行考查，以便判断选择适合自己委托的律师。当这位当事人抱有这些沟通目的来找律师咨询时，可能他的问题就会较多，涉及的方面考虑也比较多，但如果这位当事人不能把整个咨询过程围绕这些内容进行交流，整个咨询不但会时间较长，更会在一些细节问题上占用大量的时间，使沟通主题不明确。如果接待律师无法在第一次见面时，及时了解到对方这些需求，或者咨询重点不能放在当事人关心的问题上，律师回复面面俱到，沟通效果就会大打折扣。因此，律师应进一步明确对方在上述三个目的中哪一个是重点，就应重点针对这一目的做相应调整，以达到既节约咨询时间，又能解决对方重点需求的问题。

沟通目的明确，不代表不可以做临时性的调整，例如在调解过程中，调解人员可以按照预先准备的调解方案和思路进行，可是在调解过程中，如果发现其中一方当事人情绪过于激动，甚至无法听进去任何建议，已不会立即接受任何利益让步，此时的沟通目的就需要做相应调整，将讨论利益分配权责等问题放一放，将沟通重点放在安抚当事人情绪，以及找寻产生情绪的根源上。

二、语言通俗准确

沟通主要依赖于口语的表达与交流，在这个过程中，会伴有声音、语调、语气、重音、节奏等副语言和肢体语言的配合，以辅助思想情感的表达与传递。民事司法沟通中，沟通主体以专业法律工作者为主，沟通的内容以专业事项为基础，因此，少不了法言法语的准确使用，但民事司法沟通对象多为涉及民事纠纷的当事人，单纯的法言法语会对沟通对象接收信息形成障碍，举例如下：

一起购车借贷纠纷中，原告是贷款银行，被告是借款人，被告因为还款期间出现失业，导致经济困难，无法按时还款达两年之久，以致被银行诉至法院。在开庭前，法官考虑到被告的实际情况，专门安排了对被告进行谈话，此次沟通目的是希望促成被告愿意以调解结案，与银行达成分期还款协议。以下是双方的对话：

法官：你知道你欠银行多少钱吗？

被告：知道，我那辆车不是已经给你们拉走给银行了吗？

法官：那是为了让你少还点，但现在评估出的卖车的钱也不够，还差着 3 万多元呢。

被告：我已经还了不少了，车卖了怎么还不够呀，这贷款可真够黑的……

法官：你说这个没用，你办了贷款手续，按照法律规定就得按期还款，你现在加上罚息就是还要还这么多。

被告：你说我这车本来也没开两天，怎么还欠这么多钱呢？车你们拉走了，我也没钱给了……

法官：你说那些没用，按照法律规定就得该还多少还多少，我可以给你争取调解，你要调解吗？

被告：调解？啊……

法官：那你说你想怎么调吧？我给你向对方争取。

被告：嗯嗯……

法官：你得表个态呀，你的意见是什么？

被告：调解就调解吧。

法官：你想怎么调啊？

被告：法官，什么是调解？是不是调解了我可以不还呀？

法官（表情哭笑不得）

从以上举例可以看出，如果法官等司法办案人员或其他民事司法沟通主体，在与非专业的普通当事人进行沟通时，只简单使用法律专业术语无法将准确的信息传递给对方，因此，强调民事司法沟通语言的通俗性就成为必需。通过通俗化、大众化的语言，将难以理解的专业术语加以解释，帮助当事人有效理解法律条款内容，了解自身的权益和责任十分必要。

只有通俗还不够，因为民事司法沟通的众多场景中，需要作为法律专业工作者的沟通主体向沟通对象进行准确的法律指引，例如，在法院的诉讼服务大厅，书记员每天要接待大量前来咨询各种诉讼事项的普通当事人，大到如何立案，如何准备材料，小到立案材料需要复印几份这样的细节问题，都需要书记员给予非常准确的指引说明。因此，传递信息要以强调信息传递的准确、完整、清晰表达为基础，避免模糊引起猜疑或不同理解，甚至导致不满情绪。

三、态度自信庄重

由于在民事司法沟通中沟通主体有对沟通对象指引宣教的任务，因此，沟通主体是否具有业务自信，交流自信，面对陌生的当事人自如大方地表达尤为重要。在信息传递的过程中发出信息的沟通主体一方要能够自信地表达，声音积极，音量适中，给对方予尊重，语速适中、语调平稳、态度自然不失庄重，体现出沟通主体的专业性特点，才能区别于日常生活中的闲谈交流语气语调的丰富多变。法官语言中的庄重性、书记员语言中尊重带着亲和性，既可以展现司法公正的专业形象，也避免了态度语气过分严苛、咄咄逼人。同时有利于消除当事人来到威严的法庭上的恐惧心理和对立情绪。试想，一个说话语气懒散、一副无所谓态度的书记员，当事人何以能感受到尊重和司法的庄严呢，会不会对司法公正产生怀疑？

四、交流注重情理

在民事司法沟通中，特别是在司法调解或庭外调解时，如果主持调解的法官光讲法律、政策给当事人，不能让其信服，反而会让当事人认为法律很无情，法官很机械，不通情理。因此，在调解中，通过运用说服及感化性言辞，注重情理的表达与引导，通过理解对方的内心需求，表达出一定的情感传递，将道理、法理、事理融于一定的情感之中，会起到事半功倍的效果。律师在为当事人分析案情时，面对当事人的一些情绪化的表达和不符合法理的过度要求，可以使用"可以理解""尽力而为"等委婉语，既可以给自己留有余地，也能让对方感到律师愿意尽力为自己服务，此后乐于接受律师的建议，更好配合律师的工作。

一对只有独子的老夫妻，因儿子意外死亡之后，为了儿子单位发放的 8 万元丧葬费被儿媳领走而心生不满，在多次向儿媳索要未果的情况下，将儿媳和 14 岁的孙子告上了法庭，要求分割这笔财产和继承儿子婚后购买的一套住房。开庭前，经主审法官了解，儿媳是普通上班族，每月工资不足 5000 元，和儿子一起仍居住在老人要求继承的这套住房里。两位老人都曾是国家机关工作人员，分别有每月5000 多元的退休金。于是，主审法官决定在开庭前先安排对两位老人进行调解。

以下是部分对话：

法官：老太太，您知道儿媳每月挣多少吗？

老太太：我不管她挣多少，我要我该得的！她一直也没什么本事，全靠我儿子。

法官：您说得对，她是本事没您儿子大，所以现在每天上班也还没您的退休金多呢，您看她还得养孩子，孩子现在上初中了，也正需要钱不是嘛。

老爷子：那我们俩现在也没人管了不是嘛！

法官：老太太，您儿子在的时候，儿媳对您二老怎么样啊？跟您儿子处的还好吗？

老太太：她人挺实在的，也每周都来看我们，帮我做做家务什么的，过得去。跟我儿子也一直关系不错。

法官：您看咱们做老人的是不是就图孩子能过得幸福，不要求有一天花他们年轻人的钱，等他们养吧？我看您二老也都挺棒的，工作也是上等的，您儿子也挺出息。

老太太：（已经哭了）

法官：您看孙子年龄还小，他们现在面临的压力也不小，您儿子要是在，大家哪至于这样呀，他们和您二老可都是您儿子最亲的人，我相信您儿子最不愿意看到他的亲人为了8万块钱跑到我这儿来。再说，这8万块也不能都归您不是。

老爷子：法官，我们也不愿意这样啊，这不没办法嘛。您这意思他们那套房我们也没份了吗？

法官：这房子咱先不说该不该分，就是分了，您让他们俩住哪去呢？儿媳的工资也没钱给您分不是。

法官：我劝您二老再多想想，要是现在没矛盾，儿媳是不是得经常带着孩子来看看您二老呢，这过年过节的也会给您二老拜个年，您说现在要是你们都在法院，为了这几万块钱，您说将来他们还能来吗？您这孙子能接受不？我看您二老素质都挺高，以前一家人日子不说多大富大贵吧，也过得挺让人美慕的，您说这要是传给邻居朋友的……

老太太：您别说了，我们回去再商量商量。（扯着身边老伴的衣服就准备起身离开）

法官：行，您二老再回去想想，我等您二老信儿，或者打个电话给书记员，我们帮您办撤诉哈。

五、表达清晰、流利、有逻辑

不论是法官在开庭时，还是律师在工作中均应当使用普通话，这是对当事人和工作伙伴的一种尊重，也体现了其专业性和庄重性。在法庭发言时，律师的发言内容特别强调逻辑性，多用第一、第二、第三，或首先、其次、再次这样的表达方式，有助于法官和对方理解明确，便于抓住重点。律师发言的流畅度会直接影响观点的阐释。

六、话语尊重与肯定

在民事司法沟通中，不论是法官与当事人之间，还是律师与当事人之间，双方当事人及其代理人之间，书记员与当事人之间，调解员与当事人之间等沟通，都是平等主体之间所进行的沟通，因此尊重就成了沟通的核心前提。只有相互尊重，才能保持双方沟通交流顺畅。在民事纠纷处理过程中，当事人往往存有一定的心理压力，负向情绪较多，在沟通中，稍有不慎，就会引起他们的不满，因此，法官、律师、书记员或调解员，如能向当事人表现出真诚与尊重，将在一定程度上缓解当事人的心理压力与情绪。尊重可以从称呼上使用尊称开始，用不带偏见的聆听，去理解当事人的感受。这也有利于树立法律的权威。

在回应当事人提出的要求时，建议多使用肯定性的表达，少使用否定性的表达，"一棒子打死"会激起当事人的不满，甚至愤怒，因为使用否定表达会让当事人直观感受是被拒绝或被批评，即使司法工作人员的观点或态度并无不妥，但仍难以接受。比如，有的书记员常对当事人说："您这文件不行呀，上次开庭时法官不是让您去单位开证明吗？"有的律师在接待当事人时直言不讳地把当事人的想法直接否定了："对这个问题，您的认识是不符合法律规定的，我做了这么多年案子还没见过有您想的结果。"如果用肯定性的说法，结果将大不同："我建议你能重新考虑一下这个问题，我也愿意帮助您尽可能实现想法……"

七、态势规范得体

所谓"站有站相，坐有坐相"。民事司法沟通主体从事的是与法律相关的专业工作，其性质具有一定的权威性、庄重性、合法性等，在工作中的身姿举止有相应的要求，要体现出法律工作者的良好职业道德和职业形象，要给当事人以值得信赖之感。例如，律师在法庭上的发言，就应姿态端正、身姿稳健，不应懒散、左顾右盼，或趴在桌上，或靠在椅背上身后仰。规范的肢体语言就是一种语言信号，传递给沟通对象是最为直接的信息。在司法沟通过程中，沟通主体应当以职业形象和身份相匹配的肢体语言进行沟通。关于肢体语言的作用与辨识，见本书第四章。

第二章　DISC 行为语言与沟通[1]

本章要点

◇ DISC 行为语言的特性

◇ DISC 行为语言对更好地了解自己和沟通对象的作用

◇ DISC 行为语言归纳的四类典型性格特质与辨识

案例情境

◇请你体会图中人物的性格特质及行为倾向：

---

❶　摘自刘爱君：《调解沟通艺术》第二章、第三章，中国政法大学出版社，2016年版。插图：陈海。

第一节 DISC 行为语言在沟通中的作用

沟通是一门了不起的学问，法院解纷息讼急需这门学问。然而，在民事纠纷处理当中，法官或调解人员如何帮助双方厘清责任，巧妙促使双方达成妥协以减少矛盾对抗，如何放弃简单生硬的说教，改用良好适合的沟通方式来提升办案质量，特别是能够在短时间内了解当事人的需求，良好的沟通技能尤为重要。如果能够借助某种科学的工具，帮助承办民事纠纷的各类法律工作者迅速了解他的当事人，提高纠纷处理效率，提高沟通的顺畅度则不失为一种有益的尝试。DISC 行为语言工具就是一种可供利用的工具。

〚 **知识储备** 〛

一、DISC 行为语言密码

（一）DISC 的来源

20 世纪 20 年代，美国心理学家威廉·莫尔顿·马斯顿在《常人之情绪》一书中提出了 DISC 理论工具，他采用了四个他认为是非常典型的人格特质因子，即支配（Dominance）、影响（Influence）、稳健（Steadiness）与服从（Compliance），并用这四个英文单词的首字母 D、I、S、C 来命名。用行为因素分析方法来解释正常人的情绪反应，在此之前，这种工具主要局限在对于精神病患者或精神失常人群的研究，而马斯顿则把心理学和神经学、生理学区分开来，并且第一次试图将心理学应用到一般人身上。因此，该书就是专门用于描述心理健康的普通人群常见的基本的情绪反映。马斯顿最为人熟知的应当是他发明了"测谎仪"，但他也是研究人类行为的著名学者，他的研究方向有别于弗洛伊德和荣格所专注的人类异常行为，DISC 研究的是可辨认的正常的人类行为。因而，DISC 是一种"人类行为语言"。

为了检验他的理论，马斯顿需要采用某种心理测评的方式来衡量人群的情绪反映——"人格特征"，马斯顿认为人有四种（D、I、S、C）基本的人格特质因子，这些因子以复杂的方式组合在一起，构成了每个人独特的性格。马斯顿发现行事风格类似的人会展现出类似的行为，这些复杂的行事风格都是可辨认、可观察的正常的人类行为，而这些行为也会表现为一个人处理事情的方式。

（二）D、I、S、C 的本义与差异

（1）D 与 C 的本义与共性。马斯顿在研究情绪的时候提出一个假设，外界刺激经过大脑思维的处理后，人对刺激的认知如果是敌意、挑战性的，可能产生两种反应：战斗或者逃跑，这就是 DISC 的 D 和 C。D 代表 Dominance，说明这时人的情绪是"支配性"的；C 代表 Compliance，说明这时人的情绪是"遵从性"的。支配性情绪是人认为挑战没什么大不了，从我行我素中感受到愉快，比如有些当事人在面对纠纷和他人的指责时的态度可能不屑一顾或火冒三丈。遵从性情绪是当人认为挑战是无法抗衡的，从而正确地做出改变，来适应挑战并从中感受到愉快，比如那些紧张的当事人。

（2）I 与 S 的本义与共性。另两种情况是人对刺激的认知是友善性的，比如有的当事人会在法官或书记员与之谈话间随意开些玩笑或有点嬉皮笑脸，而且很愿意进行沟通，这就是 DISC 的 I，代表 Influence，这时人的情绪是"诱导性"的；还有一种是 DISC 的 S，代表 Steadiness，这时人的情绪是"顺从性"的，比如那些在谈话或庭审中一直情绪相对比较平稳的当事人。I 情绪与 S 情绪的共同点是，两者的起始感受都是愉快的。I 情绪是当人认为外界的友善因素重要性较小，所以想反过来影响外界因素作出改变；S 情绪是当人认为外界的友善因素重要性较大，主动配合外界因素的内容进行行动。而它们的差异主要是行动的速度不同，I 是迅速反应型的，而 S 则是缓慢进入角色型。

（3）S 与 C 的共性与差异。它们的共性在于，两者都是慢节奏的，只是情绪表现不同，在 C 情绪下，由于外界因素的敌意和挑战，人并不愿意去完全听从，而是针对外界因素作出调整。而在 S 情绪下，由于外界因素的友善，人会自愿去听从其影响。

（4）D 与 I 的共性与差异。D 和 I 的共性是对外界的反应都是主动的、积极的、快速的、外显的。D 在大部分时候对外界刺激的认知是敌意性或挑战性的，因此偏向于支配性特征。而 I 常常表现出对外界刺激是友善的，更倾向于接纳与表现自我。

以上四种情况就是马斯顿总结出来的正常人的情绪。在后来的发展中，马斯顿致力发展 DISC，以协助证明他对于人类动机的想法。马斯顿经过了一系列的调整，将 DISC 理论进一步发展为对个体性格进行描述的 DISC 系统。正如《情商》的作者丹尼尔·戈尔曼所说，人们的典型情绪就是性格。❶

（三）DISC 行为规律反映人的性格

现代心理学家对性格的定义是人在外界影响下在情绪、态度和行为上的规律。

---

❶　引自阳亚菲：《性格决定领导力》，广东经济出版社 2012 年版。

人格心理学家认为，性格是人对现实的态度和在相应的行为方式中所表现出的比较稳定、具有核心意义的心理特征。由于一个人对待事务的态度和行为方式总是表现出某种稳定倾向，因此，人们不仅可能预见某人在某种情况下将会如何行动，也可以根据他的行动倾向，判断出他的性格特点。也就是说，一个人的性格是可知的。由此，心理学家们编制了种类繁多的测试工具和人格特质的分类方法，马斯顿的DISC 理论就是其中比较有代表性的。从马斯顿的 DISC 情绪理论来看，情绪、态度和行为是一体的。因此用 DISC 行为语言工具对人的性格特征及行为倾向加以分析并总结出规律是可行的。

DISC 也是一种人际关系用语，它不只是性格测评工具，还是可以帮助人们侧面了解自己特点的科学方法。所以这套系统的设计目的，并不是只针对人们进行心理分析，而是要帮助人们正视自己的可观察行为，让人们能够视需要而调整个人的行事作风，以应对与环境或他人互动之需求。

当然，DISC 理论工具作为心理学中人格类型理论的研究成果，虽然能比较直观地将人进行归类，体现人与人之间性格特质的差异，比较容易让人理解和接受，但也有一定的局限性：容易对人进行简单概括分类，而忽视众多人格特质的混合情况，事实上纯粹的某一类型人是不多见的，但大多情况下是某一种倾向占优势。也就是说不能给人贴上 D、I、S、C 四种类型标签，而是每一个人的性格中都有 D、I、S、C 因子，只是四种因子所占百分比因时因地因人而不同。DISC 不能用来判断人的好坏，而是用来了解人和人之间的差异，尊重差异，并在沟通中善用差异。我们在学习和使用这一方法时，要避免使用简单化和片面化的指标去评判他人，应当将其作为我们沟通的有益参考。

二、DISC 行为语言的应用

（一）性格测评

DISC 行为语言工具首先被运用于美国军方进行军人的筛选工作。在第二次世界大战中，DISC 被广泛用于新兵招募工作，随着其价值越来越受到军方的重视，在第二次世界大战后，DISC 也被推广到普遍的商业性招聘用途中。DISC 现在已发展成为全世界最为广泛采用的性格测评工具之一。

如果谈到性格测评，DISC 这四个英文字母几乎已成为全世界共通的语言，因为 DISC 不随种族、法规、文化或经济地位而改变，它只代表着一种可观察的人类行为与情绪。它也是目前为止既简单又深刻、既形象又直观地了解自己和他人的性格密码的有效工具。自 20 世纪 70 年代末期开始，许多书商和训练机构又依据

DISC 行为基础，发展出了不同的描述方式。全世界已有 84 个国家的超过 5000 万人次做过 DISC 测试，测试者借此对自己的行事作风有所了解，并对其准确度感到惊讶，而且这个数字还在持续扩大中。

（二）管理沟通

如今 DISC 理论工具被广泛应用于沟通与管理领域，指导管理决策与知人善任等方面的现实意义已经显现出其独特的价值。人们通过这套较为科学明晰的行为语言，可以轻松地认知自我、了解他人。因而，DISC 行为语言工具在帮助领导者提高管理领导力，帮助销售者掌握与客户的沟通技巧，帮助人力资源管理者知人善用等方面都已经发挥了特有的作用。它让人们清晰地认识到人与人之间的差异性。动机、行为、情绪的天然不同，对于引入 DISC 行为语言工具来帮助法律工作者更好地了解当事人的动机和性格特点，从而有效利用经验与专业的方法进行因人而异的沟通将起到至关重要的作用。

三、沟通中利用 DISC 行为语言的意义

（一）有助于了解彼此的差异

沟通无处不在，并以多种多样的方式进行着，比如说话、写信、上网、身体接触等。人们在不同的活动、不同的主体间，沟通目的千差万别。当纠纷发生时，人与人之间的性格差异会突显出来，此时，彼此了解差异，并寻求通过缩小差异或适应差异的方法来解决矛盾，就成为纠纷解决沟通中的主要目的。

在心理学领域，有许多评估手段能够帮助我们了解特定人群的行为倾向与人格类型，并且告诉我们应该怎样与其形成最好的沟通。其中马斯顿的 DISC 行为语言与性格分析方法，可以了解一个人"真实的"人格特征，会让人们之间的沟通变得顺畅。

（二）简便易行辨识沟通对象

在处理纠纷的过程中，在与当事人接触的过程中，律师对于当事人的接触较法官、书记员要多。尽管如此，也不可能让每个客户都花时间去做一些规范的测试问卷，因此，能够掌握一种便捷的方法，快速地了解他人的性格与行为倾向，能确定相应的沟通策略，DISC 的理论方法就显得颇有实用价值。DISC 行为语言是从行为表现去预测人的性格特征，这是因为行为是外显的，容易被识别。

（三）有助于选择适合的沟通策略，让对方放下防御

常常在不经意间，人们惯用的行为模式便会显露，这些外显的行为展现在其他

人的眼前，不管是自知或不自知，它都会影响着人与人的互动关系，影响彼此的感受。例如，律师最初接触当事人时，当事人对律师的信任感需要慢慢建立，如果此时律师能够利用 DISC 行为语言工具，迅速对当事人的性格特质与行为倾向有一定的辨识，能够运用正确的沟通方法，对方会感到更加自在舒适，然后卸下层层防御的外衣，真正地向你敞开心扉。

DISC 理论是一把系统地了解人的奇妙钥匙，它揭示了不同类型的人有不同的本能的、自然的思维、感觉、行为模式，同一种类型的人本能的、自然的思维、感觉、行为模式具有一定的相似性，从而使我们明白为什么不同的人对不同的事物会有某种不同的反应，为什么不同的人适合运用不同的沟通交流方式来处理矛盾。

〖 活动平台 〗

请用以下表格进行自我测评，看看你的性格特质有哪些倾向？注意评估时凭第一感觉迅速在你认为比较贴近的词汇旁边打 √，不要分析比较或反复思考再做选择，以打 √ 多的左侧字母作为你的主导行为倾向与性格特质。

四类性格强弱势汇总

	强势	弱点
D	勤勉的 坚持的 严肃的 有决心 独立的 有生产力的 意志坚定 有远见的 实际的 勇敢的 果断的 自信的 有效率的 领袖型的	自我中心的 报复的 冷酷的 逼人的 粗线条的 不体贴的 讽刺人的 强硬的 攻击性的 固执的 刚愎的 暴躁的 自傲的 苛刻的
I	被喜欢的 活跃的 乐观的 幽默的 外向的 有魅力的	意志弱的 操纵的 缺乏组织的 不可依靠的 缺乏自律的 大嗓门的

续表

	强势	弱点
I	灵活的 爱讲话的 热心的 戏剧性的 大方的 好奇的	夸张的 目中无人的 说谎的 情绪性的 无序的 说大话的
S	安静的 平稳的 支持的 自在的 亲切的 慈悲的 温暖的 自我牺牲的 忠诚的 踏实的 保守的 耐心的	不肯定的 固执的 依赖的 自我保护的 犹豫不决的 软弱的 胆小的 懒散的 旁观的 效率低的 迟缓的 无序的
C	有才华的 完美主义的 精确的 有计划的 敏感的 有秩序的 自律的 有礼的 保守的 细腻的 整洁的 有条理的	悲观的 批判的 消极的 挑剔的 犹豫不决的 不擅交际的 理论的 死板的 不友善的 自责的 忧郁的 执拗的

第二节 DISC 行为语言的性格特质

【知识储备】

一、支配型 D

D（支配型）：帝，是帝王将相的帝。英文原意是支配（Dominance），代表着直接、控制与独断，他是"指挥者"的角色。

支配型是控制和权力的因子，又称掌控型。高度支配型的个人喜欢能够掌控整个状况，并且无时无刻都想要下命令和指挥解决方法。他们也是动机和驾驭的因子，做事目标性极强，重视结果和效率。他们想尽快达到目标，但却不重视其他人的感受。高度支配型的人们对于成功和成就感兴趣，并在任何适当的情况下寻求个人利益。

二、影响型 I

I（影响型）：爱，是爱情的爱。英文本义为影响（Influence），代表着爽朗、友善、外向、激动与热情。他是"社交者"的角色。

影响型是外向社会化行为的因子，又称社交型。高度影响型的人们开放、友善又合群。他们喜欢与人相处，而且在任何社交场合都感到自在和自信。高度影响型的人们特别容易被他人的注意力和赞美所激励，并且时常希望成为众人目光的焦点。他们有靠感觉生活的倾向，因此会对事情产生情绪化反应，有冲动，甚至是一些反常的行为，这同时也意味着他们对其他人的感觉相当感兴趣。他们健谈且开放，而且很容易相信别人，但若感觉受到排斥，就会深深地被伤害。

三、稳健型 S

S（稳健型）：士，是士兵的士。英文本义是稳健（Steadiness），代表着稳定、耐心、忠诚与同情心。他是"支持者"的角色。

稳健型是耐心、毅力，以及同情的特质因子，又称和平型。稳健型的个人既热情又优雅，但缺乏社交自信。他们愿意与他人相处，但大多扮演的是倾听者而非讲话者的角色。高度稳健型行为的最重要元素是需要时间，他们的用词都经过缜密的思考，所采取的动作也一定是三思而后行。当 DISC 图形显示高度稳健型时，表示这个人不喜欢改变，宁可维持在可预期的现状中，也不愿受到干扰或分心。他们冷静且明智，而且生性忠诚、值得信赖。

四、服从型 C

C（服从型）：思，是思考的思。英文本义是服从（Compliance），但更接近于中文"谨慎"的含义。谨慎代表着组织、细节、事实、精准，这一切是思考的结果。他是"思考者"的角色。

服从型是以理性镇定的态度面对人生的因子，又称分析型或完美型。高度服从型的个人对事实和细节感兴趣，倾向以实际且长期的方式看待事情。他们很少会有情绪化或冲动的行为，他们比较喜欢遵从既定的计划行动，而且他们会把所有已知的可能性都考虑进去。高度服从型的人由于喜欢秩序和组织，因此会很自然地遵循规定和服从指示。他们重视正确性和精确度，而且不愿意将时间花在模棱两可的概括事项上。他们非常不喜欢冒险，面对压力有时会逃避，但他们不会回避问题，思考是他们解决问题的惯常方式，他们是坚定的问题解决者，而且天生具备组织和说明资料的能力。但同时，他们也是完美主义者，凡事讲秩序和整洁，高标准要求自己，修正他人，甚至有些挑剔。

五、D、I 的外向与 C、S 的内向组合

（一）D 与 I 的外向倾向与快节奏

D 与 I 均属于外向型的特点：外向、乐观、开朗、自信。情感流露在外，对事物的态度会直接表达出来，同时也喜欢把思想和观点表达出来。因此，D 与 I 也可以称为"快节奏型"。表现在：行动力强、精力充沛、反应迅速、乐于参与、好展示、喜争论、注重实效、缺乏耐心与持久。

（二）C 与 S 的内向倾向与慢节奏

C 与 S 均属于内向型的特点：内向、悲观、沉默、稳重。情感和意见是隐藏于内心的，不会轻易显露出来。因此，C 与 S 也可以称为"慢节奏型"。表现在：反应较慢、善于思考与观察、稳重踏实、不多言多语、不善展示、遵守规则、耐心持久。

〖 **案例讨论** 〗

《西游记》这部古典名著不免常常被人们提起，其唐僧师徒四人鲜明的人物性格一直深入人心，那么这四人又是如何体现 D、I、S、C 性格特质的呢？

唐僧：有人说他是 D，因为他是团队的领导，也有人说他是 C 的代表，他细致，敏感，遵循原则，追求完美，为了求取真经而不惜远行去西天取经；他具有强烈的

道德责任感，为人善良仁慈，但却缺乏灵活性，常固执已见，执着而理想主义，生气时一个人伤心。应当说在这位师父身上具有较明显的 C 型特质。同时，唐僧也具有一定的 S 特质，表现在：他同情心泛滥，经常对妖精讲慈悲，软弱、优柔寡断等。

孙悟空：灵活多变，缺乏纪律性，不愿意遵循条条框框，大闹天宫有点像 I，可他桀骜不驯，既喜欢耍权威又高度自信；有理想，想法坚定，即使受到反对也坚持走自己的道路；明辨是非，胆量超人，精力充沛，做事风风火火且以结果为导向；他办法多，不怕挫折，越战越勇；脾气大，生气时会毁灭一切，缺乏同情心，这些更像是 D 的代表。

猪八戒：师徒四人中最具喜剧色彩的人物，他充沛的感情和影响力无疑是 I 型特质的体现。从来不掩饰自己贪吃、贪睡、贪色以及贪生怕死的本性；喜欢表现，热情开朗，爱挑拨是非，爱打小报告，其多变的性格有时让人哭笑不得；做事散漫、不够坚持，对事情缺乏深度的理解；生气很快就好，遇到困难容易动摇，经常大呼小叫，甚至吵着分行李、散伙。

沙僧：平稳，随和，寡言正是 S 型人的代表。在取经路上的大多数情况下，他都在默默地做一些力所能及的事情；他忠心耿耿，逆来顺受，害怕与别人发生冲突，生气时常不被人察觉；做事稳当，脚踏实地，不急不躁，很少抱怨；总是愿意支持别人，在取经途中，孙悟空和猪八戒总是争吵不休，是沙僧起到"和事佬"的作用，但他又容易被人忽视，缺乏主动性，没有自己的想法。

D、I、S、C 四种典型类型各有各的优势，各有各的局限性，没有哪种性格能称为完美。当我们和一个人刚见面，最容易判断此人的性格是外向还是内向：如果他（她）很愿意交流、分享，主动表达自己的观点、不请自答、爱抢话头，甚至有点以自我为中心，多半是外向的；相反，如果他（她）含蓄内敛、不问不答、沉默寡言、目光回避，多半是内向的。然后，在外向里再判断是 D 还是 I：关注事还是关注人？表情严肃还是喜庆？不好接近还是很有亲和力？爱抱怨指责还是乐观阳光？在内向里再判断是 S 还是 C：温和亲切还是冷淡冷漠？关注人还是关注事？随和随意还是讲规讲矩？马马虎虎还是一丝不苟？

【活动平台】

请以"外向速度快——内向速度慢"和"关注事/理性——关注人/感性"来做纵、横坐标轴，把 D、I、S、C 分别标在坐标轴的四个区域，将它们的共同点标在坐标轴箭头的位置，看看有什么有趣的现象发生。

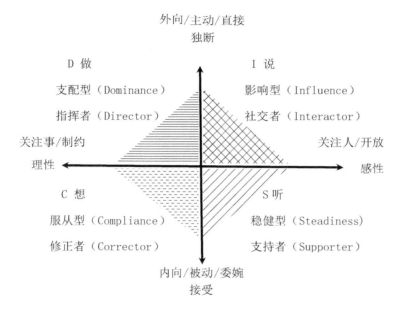

外向/主动/直接
独断

D 做
支配型（Dominance）
指挥者（Director）

I 说
影响型（Influence）
社交者（Interactor）

关注事/制约
理性

关注人/开放
感性

C 想
服从型（Compliance）
修正者（Corrector）

S 听
稳健型（Steadiness）
支持者（Supporter）

内向/被动/委婉
接受

　　图解：DISC 分别代表了 D 是 dominance 关注事情并且外向，I 是 influence 关注人并且外向，S 是 Steadiness 关注人并且内向，C 是 Compliance 关注事情并且内向。通过这个坐标轴可以很清晰地看到，不同的人群会依据"关注事或关注人""速度快或速度慢"而形成共性或差异，外向的 D 与 I 可以用一个词形容就是"快"，反应快，行动快，来得快去得也快。但同时，D 与 C 却是从理性出发思考和行事，情感的因素对他们的影响较小。I 与 S 的共性是以情感情绪为导向的，他们都是感性的，但 I 是外显的情感表达，S 是默默表示友善，它们的差异主要是行动的速度不同，I 是迅速反应型的，而 S 则是缓慢进入角色。S 和 C 则是位于横轴的下方，他们的特点都是节奏慢，只是导致慢的原因有所不同，C 的慢是自己反复修正、较劲，而 S 的慢是希望在被他人感染与影响下才配合行动，自己难以独立做决定。

第三节　如何分辨 D、I、S、C

〖**知识储备**〗

从前面的学习可以看到，每个人的心里都住了 D、I、S、C，它们会根据人们面临环境的不同跳出来指导人们的反应，但并不是每个人心里这四个因子的分量都一样，因此绝大多数人是混合型，也就形成了多样的性格特征，当然也增加了分辨的难度。但在这些差异的情况下，仍然有很多共性的人类行为，通过了解这些共性和差异，可以比较准确地把握不同人的行为特点及内心世界变化。判断的目的不是要给人加标签，而是辅助理解他的心理及行为方式，以便运用更为恰当的沟通方式。

一、读懂 D 型人

（一）分辨 D 型人小贴士

* 尽量做到今日事，今日毕；不拖延该办的事情。

* 每天都有那么多做不完的事，一刻也不闲着，并且喜欢多线程处理事务。

* 生命如果没有目标，那活着必枯燥而没有意义。

* 总是在别人面前表现乐观、积极和进取。

* 不喜欢依赖别人，也不喜欢向人展现自己的软弱。

* 喜欢听赞美的言辞，不能接受别人的批评。嘴里常夸耀自己的好、自己做的每件事都棒、有些自我膨胀。

* 很有眼光，会选人来帮助自己，但讨厌被别人利用。

* 外表亮丽，也积极乐观，但一停下脚步，内心深处也有悲观、无望。

* 嫉妒心强，喜欢跟别人比较。

* 把自己的事情照顾得很好，对别人的事就不太在乎，也不太管。

（二）工作作风

通常 D 型法官或律师对于承办新的案件是比较积极负责的，案子越难，他们越喜欢挑战，喜欢不断突破自己，压力越大动力越强。至于办案的思路他们也已经心里有谱，不会太多借鉴他人的意见。与当事人沟通时，往往以自己既定的方向进行，擅长就事论事直接表达。高 D 的书记员特点也是行动力强，面对所要处理的事务不论有多大的难度及挑战都勇于知难而上，不愿放弃。越是复杂的事务，带给 D 的推动力就越强，成就感就越大，他会有信心高效率地想办法完成。

"忙"是 D 的永恒状态，总没时间跟人闲聊天。时间观念极强的 D，喜欢造型或体积夸张的手表，既可以提醒别人时间的紧迫，又可以使自己快速地看清楚时刻。

二、读懂 I 型人

（一）分辨 I 型人小贴士

* 在公众场合，他喜欢成为别人目光的焦点，喜欢当主角。

* 第一印象有魅力，热衷流行的服饰与时尚的打扮，很爱出风头，卖弄自己的

才华、地位、身材。

＊喜欢多彩变化的生活，喜欢尝试新奇经验，但总虎头蛇尾。

＊自己耳聪目明，想学的事一学就会，并且伶牙俐齿，觉得别人笨。

＊很会心疼自己，不喜欢过严肃的生活，工作中累了，一定会安抚自己，让自己吃些、喝些、快乐、舒解一下。

＊会主动扩展人脉，尤其喜欢负责一些联系、公关活动，他喜欢大家都快乐。

＊容易受人影响，决策多基于情感，而不是深入思考，跟随潮流，说话办事做决定可视情况很快改变、见风使舵。

（二）工作作风

I型书记员或律师助理头脑灵活，思维敏捷，常会产生些创造性的想法，经验不足的新手有时会来不及做周密计划就付诸行动，难免有些毛手毛脚的情况发生，有时在和当事人交流时有些话可能也并未经过深思熟虑。但I型法官在调解中常常比较幽默，能够及时找到合适话题或时机赞美对方，也比较关注当事人的心理感受。

高I的法律工作者是一个风度翩翩，亲和力极强的类型，与当事人的接触往往会让当事人较为容易地受到热情的感染，良好的沟通与说服能力，以及他们自身的个人魅力都有助于将矛盾处理得当。

他们很看重集体性活动，也会在公开的大场合找机会发言而展示自己，以期被大家肯定和认可。如果在最初接触时直接叫出他们的名字，会让他们更高兴。

三、读懂 S 型人

（一）分辨 S 型人小贴士

＊做人诚恳，给人温暖，而且耐心、慷慨，为别人的需要努力付出自己。

* 能适应环境，对一切都不太挑剔。不喜欢冒险和改变。

* 认同别人，信赖别人，也依赖别人，不给自己和别人订高标准。

* 当他的付出不被接受认可时，他会生气委屈，伤心难过，有挫败感。

* 和家庭与朋友的关系紧密，内心充实而不孤独。

* 别人看他好像永远没事，平静、稳定又随和，其实有时候他心也很乱，也会多愁善感。

* 情愿做幕后工作，不愿受人注意，生活的观察者，不愿介入各类活动。

* 时常缺少计划性和决断力，需要权威人士来指引什么事该做，什么事不该做。

* 很有责任感，并努力做好与团队精神有关的事，他忠于团体。

* 做事有自己的步调。不要太紧逼他，他做事总是有始有终。

（二）工作作风

S 型律师或调解员通常不愿轻易独立接手没办理过的案子，他们是非常谨慎的，愿意与同事合作或听听他人的意见。高 S 的律师和蔼可亲，善解人意，愿意倾听当事人的诉说，也愿意奉献时间精力真心为当事人提供帮助。他是一个可以让当事人信赖的兄弟姐妹，将心中的矛盾怨恨不满找这样的律师说说也是舒服的。

高 S 型人不喜欢争名夺利，认为生命没有那么严肃，每天悠游自在，认为得过且过有什么不好？有时会表现得比较懒散，缺少规划和时间观念。

四、读懂 C 型人

（一）分辨 C 型人小贴士

* 自我要求很高，追求尽善尽美，因此常常不停地挑剔自己，也不由自主地常

常挑剔别人。

* 注重纪律、守时，希望守法。发觉自己有不对的地方，立刻会改正；但常常是矫枉过正。

* 对生活的要求是规律、整齐，尽其力令生活井然有序。

* 遇到事情一定全心全力去做，而且注重细节，不过做得心力交瘁时，也会不由得心生埋怨。

* 做任何事必有自己的计划，不会盲目没主见，而跟随别人的想法。

* 讨厌凡事只会走快捷方式而不脚踏实地的人，讨厌做事草率、鲁莽的人。

* 喜欢独处、思考，跟人有隔离的感觉，想一些人间、宇宙的哲理，并归类分析。

* 任何决定前一定先深思熟虑、多方观察、收集数据齐全，所以在付诸行动前，总是工程浩大的多方比较研究，但往往最后是放弃机会不去执行。

（二）工作作风

C型法律工作者在办理每个案子时，对于如何处理纠纷的方法一定会深思熟虑，反复论证。比如C型律师常常会用相应的证据来说服自己，但是总会有些担心，总会看到不足的一面，害怕考虑不周导致代理失败或当事人的不满。在与当事人的沟通中，通常他们会带着很多疑问而来，但是他们又不会轻易相信当事人的陈述，他们注重了解细节，反复斟酌这些细节，然后表达意见，喜欢对当事人的行为或价值观作出评论。他们是绝对高智商的法律工作者，他们用专业来征得当事人的信任感。做事有条理、说话讲逻辑的特点可以在工作中发挥出特有的优势，他们会把案子从证据到事实调查得一清二楚，复杂的矛盾纠葛，也能够追根刨底弄明白，并一一给当事人讲道理释法律，让当事人心里明白自己的行为应该承担什么责任。

高C型人参与集体活动或社交生活的主动性非常弱，在社交生活中总是由别人主动。对于别人的事不热情也不会主动帮忙，但在别人的要求下，会帮别人分析得条理分明。

【案例讨论】

张家六兄妹父母死得早，从小到大都指着大姐生活，大姐因为早年就从河北老家来到北京，在房山找了一份正式工作，从此，她挣的工资大部分用来贴补五个弟妹。她为三妹及三妹夫向镇政府申请了宅基地，盖了房，让三妹在北京安了家，也为其他几个弟妹解决了在北京的工作。但三妹和三妹夫在这个房子居住了8年后，希望能够把房子过户到自己的名下，为了这事，与大姐闹起了矛盾。其他几个弟弟妹妹也都来帮着老三说话，特别是一向不太安分的四弟和五妹更是经常火上浇油，他们认为三妹后来给大姐还了盖房的钱，这个房子也是大姐为三妹申请的，理应现在归三妹所有，而不是大姐的房，借给三妹住的。大姐一气之下，扬言要三妹限期搬出。无奈之下，一向老实巴交的三妹来到了调解委员会求助。

几天之后，在多次找大姐做工作后，各方都同意调解。一大家子人被调解员请到了调解委员会，调解员在了解了基本情况后，将大家分开，进行单独沟通，看看在反复与他们的交流中各自的回应方式有何不同：

情形一：

调解员：大姐，那个房子现在在谁名下？您妹妹想要，您愿意给吗？

大姐 D：在我名下，是我盖的，不愿意给。（语气坚定）

调解员：那房子好像是你妹妹出钱盖的？

大姐 D：不是，一直都是我借她住的。

调解员：那您解释一下，为什么您要盖这个房子？为什么三妹还要给你钱？

大姐 D：这还需要解释（不屑的神情），这个我刚才都说了好几遍了。（不耐烦）

调解员：是的（一样的坚定）

大姐 D：因为当初是我从镇上要的这个房子的地！我主持盖的，怎么现在成她的了！

调解员：可您妹妹出了盖房的钱了，您考虑了这个因素吗？

大姐 D：我没有错，是你们没弄清楚。他们几个（指自己的弟弟妹妹）都是白眼狼！

调解员：……

情形二：

调解员：四弟，那个房子现在在谁名下？你三姐想要，你觉得呢？

四弟 I：这个事我最清楚，我都知道。

调解员：知道了就请您说说。

四弟 I：那个，不是我父母死得早嘛，她就是我家老大，事事都是她老大（指大姐）……我想知道，我的意见有没有什么价值？

调解员：我们会参考，把情况搞清楚。

四弟 I：这事本来不关我的事，是大姐和三姐的事，可我就是看不下去！（很仗义的样子）

调解员：你看不下去什么？为什么你觉得不对？

四弟 I：我肯定是看不下去的，本来嘛，三姐住的这个房子住了好多年了，现在说让她搬，不让住了就不让住了，这说得过去嘛！

调解员：你还是没回答我们这个房子到底在谁的名下？三姐是不是出了钱的？出了多少钱？

四弟I：好的，但我还是想说说这事，不公平，看不过去！

调解员：行，我们明白了，你一直是在打抱不平。

四弟I：当然啦！大姐对我们的好我们一辈子记得，可这事三姐也挺亏的……

情形三：

调解员：三妹，那个房子现在在谁名下？你姐姐为什么不想给你？

三妹S：调解员，房子是在我姐姐名下。我也不知道她为什么？

调解员：你觉得是什么原因？

三妹S：非要回答吗？（低着头，声很小，很勉强的样子）

调解员：你说说看，我们也想了解下。看看你的感受是什么？

三妹S：调解员，我说不好，她以前一直都说这房子是给我们住的，她的确帮了我们很多。

调解员：你现在还感谢大姐吗？

三妹S：感谢！我心里很感谢她！调解员。

调解员：你的弟弟妹妹觉得你很亏，那你觉得呢？

三妹S：（沉默）

调解员：你觉得自己亏了吗？

三妹S：对不起，调解员，我有点拿不准。她说不让我们住了，我挺害怕的。您说我们能搬哪儿去？

情形四：

调解员：二弟，那个房子现在在谁名下？您妹妹想要，您是什么意见？

二弟C：调解员，我想先搞清楚这个房子是农村的宅基地吧，还是城镇土地？（拿出事先准备的本子和笔）

调解员：是宅基地，按您大姐的说法是她当时申请的。

二弟C：是不是谁申请就是谁的名字？

调解员：您大姐说是以她的名字申请的？

二弟C：调解员，国家政策是怎么规定的？

调解员：关于宅基地的政策……

二弟C：（边听边记，接着问）法律是规定谁出资盖房房子就归谁吗？

调解员：这要具体情况具体分析……

二弟C：调解员，有没有宅基地转让的？

调解员：你们家这个纠纷应当说是因宅基地上房屋转让而引发的纠纷……

二弟C：调解员，这些政策规定是什么时间的？现在都没有变吧？

调解员：我们刚才给您解释的都是原则性的规定，您看大姐说这个房子是她的，三妹和四弟、五妹都认为房子应该是三妹的，那您是什么意见？

二弟 C：如果您刚才讲的规定没有骗人的话，我觉得这房子说是谁的都有理，你看房子是大姐申请的，那应该是在大姐的名下，不过我从来没看见过文字登记的东西。宅基地不是不能随便转让嘛，但我妹妹是农村户口，她给了我大姐盖房的钱，不过我也没见着她到底给了多少钱……

这是一个很夸张的举例，但是现实中不乏类似的情况，当事人的反应和沟通方式都会有以上几个典型人物的影子。这个案例中的对话可以比较充分地反映出不同性格特质的当事人的沟通特点，从中可以看出他们有着不同的沟通需求。

〖 **活动平台** 〗

1. 结合所学知识和以上案例，分小组在课堂上进行角色扮演，以体会不同特质当事人的交流风格。

2. 结合以上案例，讨论案例中大姐、二弟、三妹、四弟的沟通目的是什么？分析他们的沟通特点有何不同（包括语气、态度、肢体语言）？

第三章　利用 DISC 行为语言进行司法沟通[❶]

本章要点

◇　D、I、S、C 的沟通特点

◇　四类典型当事人的外在行为表现与情绪特征

◇　四类典型性格适用的有效沟通方法

第一节　DISC 四类典型性格的沟通特点

〖知识储备〗

一、D 的沟通特点

（一）态度强势并追求结果

D：外向，果断，热忱，自信，反应敏捷；关注追求沟通的目标任务或结果，控制交流节奏及主题；头脑清晰，不为他人思想或压力所动，立场坚定，固执己见；态度强势，嘴上不认错；态度缺少亲和力，傲慢，反感他人的眼泪，有点冷漠无情。

（二）耐心不足好争辩

如果与高 D 谈话要做好思想准备，除非语速足够快，否则不太有机会说出完整的一句话。高 D 的耐心常常不足以支撑自己听完别人的意见，刚听到半句，就认为自己已经明白别人的意思了，不打断对方，经常心不在焉地敷衍；喜欢插话或辩论，

---

❶　摘自刘爱君：《调解沟通艺术》，中国政法大学出版社 2016 年版。插图：陈海。

话锋犀利，善用讥讽，但比高 I 型的人逻辑清楚。常常喜欢推销自己，并常常拿一些大人物、名人的名字与自己连在一起，多嘴巴吹嘘、少耳朵倾听，忘了别人也有心声。

（三）说话直接不喜欢客套

在与人交谈或沟通过程中，高 D 不喜欢花时间跟人聊天，即使聊天也一向有话直说，不会使用太多的客套话，说话方式直截了当，"行"或者"不行"，没有中间区域；不喜欢点头哈腰，或者没完没了的寒暄，最讨厌那些拐弯抹角又客套半天的人，认为那是虚伪！所以高 D 常常忘记说"请"，很少说"谢谢"，几乎不说"对不起"，高 D 的语言里缺少这些关键词，故常常被视为粗暴无礼。他们说话掷地有声，他们对别人的要求是"快点""马上""立即"；同时也希望别人很尊敬自己，希望别人对他说："你太棒了！""你是最厉害的！"

二、I 的沟通特点

（一）讨人喜欢自来熟

高 I：外向、热情、开朗、活跃、乐天，人未到，声先至，一进门就给满屋带来欢乐；看重与别人的关系，关注交流对象的感受；从不缺少朋友，愿意与人分享感受心情，真心地感受别人的欢笑和忧愁；自来熟，为了改善关系，他很会认同别人，很会鼓励人，所以很讨人喜欢。

（二）喜欢被赞美

喜欢别人夸奖，尤其最满足的是掌声及不断地被赞美，交流中他们需要热情的回应，害怕被拒绝，或不被认可；虽然他们热衷于社交但其实讨厌听别人冗长的故事，更不喜欢听不好或不幸的事。他们如果有烦心事，最好的方法就是别去想它或找人神聊，聊天说话甚至控诉、自然就快乐了。

（三）表达夸张，话题丰富

语言表达夸张，热情而感性，表达爱意大胆热情而不害羞；语言丰富，让你身临其境，尤其善于讲故事，总能将一些枯燥无味的东西讲得生动活泼，模仿能力强，演什么像什么；会放声大笑；口若悬河，能够支配每次谈话，常有夸大之词；能够劝说别人认同自己的思路，是出色的骗术艺术家，会歪曲事实，甚至说谎，会占别人的便宜。

三、S 的沟通特点

（一）不轻易表态和做决定

高 S：内向，安静，和蔼，交流中他们不会轻易批评人，很好说话；没主见，无法帮别人拿主意，如果需要高 S 对一件事情作出评价，他们通常会说"还行吧""还可以""还好吧"；如果需要高 S 对两个事物作出评价，他们通常会说"都差不多吧""没有什么很大的不同"；如果需要高 S 对一件事情作出决策，他们往往会说"到时候再说"，如果需要高 S 对几件事情作出选择，他们会说"随便"；做决定之前往往犹豫不决，需要参考别人的意见。在未做决定前，心理充满焦虑，他不做没把握的事。

（二）态度温和不争辩

说话不带刺，用客套话交朋友，他们不招人烦，使人乐意接近，对别人有很高的包容性，不强求，不专横；重感情，易相处，不轻易动怒，内心的情绪波动不愿显露于外，如果别人伤了他，只要是不太忌讳的事，生完闷气就算了；回避冲突，天生的和事佬；关注他人感受，愿意帮助人，愿意合作，看到朋友不开心了，他们愿意去关心询问。

（三）做事不主动

说话办事按部就班，依例行事，不觉单调；服从、接受权威、接受教导，多听少主动发言；他们不仅愿意倾听别人的诉说，而且还能帮别人守住秘密，不会乱传话。腼腆，羞怯，遇到有冲突的事情，尽量不去插手，觉得太麻烦，回答问题更是缓慢。

四、C 的沟通特点

（一）质疑多，不轻易发言

高 C：内向、小心、谨慎，完美主义者，最善于思考。沟通中，他们总是充满了疑问；如果说 I 型有很多问题是因为好奇的话，那么 C 型在提问题时就是质疑，是怀疑，甚至是否定；跟 C 交流有时会让你很难受，因为你总是被迫要回答很多问题；而 C 在没有透彻思考之前绝不轻易发言，不愿打断别人，而一旦开始发言，就一定要讲完。

（二）少幽默，不会说甜言蜜语

说话小心谨慎，不说过头话，下结论前会经过仔细思考、分析，权衡事情的利弊；语言表达缺少色彩，但逻辑性很好，能够精确判断可能存在的障碍和危险；看不惯别人没教养，但并不常表达不满，有时会直接指出；从来不会说甜言蜜语，倒是喜欢鸡蛋中挑骨头。

（三）表面冷淡、不外露情感

感情细腻，极少主动与人打交道，但却是忠实的朋友，表面情感冷淡，经常压抑自己不满的情绪，不轻易流露情感，希望被喜欢，甚至被爱，但是难于表达自己的真实感情。在跟人相处时，常有挫败感，或许觉得别人无法了解自己。

【 案例讨论 】

男朋友的生日要到了，你正想和男朋友说说如何给他过生日，你比较想在生日当天，两人下班后去电影院看新上映的一部大片，但男朋友想在下班后，找一个情调餐厅与你慢慢地吃一顿饭。如果是不同性格特质的女主人公，你认为会是一种怎样的沟通方式呢？

如果你是D，你可能会直接明了地提出自己的安排，而且不会留下丝毫让他提出异议的机会。你甚至还会要求他"必须"早点下班赶到电影院看晚上6：30的那一场。你会告诉他这样的安排是对男朋友的最好选择，是你精心为他设计的。

如果你是I，则会毫不掩饰你对他的爱，还会滔滔不绝地为他大讲这部电影如何震撼，让男朋友为支持你的选择而心动不已。此外，你还会着重强调电影的潮流性，告诉他你们的朋友谁谁谁都已经看过了，向他施加群众压力，如果遭到拒绝，你会用撒娇的方式来表达自己的坚持，让他心软。

如果你是S，你总是把自己的愿望变成问句表达出来，因为你害怕强迫别人。一旦男朋友提出他的意见，你也不会再坚持，会在嘴上说"听你的"，背后可能默默地有些小失望。

如果你是C，你会把电影评论事先都看个遍，然后把评论中的优缺点都整理出来讲给男友听，你也有可能对比以往你们看过的某部电影，还可能用电影中采用了哪些最新的专业手法来打动对方。有理有据地说服本身就让你很有成就感呢！

在这个场景中，我们可以发现，不同类型的人在沟通方式上的差异。沟通有时候像买卖。我们每天都在接受别人的观点，这是买；我们每天都在表达自己的观点，这是卖。不同的人，在卖自己观点的时候，都有着既定的习惯——也就是风格。但对待那些你一定要销售成功的对象——比如自己的老板，在你阐述自己的工作计划之前，最好想想他最吃哪一套，以便让自己的工作更得心应手，让自己得到更多的肯定与支持。

第二节　四类当事人行为倾向与情绪反应

一、D 型当事人粗暴、冲动，争强好胜

（一）冲动

D 型当事人具有粗暴、冲动等不良性格特质，他们往往遇事情绪冲动、强烈而持久，自我控制力薄弱，有的甚至放纵自己消极情绪的发泄。在纠纷中的 D 型当事人心理急躁，表情凶狠，语言粗鲁，行为莽撞。在纠纷发生过程中或调解中，D 型当事人缺少谦和、文明的用语和行为习惯，常常因鸡毛蒜皮的小事而大发雷霆，他们缺少耐心，常与他人发生争吵，甚至打斗，产生矛盾和纠纷。

（二）固执

D 型当事人自我评价过高，自以为是，他们轻易不承认自己有错误，不会主动提出调解解决纠纷。一向刚直不阿，不屈不挠地为其认定的目标而奋斗。当调解人员劝说其接受调解时，狂妄自大，争强好胜，不注意潜在危险和障碍，固执己见，刚愎自用，一般都不愿意接受调解。往往会同对方打官司打到底，如果调解人员再继续劝说，还会怀疑调解人员想通过调解包庇对方，或者会认为调解是"圈套"，有"阴谋"等。调解人员要将劝说调解的理由和意义阐述明白，否则他会把调解人员的善意误解为恶意，引起过分的警惕与防卫。在叙述纠纷的原因时，往往将问题归结为别人的过错，比如是对自己的不尊重，事实上，D 型当事人也时常忽视对别

人的尊重。在处理与他人的利益问题时，片面强调自己的权益而忽视他人的合法权益。特别是当两个具有同样争强好胜性格的人相遇时，纠纷就很难避免。

（三）追求结果

D 型当事人自信、直率，追求预设的结果，他们有种迫切要解决纠纷的强烈愿望。这些特质常常使他们对于长时间可以达成想要的结果缺乏足够的耐心，他们是着急的一族，不愿等待。例如，他们会不断地催促或询问为他们提供法律帮助或服务的人员，什么时候可以安排与对方理论，以争个高低对错；或是会要求调解员按照他们的思路与时间表给出一个他们满意的答案。当他们发现事情不像他们想象的那么简单顺利的话，他们可能立即不顾情面，与调解人员或是为其服务的法律专业人士翻脸，或发一通脾气才肯罢休。但事后，他们常常会后悔，并因此接受劝说愿意调解，并承认错误和自愿承担责任，与对方当事人达成协议。

【案　例】❶

2006 年 5 月 28 日，广州市萝岗街 ×× 社区 ×× 路 ×× 巷 ×× 号和 ×× 号两户人家因吵架，一天报了两次警。

以前，这两户人家也动不动吵架，但每次派出所民警上门做完工作一离开，两户人家又为一些小事吵得不可开交，尤其两个年纪比较大的男户主，一见面就互相推扯，火气比脾性暴躁的小伙子还要大。两家矛盾如不有效调解，谁都不敢担保会不会导致恶性事件的发生。

从上述描述中我们不难看出，在纠纷中两位主要的当事人均为典型的 D 型特质，他们虽然年龄偏大，但仍然是脾气大，火气盛的特点，一有导火索，一点就着，随时有可能发生暴力纠纷的可能。

原来，发生争执的两名男户主实为叔侄关系，二人相邻而居，两家房屋间距仅为 1.59 米，间距中间有条两家共用的排水沟。十多年前，叔叔黄明锐（化名）翻建房屋时，为了方便自己，在未经侄子黄英文（化名）同意的情况下，将对方屋顶的一角锯掉了，从此，两家便开始积怨，并曾经因争夺中间的排水沟而发生过械斗。2006 年 5 月 28 日，黄英文的土坯房因为年久失修，加上正值雨季，墙体腐化，难以承受重量导致坍塌。塌下的泥土阻塞了排水沟，影响了正常排水，同时也将黄明锐房子的一边围墙压住。黄明锐遂以排水沟的权属应归自己所有为由，要求黄英文及时清理，恢复原状，但遭到拒绝。

黄英文认为自己才是这个排水沟的所有者，若非黄明锐故意用石头和泥土将前面一段排水沟堵塞，排水沟的水就不会涌向自己房子的地基，房子就不会坍塌。因

---

❶ 本案例来源于广州市萝岗区司法局，http://sfj.luogang.gov.cn/UserData/DocHtml/2013/3/5/56854988531.html，2013-03-05。

此，黄英文有意不清理塌下的泥土，对黄明锐还以颜色。当天，双方的矛盾急剧升级，72 岁高龄的黄明锐更扬言不惜以武力彻底解决 54 岁的黄英文。后来在派出所的介入调解下，双方的过激行为才暂时得以平息。

从上述描述中我们不难看出，两家之所以纠纷不断，一直无法平息心中的怨气，这源于 D 型当事人不服输、争强好胜的行为倾向。

当时正值周日中午，在家吃饭的萝岗区司法所曾所长听到 ×× 社区居委会反映上述情况后，立即搁下手中的饭碗，驱车奔赴纠纷现场。曾所长赶到时，现场的气氛已相对平静，但两个黄姓的邻居依然互不相让，甚至说迟早要找些痞子来收拾对方。凭着多年的经验，曾所长预感到，这两家长达十几年的纠纷，积怨太深，如果处理不好，迟早会发生大家都不想见到的悲剧。于是，他放弃了周日休息的时间，立即联动居委会开展调解工作。

曾所长和居委会的胡主任兵分两路安抚好两家的情绪，然后共同开展说服工作。调解过程中，双方当事人情绪一直非常激动，均说自己是有理的，指责对方做得太过分，对调解人员所提的建议和主张一点也听不进去。考虑到在短时间内很难促成双方达成共识，于是，调解人员留下双方的联系方式后，要求他们先各自回家冷静一下，第二天再准时到居委会参加调解会。临走前，曾所长向双方当事人严正表明：当事双方要为各自的家人着想，千万不要做出非理性的行为来，谁在调解会前先带头搞事，就要依法对谁作出严肃处理，绝不姑息。黄明锐、黄英文二人点了点头，表示给司法所和居委会一个面子。

第二天，调解会按时在居委会办公室举行。黄明锐一坐下就主动向调解人员谈起了自己的看法。他认为，排水沟在自家屋檐底下，就应归自己所有。黄英文也向调解人员大吐苦水，称这条排水沟多年来都由其一手打理，他才是这条排水沟的所有人。说着说着，两人又开始吵了起来。曾所长见状，立即劝开二人，要求他们有话慢慢讲，同时也让他们把长期以来所有的相邻争执都摆出来让大家一起分析，但声明在一方说话的时候对方不能打断。

从上述描述中我们不难看出，D 型当事人在解决纠纷和与人沟通时，通常喜欢抢话头，语速快，好争辩，不愿倾听，不给对方辩解的机会，随时打断对方，不怕与矛盾对方面对面理论，认为自己绝对正确，不愿当面承认错误是他们不能丢面子的内心想法使然。

二、I 型当事人情绪多变，团体作战欲引起高关注

（一）善狡辩，倾诉没完

I 型当事人一般都能接受劝说，愿意调解。I 型当事人少了些 D 型当事人的鲁莽，多了些心机与欺诈。在陈述纠纷的过程中，为了使自己占上风，成为赢家，或为了发泄自己的怨气，I 型当事人常花言巧语，不仅指责、夸大，甚至虚构对方在纠纷中的过错，而且有的 I 型当事人还千方百计地搜寻、捏造对方当事人的缺点、错误甚至隐私，当众"揭短"，并广而告之，寻求第三方更多地支持自己，从而伤害对方的自尊，使对方陷入难堪的境地。但是，虚假的陈述必然会同其他证据相矛盾，法官或调解人员应运用经审查判断后的真实可靠证据去揭穿其谎言。

I 型当事人喜欢哭诉，对自己"遭遇"的描述可能会让人感到他是天下唯一可怜的人，他可能会每天跑来找人倾诉，以博得更多的同情与支持。他们陈述事实喜欢狡辩，常常借题发挥，对一些琐事高谈阔论，唠叨不已，但对自己所要负的责任问题，却较少陈述。这主要是因为 I 型当事人表现欲望强烈，喜欢被人关注，同时他们希望以此掩饰真相。因此，对于他们的陈述，绝不能他说什么就相信什么。审判人员应运用证据查明纠纷真相，同时严肃地告诉他应承担起应负的责任。

（二）情绪化不理智

I 型当事人在纠纷解决过程中往往表现出情绪化、不理智。情绪易变化，一个微不足道的刺激就能引起极端冲动和攻击行为。他们在情感上的对立可能由最初的不满、厌恶发展到仇恨，甚至产生行为上的相互辱骂和殴斗。在语言上占上风是 I

型当事人的一大特点，喜欢指责、辱骂对方，这也会让其心里舒服。I 型当事人对于自己在争议中所处情况的表述多不客观，容易让对方当事人产生愤怒的情绪，从而互相将情绪发泄到对方的态度上，而不是仅仅注意自己在争议中的权利。一旦当事人产生愤怒情绪，双方就难以达成和解。如果一个 D 型和一个 I 型吵架，D 型当事人只会抓住问题的核心不断重复再重复，而 I 型当事人会发挥想象力和联想力，能从你 2 岁开始数落，一直到未来 80 岁。其间形容词绝无重复，再加上形形色色的副词助兴，但是到最后，输家却大多是 I 型人，因为他们骨子里始终逃避压力并且在乎别人的想法。

I 型当事人不善于考察分析细节，也不善于概括纠纷事实的本质，他们对客观事实表述比较混乱，无逻辑，他们在纠纷发生过程中和调解过程中，往往以过分的情绪体验来代替理智的反应。他们行为轻率，在处理权利与义务问题上会因为缺乏慎重、周密的考虑，在达成协议后可能又反悔。I 型当事人在金钱问题上比较豪放，但有时候因为过于不在意或满不在乎，意识不到要去保障别人的小利益，这也是有的 I 型人会被人误解为"爱占小便宜"的原因。

（三）群体性来访多

I 型当事人在纠纷中在意与人的感受。很重视集体舆论和行为上的支持，他们也有极大的号召力，他们会找上一大群亲戚朋友来为自己助威，摆出一副仗势欺人的场面，从而使纠纷的范围扩大，使纠纷冲突升级。例如在农村，某一姓氏家族中的某一成员与另一姓氏家族中的某一成员，因某种权益发生纠纷，就可能扩大到两个家族之间的冲突和争斗。在城市中，某一家庭中的成员与另一家庭中的成员产生了矛盾，就可能发展到两个家庭之间的矛盾。

（四）依据对方态度变换策略

I 型当事人对调解策略和自己的要求并不会进行太多客观的考虑与分析，往往喜欢狮子大开口，且会随着对方人云亦云。假如对方当事人声称有十足的胜诉把握，则很可能会激起 I 型当事人类似的扬言。因为 I 型当事人认为，在调解中采取合作姿态是一种示弱的表现，似乎很容易被认为是缺乏胜算的表现，除非调解员能够帮助他们消除这种错误的想法。如果调解员能够让 I 知道，对方真的已经因为他受到伤害。这是让他让步的最有效方法。

I 型当事人的善变心理也会表现在解决纠纷的方式上，他们一向不善于坚持。因此只要调解员能够给出的意见比他坚持得久，事情就能向希望的方向转化。虽然他们并不像 D 型人那样会对预设的结果考虑比较清楚，但他们却会对在调解中对方及第三方对他们的态度表现敏感。如果有一方当事人一直使用极富侵略性的谈判风格，那么 I 型当事人会坚持要求。双方当事人讨价还价的余地会变得很小，整个调解程序也会被拖到冰点。如果调解员能够打破僵局，说服对方当事人放弃侵略性谈判风格，在很多情况下，I 型当事人会随着对方态度的转变，感受到自己受到重视与尊重时，他们的态度就会随之发生变化，也不会再狮子大开口。

【案例】

因承包的洗车场不能按照协议正常经营，2007 年 2 月 13 日下午，一个自称许万成（化名）的男子带了 20 多人到合同另一方当事人所在地——利丰大厦 ×× 物业发展公司闹事，砸坏办公室物品，并声称自己是承包洗车场的许昌盛的弟弟，因 ×× 物业发展公司和另一合同当事方违约导致他们损失 100 多万元，如不赔偿就杀死他们。❶

原来，2005 年 1 月 6 日，河南人许昌盛（男，化名）从原承包人马雪花（女，化名）手中转接了广州市 ×× 物业发展公司的利丰大厦广场洗车场，承包合同约定租期为三年，月租 3000 元，并约定由李飘东（马雪花的丈夫，化名）负责办理洗车场的证照年审。同年 1 月 10 日，许昌盛再次与广州市 ×× 物业发展公司签订了利丰大厦广场洗车场外红线内 90 平方米场地的租赁合同，租期三年，月租 500 元。

2006 年 12 月 5 日，洗车场证照年审到期，李飘东未能为许昌盛办理年审，许昌盛被迫于 2007 年 1 月 22 日停业，在洗车场内物品未作清点的情况下，将洗车场钥匙交给 ×× 物业发展公司。

2007 年 2 月 13 日下午，广州市萝岗区夏港司法所工作人员得知现场的情况后，第一时间赶赴现场调解。只见许万成在那里气急败坏地大声叫骂，甚至看见司法所的工作人员也无所谓，继续破口大骂，说如果不给他哥哥赔偿，他就一个一个地收拾。工作人员劝他冷静下来，他也爱理不理，说不相信政府能帮他解决问题。后在派出所民警的厉声呵斥下，许万成嚣张的气焰才有所收敛。

从上述描述中我们不难看出，许昌盛等当事人具有较多的 I 型当事人对言行不负责和 D 型当事人的好冲动的特征，在发生纠纷时，I 型当事人通常喜欢团体作战，愿意用集体的方式表达他们对人们的信任，并且会用诸如"如果我们一起努力，我们就能做到"的话语来激励人们。他们还喜欢通过一些过激言行引起更多的关注，他们自认为受了委屈，要通过引起围观来博得更多同情。他们的叫嚣往往是一种吓退对方并借此漫天要价的方式。

半小时后，司法所工作人员把李飘东、物业经理和许昌盛约到现场进行初步调解。

调解人员从当事双方争执中了解到，李飘东未能为许昌盛及时办理年审，导

---

❶ 本案例来源于广州市萝岗区司法局，http://sfj.luogang.gov.cn/UserData/DocHtml/2012/3/15/86706215149.html，2013-2-20。

致许昌盛洗车档停业，给许昌盛造成了一定的经济损失，但损失并不是很严重，许万成要求110万元的要求明显过高，甚至有敲诈嫌疑。调解人员便重点做许昌盛的工作，要求他从事实出发，根据自己的损失程度合理提出赔偿要求，但许昌盛坚持说自己损失严重，不愿对赔偿要求作出让步。而李飘东也表示，许昌盛提出的110万元的赔偿要求是狮子大张口，坚决不能接受，自己最多赔偿20万元。

由于当事双方提出的赔偿额相差甚多，且各不相让，调解一时陷入僵局。调解人员决定暂时停止调解，先做双方的思想工作，让双方冷静思考后再召开调解会。

许万成见目的没有达到，又开始叫骂，并扬言要杀死李飘东全家。

15日、16日，萝岗区司法局会同夏港司法所、派出所、街道综治办等部门，对纠纷原因进行了详细的调查了解，并召开专案会，司法局对此纠纷专门组成了专案组，并召开了专案调解会。

从上述描述中我们不难看出，I型当事人虚张声势的态度实质是想达到预设的心理目标，但他们预设的目标一般都缺乏客观性，也不能像C型当事人那样证据比较清楚，但他们却会对在调解中对方及第三方对他们的态度表现敏感。他们的要价会随着对方的态度而变化，如果对方当事人一直使用极富侵略性的谈判风格，那么I型当事人会坚持要求不放松，这样一来，双方当事人讨价还价的余地会变得很小。

17日上午，经多方做工作，李飘东和物业经理同意共同支付30万元赔偿金给许昌盛。专案组接着又找到许氏兄弟，做他们的思想工作，将赔偿数额告知许万成，明确指出如果许氏兄弟不接受调解，应通过法律途径解决，并严肃警告许氏兄弟绝对不允许用违法手段解决问题，否则严惩不贷。许氏兄弟表示考虑一下再作答复。

当日下午，许氏兄弟答复说同意赔偿30万元的调解意见，并提出三个要求：一是保障他们兄弟二人在拿到赔偿金之前的人身安全；二是退回许昌盛所交的押金；三是搬走洗车场内的剩余物品。

接着在许万成的主动要求下，专案组在夏港司法所组织当事双方进行调解。25日下午，专案组组织召开了调解会，三方最终签订了调解协议书。

从上述描述中我们不难看出，I型当事人为了使自己在纠纷中占上风，成为赢家，或为了发泄自己的怨气，会指责、夸大甚至虚构对方在纠纷中的过错，因此，适时给他们树立相应的权威感，打击不切实际的嚣张气焰，同时充分听取他们的意见，让他们感受到充分被尊重，会有助于纠纷的解决。

三、S 型当事人的不自信与逃避

（一）逃避与合作

S 型当事人具有感情不外露、不轻易暴露各种心理倾向、不喜欢交际、顾虑多、处事谨慎、适应环境困难、缺乏自信心、对批评敏感等特点。他们更愿意自己在纠纷中是个旁观者，有时他们采取一种超然的态度，对于能避免的事情尽力避免，怕惹是非，有时知情也不一定肯讲。一般来说不到万不得已，他们是不会愿意选择打官司的。他们逃避冲突，但如果无法躲开，他们更愿意有人帮他们拿主意，从中协调，所以更愿意选择调解解决纠纷。

在庭审中，他们与 D 型当事人过于自信、I 型当事人有失客观的情况不同，他们比较能秉承合作态度，做到富有诚意。但是他们仍然强调公平，要求法官能够做到公平对待，对方能够平等对待自己。同时，他们常常低头不语，比较压抑自己的情绪，焦虑或苦闷深藏于内心，表面上看不出来，说话声音小，语气平淡，容易受挫，自尊心易受伤。

（二）态度不明确

S 当事人常常被看作反应慢，态度含糊，不肯多讲，他们自己拿主意比较困难。不像 I 型当事人对于另一方在调解中如何对待自己会非常在意，S 型当事人认为，如果对方当事人在调解过程中态度上能够有一定的尊重、理解，不逼着自己很快做决定，他们就会比较配合，耐心听对方说话，不轻易打断，并且他们也愿意在很多时候作出让步，从而为和解协议的达成留出尽可能大的空间。反之，如果对方咄咄逼人，他们就会有畏惧，可能会认为与对方和解的可能性小之又小，迟迟不表态，不把内心的想法表露出来。

S 型当事人和 I 型当事人一样，在发生纠纷时都对家庭、家族、亲朋等有比较强的依赖，希望亲朋能够站在自己的立场上，对其权益纠纷在认识上给予鼓励，情感上给予同情，行为上给予支持，其他人的互动反应时时刻刻影响着他们。S型当事人直观上给人以内向的感觉，他们在调解中可能会犹豫要不要把自己的想法表达出来，总是吞吞吐吐，想要尽可能地用合适的行为，以尊重的方式解决问题，避免争得脸红脖子粗，生闷气，不说话是S型当事人常出现的情形。他们想要建立规则并遵守，同时也希望个人的灵活性和意见可以得到尊重。他们喜欢通过他人而不是客观的报告来收集信息。

为此，调解人员需要在必要的时候对各方提出的建议予以评估，来帮助当事人作出分析和决断。另外，在可能的情况下，不论是调解员还是一方当事人都可以尽可能多地提供几套可供选择的和解方案。这样一来可供另一方当事人选择的余地就更大，因而也就更容易达成和解。

【案例】

外甥和舅舅"续接"亲情

运城市绛县邮政局退休职工王某与外甥刘某、外甥媳史某，因姐姐的住院治疗费用产生纠纷。事情经过：王某的姐姐因无子女，早年收养了刘某，从牙牙学语到长大成人，呕心沥血，费尽辛劳。不料，刘某婚后，犯了"妻管严"毛病，任凭妻子史某随心所欲地对母亲吆五喝六，甚至动手动脚，他也无动于衷。人们看不过眼，都说他是"花喜鹊，尾巴长，娶了媳妇忘了娘"，而他不管别人怎么议论，依然睁一只眼闭一只眼，置若罔闻。最终，妻子对母亲发展到打骂的地步，以致进了两次法院，虽经调解，达成协议，但仍是雨过地皮湿，过后仍是外甥打灯笼——照旧（照舅）。

2011年秋，史某又寻衅滋事，把婆婆打了一顿，导致婆婆腿部受伤住院，花费2300余元。史某将婆婆送到医院后，溜之乎也。王某无奈，结清了2300元医疗费。出院后，刘某将母亲送到安峪镇敬老院。史某为了逃避赡养责任，与刘某办理了假离婚手续。王某很气愤，将史某告到安峪镇派出所，派出所将史某行政拘留。2012年2月，王某将刘某、史某起诉到绛县人民法院，要求退还自己垫付的2300元医药费。被告刘某、史某找到磨头村村民调解委员会主任李怀印，委托其代理出庭。李怀印调查事情的经过后，将双方当事人叫到一起，通过面对面地交流，使刘某、史某认识到虐待老人的错误，并得到王某的谅解。最后，刘某、史某同意负担母亲的住院费和法院立案费2500元。舅舅王某表示愿意撤诉，外甥和舅舅的亲情恢复，和好如故。❶

---

❶ 本案例引自张志善："外甥和舅舅'续接'亲情"，载《山西法制报》，2012年8月7日。

　　从上述描述中我们不难看出，此案中的王某、刘某具有较多的 S 型特质，他们对亲朋宽容，但往往过于宽容，甚至是纵容，以致缺乏原则性。他们缺乏一定的执行力，对解决矛盾持回避态度，有时会表现出消极、懒散甚至不积极主动去处理的情况。如果让他们做决定有时会更难，他们的犹豫不决，优柔寡断成为此案纠纷引发的直接原因。但 S 型的王某的宽容及善良之特质，也是此案调解结案的主要因素。

四、C 型当事人的冷静与固执

　　（一）多疑重细节

　　C 型当事人可能会接受调解，但在调解中总认为自己有充分的证据，把责任强加于人。如果调解人员指出其过错和应当承担的责任，由于敏感多疑，心胸狭窄的特点，他会对调解人员有意见，认为调解人员不公正，偏袒对方，与他过不去。有的还可能公开表示对调解人员的不信任，甚至进行语言攻击。这类人忽视或不相信反面证据，因此很难劝说其转变态度。

　　一般来说，C 型当事人喜欢追根究底，常拘泥于细节，会不合理地坚持要调解人员和对方当事人按照他设定的方式行事，否则心里很不痛快，在调解过程中可能常纠缠于一些小事，干扰调解进行，甚至还可能使调解陷入僵局。他们喜欢分析纠纷的起因，分析对方当事人的动机，把每一个细节都弄清楚，一步一步地解决问题。他们在调解中要确认自己是否存在着过错责任，按照法律规定或道德习惯，对方到底哪里错了，为什么不承认，对方到底应该承担什么责任。他们会担忧最坏的情况，会估算自己和对方的实际损失。他们会把复杂的问题分解成一系列步骤和工作，从而得到自己认为放心的答案。

（二）冷静好争论

在解决纠纷时，C型当事人是最冷静的当事人，他们不会像D型当事人那样带有强烈的攻击性；也不会像I型那样感情难以控制，以哭、闹或捏造事实攻击对手；也不会像S型那样不说话静候结果或结结巴巴，躲躲闪闪。他们有时是最沉默的当事人，但内心却一直不平静，一直在观察、思考、质疑你提出的每个细节是不是真实的、是不是有理。严肃、冷静、关注现实得失是他们在纠纷中的明显表现。

C型当事人不像I型当事人那样感性，他们喜欢以理性的方式解决纠纷，不需要也不愿意不停地与一大群人商讨应该如何做或谁是谁非。他们常对法律有片面或错误的理解，因而不会轻易接受他人的意见，除非你拿出来的证据足够有说服力。C型当事人不太会像D型当事人那样乱发脾气，也不会像I型当事人那样随便叫嚣，但他们会与你争论事实的细节，证据有没有。他们不会顾忌你的情面，会直接揭露他们认为不实的言辞，或是在某些细节上驳斥对方，或与你争论不休。他们不能接受不负责任的辩解，更不愿意听没有根据的指责，如果要他们承认错误或接受让步，只有先让他们明白自己错在哪里。

（三）否定思维教条

C型当事人总能看到事情的负面，一直对他人解决纠纷的诚意持怀疑态度，不会表扬他人，一直比较拘谨，但他们一直有自己的主见，只是由于保护自己的需要，他们不会敞开心扉。他们善于考虑确定的事情，不会轻易接受别人的建议，除非他们能够把利弊得失看得很清楚，才愿妥协，因此有时他们的想法和做法会被他人看作死板教条。

C型当事人通常不会首先发难或抱怨，会看周围情况是否对自己有利，一旦好的时机出现，会立即提出证据来证明，为自己争取权利。不轻易改变自己观点，只有在他们知道能够得到的具体好处后，他们才会做出决定。

【案　例】

"疙瘩债"终归得偿还 ❶

2010年7月15日，绛县磨头村村民调解委员会主任李怀印接到了一起跨镇上访案。原告王某是绛县大交镇梅村人，在"541"第三分指教学，状告在续鲁村修理摩托车的安峪镇下柏村农民陈某欠债不还。王某诉称，2004年，陈某分两次借了他26400元，当时约定利息2分。起初，陈某按约定每月照付利息，累计付到2万元后，再也没有动静。王某找陈某要，陈某推三拖四，不予理睬。又找到陈某所在的村、镇，也没结果。气得王某吹胡子瞪眼，大骂陈某是"赖皮"。当李怀印接

---

❶　本案例引自张志善："'疙瘩债'终归得偿还"，载《山西法制报》，2011年8月23日。

到这一案子后，连续数次去找陈某。陈某先是避而不见，最后被李某打听到下落，将其堵到家里。李怀印拿出陈某当初打的借据，陈某不得不承认，但就是以"没钱"为由，不肯还钱。李怀印从侧面了解到，陈某家的经济不景气。在这种情况下，李怀印又找到王某"，耐心地对他讲，陈某借你钱，不还不对，但你月息高达 2 分，显然违背了"不得超过银行利息 4 倍"的法律规定。要我管，必须严格依法办事。接着，李怀印再次找到陈某，按照有关规定，重新计算了一次，刨去已还款，陈某还应付王某 12000 元。陈某见李怀印说得在行在理，立即拿出 1 万元现款，托李怀印给王某，剩余的 2000 元，打了个欠条，所有借据全部收回。王某接到这 1 万元现款，喜极而泣，说："多少年的官司终于解决了，还是老调解有招数！"

从上述描述中我们不难看出，此案中的王某具有 C 型特质，C 型当事人对自己和他人都是高标准、严要求，容易看到事物的不足，当陈某不能按时还钱，且故意躲债时，作为 C 型当事人的王某总会作出负面的判断，他们习惯从细节和局部看问题，但他们一般比较讲理，愿意遵从法律的规定和道德的标准，因此，当调解员针对相关法律为王某进行讲解和提出意见时，只要有说服力，是突破 C 型当事人的有力武器。

针对上述分析，需要再次强调，属于某种典型特质类型的当事人必定是少数，多数当事人则属于中间型或略倾向于某一类型，调解时可针对具体情况选用适当方法。另外还要说明的是，我们从不同的角度来看当事人的特质，才会有不同的人格特质分类方法，切不可单一化、固定化或死板教条。如何运用合适的调解方法还需要考虑具体案情和纠纷的特点。

第三节　D、I、S、C 适合的有效沟通方法

DISC 人格特质四大分类法是当今普遍为各界采纳的人格类型。这种分类法作为基本架构，可以协助我们从了解四种基本人格类型开始，掌握自我及交流对象的人格特质与沟通方式。正因有了这种基本的分类法，我们可以在较短的时间内做出对交流对象比较清晰准确的判断及人格特质分析，并可投其所好，依此方法应用在有效沟通与成功调解的实务工作中。

一、支配型 (Dominance)

D 型人的特质是对事情反应非常直接以及和人的相处主导性强，D 型人格特质是四种类型中最为强烈的个性。他不仅行动至上，而且成果导向，这也是他最重要的核心价值。他们在沟通中掌控性高，对自己绝对自信。在有纠纷时能够带头往前冲，面对压力具有高度的战斗性，但缺乏耐心和容忍，易冲动、急躁。

对 D 型人的沟通法则：

1. 简要自信的回应

D 型人讲求效率，交流时要直接切入重点，所以不太深究细节，仅靠基本事实及信息做决定，因此，不必给他看过多繁琐的文字证据，最好只给他一张需要做哪些事的工作清单，列出时间表。

与 D 型人沟通要有自信，自信来自完善的准备，不要怕被拒绝。即使最初一直拒绝你的拜访或交流，只要勇敢地向前冲，再接再厉，你的勇气会打动他。有可能获得 D 型人的信任会花较多时间，但一旦被 D 型人信任，他会比较自愿地接受你的建议。

他关心的是如何产生最好的结果而非细枝末节的过程，因此废话少说，切忌长篇大论，只需简要解释说明观点，告知不同的选择会产生哪些不同的结果，去掉不必要的手续和说明。当 D 型人就某个问题直接征询对方意见时，他们最喜欢听到的就是直接的真诚的表达看法，哪怕意见不一致，他们也能接受。但他们不喜欢诸如 S 型人的谈话方式，自己不先表态，需要先征求或听听 D 型人的意见，殊不知，你不提供意见，会让 D 型人感觉对方要么不真诚，要么不自信。他们在快要生气的时候经常会说："你是什么意见，你直接说出来，没有关系。"如果对方话不直接，D 型人就会想："我找你谈看法，你直接谈就可以了，何必跟我拐弯抹角？看我的意见？我真有意见了，还问你干什么？"

2．赞美并让他做决定

多赞赏他的成就。如果到 D 型人办公室交谈，要多赞赏他继往的成功、进步、求知欲，可以借下面的物品开始赞赏：书籍、报章、杂志、奖杯、奖状等。D 型人倾向于快速地决策，哪怕是轻率的决策。他最喜欢做选择题。D 型人希望凡事一次搞定，没有第二次。D 型人喜欢变化，如果你在沟通中最初无法说服他也不要怕，可以变换方式或换人进行，新的点子，新的环境都会有助于激发 D 型人的沟通兴趣。

3．尊重不直接批评他

D 型人从来不害怕别人的攻击，甚至会因为要应对攻击而感到亢奋，经常会因此而变得更斗志昂扬，才思敏捷。D 型人处理压力的方式是继续做事，他在强迫自己忽略情绪而专注在事情上。

D 型人看起来是不记仇的，但不接受批评。可以使用以下表达："我觉得你说得非常有道理。尤其你提到……，这是让我深感佩服的一点。同时，从另外一个角度看……""我觉得你说得很好，但是……"

如果直接批评他，会比较容易引出事端，如果一旦失去 D 型人的信任，再挽回也不易，不要试图用时间来淡化矛盾或不满，而应该主动坦诚地与 D 型人交流。不然 D 型人强压下来的情绪，积攒起来，迟早会演变成难以控制的爆发。

与 D 型人沟通，甚至可以尝试半蹲在他身旁，与他平视或仰视他。用这样的方式 D 型人可以接受，因为他认为你尊重他。有事情要征求 D 的意见，要及时联系他，不要妄想等 D 型人不忙的时候再找他。因为 D 型人永远在忙碌中。如果因为拖延了时间，使他决策的时间压力增大，他反而会大为不满。

二、影响型 (Influence)

I 型人非常善于表达，喜欢受到关注和新鲜的事物。和 D 型一样对事情反应直接，但重视人际关系和感觉，因此，和 D 型不同的是和人的相处方式，通常采取配合的态度。

他们的内在价值观是快乐至上和感觉第一，他们喜欢说话，而且善于表达自己的想法和感受。他们能带动气氛，常能让整个组织气氛活跃起来。但也因他们很有创造力和善于变化，思考模式常常具有跳跃性，缺少稳定性。

对 I 型人的沟通法则：

1. 在赞美中引导

I 型人征求他人意见前，对自己所要做的事情或决定还没有认真地思考，此时，他们的沟通重点在于希望朋友们津津有味地听他的全新设计和想法，所以你要认同他的提议，最好说"哦，太棒了，您讲讲看"，然后充满兴趣地听下去，I 型人会把自己的设想描绘得有滋有味，让你不忍打断他，如果他还没有讲完，你就直接给他一个答复，无论是什么样的答复，他都会索然无味，说"我还没有讲完呢"。

因此，I 型人在交流时常常给人以抓不住重点的感觉，啰嗦说个没完，但你最好不断地回应他"哦，太好了""嗯，有意思，接下来呢""哦，是吗，那下一步呢"……这样引导到最后，你能够听出他的答案了。与 I 型人交流要愿意花时间听他们讲，以满足他们乐于分享的愿望。尝试用更多的形容词和副词修饰你的词句来公开地表扬他们，一定会引起 I 的好感。

2. 多用肢体沟通

I 型人喜欢周围总有一帮朋友能够听他讲，并且乐此不疲，有时甚至牺牲工作的时间。因为对于 I 型人来说，获得赞同就是关键，有赞同就是成功，有成功就是快乐。

I 型人在人际交往上显得非常主动，喜欢肢体接触，而且他们握手的时间会比一般人略长，他们需要用时间去感受热情度和真诚度，甚至可能一直握着你的手说话。因此与 I 型人握手，如果速度太快地抽走，很可能就会出现他的手还停留在半空中、茫然无措的情景。如果再熟一点，甚至会与你勾肩搭背，或者往你身上凑。他们在交往中的主动和亲密，加上略显夸张的肢体语言，容易让人误解。实际上，这只是他们表达热情和肯定的方式。与 I 型人沟通最好用更多肢体语言以及面部表情来表达自己。

3. 热情回应比算账重要

必须先营造融洽的气氛，当他们感觉良好时，任何事都会进行得非常顺利。和 D 型人不同，I 型人不在乎对方的事情有没有做好，而是在意你的回应是否到位，如果他们认为你不友好，可能马上会对你嗤之以鼻。"高傲""没礼貌""没教养""沉闷""乏味"等带有人身攻击意味的词会随之而来，甚至一句话也不会再跟你说。你只对 I 型人微笑地说"你好"是不够的，不妨尝试用提升四度的音调，最大的傻笑甚至拥抱他们。如果你实在没有这样的热情，那么至少要长时间地保持你的笑容，并且给他更多注视的目光。

从服饰到语言，I 型人都追求华丽感和新鲜感，I 型人在表达的时候，喜欢用极端的词汇，比如"超""最""顶""爆"等副词，以修饰他们强烈的情感。新鲜幽默的语言会吸引 I 的注意，比如不说她看起来很漂亮，而是说看起来"很高级"。

如果你天天都向一个人热情地打招呼，对方肯定也会热情地回应你。I 型人信奉的人生信条是："你对别人好，别人自然就会对你好。"他们关注他人对自己的态度，他们决策的重点常常不是看事情本身，而看其中牵涉的人。因此，如果和 I 发生分歧，不要直接和 I 型人讲"没有永远的朋友，只有永远的利益""亲兄弟，明算账"这一类话。I 型人在金钱问题上比较豪放，但有时候因为过于粗心，也许意识不到要去保障别人的小利益，这也是有的 I 型人会被人误解为"爱占小便宜"的原因。

4. 强调你的感受

高 I 的人习惯的是热闹放松的环境，当 I 型人要和一个不熟悉的人长时间单独交谈时，他也会感到紧张，他们会用一些很戏剧化的方式去转移自己的压力，比如突然哈哈大笑说："今天天气真好啊！"又或者突然拍桌子、挪凳子甚至离开会议室。如果是恶意的攻击或者让他们感到侮辱，I 型人直面冲突的方式是用更恶毒的方式（大多是语言）还击。

I 型人是情绪化的，有时让其好好发泄是有好处的；但之后要向 I 型人施加压力，不妨从人的感受入手。让他知道你（或某人）真的有可能或已经因为他受到伤害。这是让 I 型人让步的最有效方法。如果有"灯光好、气氛佳"的环境，例如，餐厅、俱乐部、茶艺馆、咖啡厅……而不是冷漠、寂静的会议室，更容易与 I 型人达成交易。与 I 型人的接触不要太急于达到沟通目的，而是要先得到他的认同与信任。

三、稳健型 (Steadiness)

S 型人对事情反应间接，和人相处配合度高，可以说是四种类型中最好相处的，最替别人着想的。他们的理念是和谐第一，输赢第二，他们有着绝佳的耐性，是个最棒的聆听者，很具同理心。但因为怕做错决定和缺乏自信，他们不愿意改变，常常犹豫不决，逃避冲突。

对 S 型人的沟通法则：

1. 花时间了解他的真实想法

S 型人属于内向的一类，他们不会轻易出头或先开口引出话题，也不会随意表达自己的观点。他们总是站在旁边当观众，即使有想法，也会等到其他人先发言后再慢慢道来。和他们沟通不要太急或是一次讨论太多议题，一步一步来，过度的压力只会造成他们的退缩。必须先花时间去了解他们真实的想法或感受，一旦他们觉得自己受到重视和支持，他们就变得比较容易沟通。在语言上，如果能够使用"感同身受者"的话语与 S 型当事人沟通的话，他们会乐于接受。

2. 耐心讲解取得信任

S 型的人希望有人能够和他说知心话，让他有机会了解对方或更全面的信息，这表明你信任他，他会很好地倾听。他不愿意对方一开始就刨根问底，这会让他感到压力。

沟通的环境选择比较私密的环境进行，他会有安全感，如果是公开的环境，有太多不相熟的人员在场的话，他会紧张或不安。因此创造适合沟通的秘密环境，肯定 S 的正确做法或付出，取得他的信任，他会比较忠实地听你的安排。但你要有耐心"等"他发言，等 S 型的人听明白你的意思，你的观点，甚至是你的指令或建议时，他会考虑你要他做出的决定或改变。若有需要 S 型的人做出承诺或改变的地方，必须先向 S 解释清楚需要他改变的理由及改变的具体方法和步骤，然后通过不断鼓励，让他有信心尝试踏出改变的第一步。肯定他的合作精神，一旦他清楚自己的责任，便会尽一切力量达成目标。

3. 为他提供建议或做决定

S 型的人做决定或考虑交流对方的意见是需要时间的，由于他们有时太缺乏信心和勇气来负责或改变，因此你要在合适的时候给出明确的建议，以帮助他们下决心。S 型的人本身就很包容，能够听取不同的声音。他们在听取他人意见之前，真的没有拿定主意，因此他们也是希望得到别人真实的意见，无论是支持或者反对，如果意见不一，他们也不愿意与对方争辩，他们都会倾听。因此，与其与 S 讨论问题，不如在赢得他的信任情况下直接给出你的建议。

四、服从型 (Compliance)

C 型的人是重视细节与原则的分析大师，他们对事情反应间接，但和人相处时又采取主导的分析型，他始终在思考问题，并钻研解决问题的方法，但他们不随便表达，他们的情绪起伏极少，所以外人比较难探知他们的想法和情绪。因为他们的核心价值是理性与逻辑，所以他们要求人们都能够有逻辑、有系统、明确且有条理地表达想法，并且妥善地回答他们提出来的问题，包括许多的细节。

对 C 型人的沟通法则：

1. 提供充分的证据

C 型人通常头脑清楚而理性，做事非常有条理。他们是优秀的系统规划师，能够做出完善的计划，并认真确认各方面细节直至完美。但他们总想尽一切办法把事情做得完美无缺，往往过于理想化及挑剔。因此，跟他们讨论问题需要给他们看充足的证据，空口白牙的说明是没有效果的，只会招来 C 型人的质疑。要向 C 型人解释结论来源及过程、原因，把他担忧的问题一一通过书面清楚的资料加以说明。如果你能够使用最新的统计数字、国内外的趋势分析、典型的事例来说明你的意见，会很容易打动他们，从而有助于 C 型人做出判断与决定。

2. 具体准确的表达

与 C 型人沟通不要太急于要他们表达结论，也不要太兴奋与热情，不要跟他们用夸张的方式说话，要尽可能地提出证据、资料以及陈述客观事实。避免使用一些不确定的字眼，例如，可能、大概、也许……

赞美他们也一定要具体，并举出实例，他们不像 I 型人喜欢夸张的赞美，如果你用夸张的形容词，他们会认为你是言不由衷，会适得其反。通常他们偏好私下沟通，而不喜欢成为众人注目的焦点。C 型人习惯于以逻辑、客观的方式表达观点和关注讨论的主题本身。

〔活动平台〕

当事人一进门，调解员就可以凭他们的第一印象对当事人的特质进行简要判断，结合以上学习内容，总结并分析不同特质当事人的语言表达特征，自设台词，分别进行角色扮演，并给出相应的回应方式。

◇训练提示：

D 型当事人进门急匆匆，说话直截了当，语气甚至比较不客气："嘿！有人理吗？"

I 型当事人会左顾右盼地走进来，这瞧瞧那看看，大声地、好像很熟悉似地说："你们这儿可真难找啊！这墙上有这么多锦旗呢！我一看你们就是能帮我的。"

S 型当事人小心翼翼地推门，安静地走进来，有些怯生生的样子问："这是调解委员会吗？我有点事想问问，行吗？"

C 型当事人仍然是稳稳当当地走进来，话不多，语气平和但有点冷冷地问："你们是做什么调解的呀？劳动纠纷管吗？你们调过这种案子吗？"

针对以上不同特质的当事人，尽管他们的具体纠纷各异，需求有不同，但他们的基本目的是相同的，就是寻求第三方的法律帮助与解决麻烦。调解员此时可以依据不同的当事人，给予不同的回应。

对 D 型人，调解员可以自信地回应："有人，您遇到什么事儿了？我们看看怎么帮您。"

对 I 型人，调解员可以在他四处了解环境的时候，引导他到接待区坐下："是，我们这门口地方窄，不注意可能看不到牌子。一看您就是挺爱生活的人，怎么了今天心情不太好？"

对 S 型人，调解员可以一边将他引到屋里坐下，一边给他递上一杯水："我们这儿是社区调委员，是专门帮着解决麻烦的，您别着急，有什么事可以跟我们说说，看能不能帮上您。"

对 C 型人，调解员可以不必太急于问他的需求和情况，可以先给 C 介绍下调解委员会的基本情况，然后简单问他："您有时间，愿意坐下来把问题跟我们说一说吗？"

第四章　肢体语言沟通与
DISC 副语言特征[❶]

本章要点
◇　肢体语言的作用
◇　辨识当事人的肢体语言的方法
◇　辨识 DISC 四类性格的肢体语言和副语言特征

<hr>

本章情境

请大家使用肢体动作表达以下我们常用的一些词汇，注意不用声音、文字表达或解释：

倾诉或吐露心声、自信坚定、积极面对、焦虑害怕、讨好巴结、失望烦躁。

通过以上练习，体会我们的身体是不是会说话，它是如何表达你的内心思想与感情的。

有研究表明，通常，60% ～ 65% 的人际交流是属于非语言沟通的，这其中就包括身体的语言，这种语言既是无声的也是生动真实的。20 世纪 50 年代，美国心理学家研究肢体语言的先锋人物阿尔伯特·麦拉宾发现，人们在进行面对面交流和沟通时，所传递的信息中由文字语言带给沟通交流对象的影响只有 7%，38% 的信息传递是由语音语调组成的声音要素所产生的作用，而 55% 的信息影响是由身体动作所表达的肢体语言完成的。因此，我们把人身体的动作称为肢体语言，也称为无声的语言，研究和学习这种语言在交流沟通中的作用，正确识别和使用这种语言，会给我们的沟通技能提高带来意想不到的效果。

<hr>

❶　摘自刘爱君：《调解沟通艺术》，中国政法大学出版社 2016 年版。本章插图：张志新。

第一节　肢体语言的特点与作用

一、什么是肢体语言

我们平时在和别人说话的时候，常常身体会做出一些动作来配合，以达到加强表达自己意见或说服别人的目的，这些身体动作就是我们所说的肢体语言。

其实我们的肢体语言十分丰富，比如，鼓掌表示我们赞同或兴奋；焦虑的时候我们会很自然地搓手；沮丧的时候我们就会低下头……肢体语言是人们惯常使用的一种非语言身体符号，也是传递信息与沟通交流的一种有效方式，与有声语言一样在沟通中占有相当大的比重，所不同的是，肢体语言是通过面部表情、手势、目光、身体接触、身体移动、姿势、人际距离、妆容服饰等无声语言传递信息的，包括经由身体的各种动态动作或静态的无声姿势、空间距离及衣着打扮等形式，从而代替或辅助语言达到表情达意的沟通目的。因此，肢体语言也被称为"态势语"，它在传递信息的同时也表达出一定的态度与情绪。

现今关于肢体语言的研究范围可以分为动态和静态两大部分。

（一）动态肢体语言

动态肢体语言贯穿于身体的多个部分动作，包括手势、面部表情、目光、头部、腿脚等。

（1）手势动作。古罗马政治家西塞罗说："一切心理活动都伴有指手画脚等动作，手势恰如人体的一种语言，这种语言甚至连野蛮人都能理解。"法国画家德拉克洛瓦则指出："手应当像脸一样富有表情。"手势动作能加强语言的力量，丰富语言的色调，可以替代某些词语，例如，"OK""爱心""过来""走开""安静""我困了"等。手势不仅能使传播的过程更加生动，有助于阐明和增强所传递的语言信息，还能表达人们的情感，吸引交流对象的注意力。因此，适时、准确、自然、得体的手势可为良好的沟通锦上添花。

手势动作包括手掌、手指、手臂这些部分的动作，大体可以分为象征、说明、掩饰、补充等类型：

象征性的手势，可以直接解释某个词语，表示抽象的概念，易于理解。比如，竖起大拇指，表示赞许、肯定、鼓励等。

说明性的手势，可以增强语言信息的内容，对言语起到解释甚至替代的作用，增加对信息的形象性理解。比如，体育比赛中的暂停手势。

掩饰性的手势，往往被用来作为内心紧张、不安的某种调剂，或是在做判断时不确定或撒谎时流露出来的一种掩饰方式。比如，交流时用手捂嘴，或是随意玩弄手中的铅笔等。

补充性的手势，可以起到弥补有声语言不足的作用，增加有声语言的分量。比如，演讲时使用的配合演讲内容的一些手势。

（2）面部表情。人的面部表情，能够传递很丰富的感情，可谓是一张感情的图像，人的情感及各种复杂的内心世界，都能从面部真实地体现出来，涉及的器官也较多，主要通过嘴、眼、眉毛等多个部位的变化与特点，综合反映人们的内心世界。在众多面部表情中，情感互动最为直接有效和重要的是微笑和眼神。美国普林斯顿大学做过一个实验，要求学生在很短时间内对当年州长和参议员的候选人照片进行选择，判断这些并不认识的面孔哪个更有能力。实验表明，学生对面露真诚微笑的面孔和眼神更具好感。[1]

①目光。眼睛是人体器官中最敏感的器官，也是表达人们深层心理情感的重要器官，人的喜、怒、哀、乐都会从目光的微妙变化中反映出来。在人际交往中它的功能甚至连有声语言也不能代替。如律师可以从委托人的眼神中得知他们对自己专业的认可，对自己服务的满意程度如何；当调解人员给出一定的调解方案或建议时，可以从当事人突然睁大的眼睛中判断出对调解人员给出意见的态度。

②笑语。我们大家熟悉的笑有许多种，如微笑（表示热情）、抿嘴笑（表示愉快或羞怯）、苦笑（表示有苦难言）、皮笑肉不笑（表示虚假奸诈）。因此，各种不同的笑容形成不同的表情。微笑是面部最积极的表情，也是情绪互动最有效的手段。

③头部动作。通过头部活动传达的信息也比较直接，包括点头表示肯定、同意，摇头表示否定等。头的动作也能表达多种情感，比如情绪低落、不够自信的人总喜欢低头；而昂首挺胸则是自信、精神振奋的代名词。

④腿脚动作。《FBI 教你读心术》一书的作者认为，人体最诚实的部位并非是眼睛，而是腿和脚，这是人类自然演化的结果。书中阐述：研究发现，在几百万年前，当人类还不会说话的时候，原始人的腿和脚就已经能快速应对周围的威胁，做出逃跑或作战的反应。这种反应已经在人类的身体里面根深蒂固了，即便是现在，面对危险压力等各种情况时，腿和脚还是最早做出反应的部位，并且能最真实地反映出一个人的意图。

（二）静态肢体语言

主要包括身体姿势、代表人与人之间空间距离的界域语和妆容服饰等。

---

[1] 王向阳："试析人际沟通中正向能量身体语言的表达"，载《改革与开放》2016年第17期。

（1）身体姿势。身体姿势是语言表达的一个得力助手，是内心状态的外部表现，受人的情绪、感觉、兴趣的支配和驱使。良好的身体姿态也会给沟通交流带来意想不到的效果，例如，在调解过程中，调解人员使用身体前倾的姿势，可以给对方传递出对对方讲的话感兴趣的信号，又给人一种亲切感。民事司法沟通中，主要身体姿态有站姿和坐姿。

（2）界域语。又称为空间语言，是人与人之间用空间距离所传递的信息，也可以把它看作人际空间。1959 年美国人类学家霍尔出版了影响深远的《无声的语言》，研究了人类对自己独有空间的需要，从而最早提出空间语言的理论。他认为空间可以传递信息，并发现了亲密空间、个人空间、社交空间及公共空间四个界域区。人际交往中，间距大小主要取决于沟通情景及交际对象的关系。交际距离远近又受不同国家、不同民族的文化历史背景以及习惯、性别、政治地位等因素的影响。

二、肢体语言为什么是可信的

说起人的大脑，一般人都认为自己只有一个大脑。但其实，我们的大脑中有着三块截然不同、各具特点的结构，或称"三重脑"。它由脑干、边缘系统和大脑新皮质组成。

20 世纪 60 年代，美国神经生物学家麦克里恩（Paul D. Maclean）提出了三位一体的大脑进化理论，认为人类由留有进化痕迹的三个大脑——爬行动物脑（Reptilian Brain）、古哺乳动物脑（Paleomammalian Brain）即边缘系统（limbic system）和皮质脑也叫新哺乳动物脑（Neomammalian Brain）复合而成，并分别代表不同的心智状况和需要。也有一种理论将前两个脑（最古老的爬虫脑和哺乳脑）合在一起，并称其为潜意识。

爬行动物脑也是大脑核区——掌管生理功能的"生理脑"，包括脑干和小脑，它是人类的第一个大脑，早在我们还是爬行动物的时候就已经出现了，这部分大脑执行基本的生存功能，如控制心跳和呼吸等，并直接从我们的机体获取信息，在这部分大脑操控下，人与蛇、蜥蜴有着相同的行为模式——呆板、偏执、冲动、一成不变和多疑妄想等；第二个大脑边缘系统可以称为主导情绪和感觉的"情绪脑"，大脑边缘系统位于大脑核区上方，参与调节情绪，与大脑核区一样，大脑边缘系统的反应通常也是本能和自发的；第三个是大脑新皮质，用于逻辑思考的"思维脑"，大脑新皮质出现于哺乳动物进化的高级阶段，位于大脑边缘系统上方，正是大脑新皮质让人类具有了逻辑推理、抽象思维等能力。三个脑就是不同的"计算机"，各自拥有独特的功能，这三者联合起来就形成了人脑的"指挥控制中心"，给人体的每个部位下达指令。

通过以上理论可以发现，边缘系统是情感中心，也是分析身体语言的重点。边缘系统的特点在于它无须经过一系列的思考和估算就能对外在的世界直接做出本能反应，因为它生来就只会反应，而不是推理和思考，从而可以直接反映一个人最真实的一面，很难被控制和掩饰。这种反应可以通过手脚、躯干、四肢和面部表情等下意识动作表达出来，和我们的内在情感直接相关，不掺杂思考和语言，是最为真实的。与之相反，大脑新皮质部分负责大脑的高级认知和记忆，让人们具有较强的分析思考的能力，同时也让人们可以隐瞒自己的真实情绪，谎言也可能由此产生。因此，肢体语言的研究是以边缘系统的功能为基础的。

三、肢体语言的作用

如今世界上的大多数政治家都有自己的肢体语言专家顾问，帮助他们在面对公众时，可以借助肢体语言让自己给公众留下良好的第一印象，特别是对那些希望获得更多选票的竞选者来说，他们更希望通过完美设计肢体语言，使他们看起来显得更真诚、正直、富有同情心。因此，肢体语言的作用是不容忽视的，因为它已经成为人们沟通交流中不可或缺的主要工具。肢体语言的作用是显而易见的。

（一）强化传递丰富的信息

当你看到有人竖起大拇指、做出比心的手势或是一个甜美的微笑，相信没有人会不明白对方的意思。肢体语言被喻为比说话更有效的沟通方式。

以查理·卓别林为代表的无声电影时代，应该是肢体语言在电影大银幕上大行其道的时代，人们通过演员的各种肢体语言体会电影人物的心境与电影故事，肢体语言也是电影创作者与观众交流的唯一沟通方式。在没有台词和演员对话的电影世界中，导演和演员所要表达的思想通过肢体语言传递给观众，肢体语言具备传递信息并强化信息传递的作用。

肢体语言的学术研究成果中，早期的应该是查尔斯·达尔文于1872年出版的《人类和动物的情感表达》一书，引发了全球范围的关于面部表情与肢体语言的现代研究。达尔文的许多观点和观察结果最终也得到了证实。作为"动作学"的倡导者，人类学家雷·博威斯特针对人与人之间发生的非语言交流，也做出了相似的推断。据他推断我们能够做出并辨认的面部表情大概有25万种。

博威斯特还发现，在一次面对面的交流中，语言所传递的信息量在总信息量中所占的份额还不到35%，剩下的超过65%的信息都是通过非语言交流完成的。研究者们在对发生于20世纪七八十年代的上千次销售和谈判过程进行的研究结果表明，商务谈中谈判桌上60%～80%的决定都是在肢体语言的影响下做出的。同时，人们对一个陌生人的最初评判中，60%～80% 的评判观点是在见面的最初不到 4 分钟的时间里就已经形成了。

(二) 传递与辨识内心思想与情感需求

通过对人脑结构的分析，可以发现，非语言交流不是一般的信息传递，而是一种人与人之间的心理沟通，是情感的相互交流、相互感应。看似没有语言交流那么直接生动，但却更能真实反映人的内心情感，这是由人大脑的边缘系统带来的独特功能。当人们在交流时，出现词不达意或是一时无法用语言来表达时，肢体语言的作用就会显现出来，可以使我们准确了解对方，辨识对方的情感需求，还能够帮助我们通过肢体语言细节发现语言背后没有说出的内容。

这也就解释了为什么舞蹈艺术是一种情感的传达。舞蹈演员合着声乐用身体展现出各种优美的姿态，同时也在给观众传达无法通过语言文字所表达的情感与思想。当体育竞技场上胜利与失利时，我们可以很容易地看到各种丰富的兴奋表情，抑或是伤心、沮丧的肢体动作，运动员的心境让人一目了然。再比如，在民事案件法庭审理中，法官可以通过观察双方当事人的肢体动作，了解当事人是否在讲真话，可以透过当事人的一些下意识动作，发现双方发言背后隐藏的细节或信息。当律师在提供法律咨询时，也可以通过当事人面部表情或点头摇头的不同反馈，来调整自己与当事人沟通交流的节奏，了解当事人对律师所表达内容的理解程度。在运用各种语言技巧对当事人进行调解时，伴随着调解人员的不同目光、面部表情和身体动作，可以起到强化交流信息的内容，表达调解人员的情感，有助于对当事人施加积极的心理影响。

(三) 树立个人独特形象

中央电视台的"非常 6+1"节目具有高收视率，除了节目内容本身的吸引力外，主持人李咏的独特的手势成为这个节目的标志。时至今日，节目已停播多年，但那个大拇指、食指和小指同时竖起的独特动作却让大家记忆犹新。这个手势和李咏各种如同魔术师般的奇异造型形成了这位主持人独有的特色，曾是央视主持人的一道亮丽的风景。娱乐节目尚且如此，外交部新闻发言人在新闻发布会上的站姿、手势、表情、服饰等则组成了一种态度，传达了一种国家意志与形象。因此，每一个人都有其习惯肢体语言，通过这些非语言信息既可以帮助人们恰如其分地展现各自的风采，也可以帮助我们更有效地相互了解，因为从以肢体语言为代表的非语言信息中可以反映出年龄、身份、兴趣、爱好、情感、倾向等相关信息。

〔活动平台〕

1. 分别模仿领导走路和最近考试或面试失利的人走路，看看肢体语言有什么不同。

2. 体会两种不同的坐姿分别代表不同的心境或性格：自然而然地展开身体，掌心打开，双眼平视状；交叠的双腿，紧扣的脚踝，紧握的双手。

第二节　如何通过肢体语言了解沟通对象

肢体语言是言语表达的一个得力助手，也是内心状态的外部表现，它受人的情绪、感觉、兴趣的支配和驱使，是人们对他人所持态度、想法及自身情绪、内心隐藏信息的真实反映。当我们在进行司法沟通时，工作人员可以通过观察当事人在沟通交流中的肢体语言，洞察当事人的思想动态与需求，以更快更准确地抓住当事人的心思，辅助判断当事人所表达的言语信息的真实性，同时可提高谈话、调解等工作效率。因此，我们要做一个有心的观察者。

在日常生活中，人们的肢体语言各具特色。每一种姿势、眼神、手势等看似无意，但却是最真实的信号。以下分别介绍部分典型的肢体语言辨识规律。

一、从坐姿腿脚读懂当事人

每个人在坐着时都会呈现出不同的姿势，有的人喜欢跷着二郎腿，有的人喜欢双腿并拢，而有的人喜欢两脚交叠。这些各种各样不同的坐姿，又反映了什么各自不同的心理呢？

基本规律：

双腿分开的姿势（开放性）——自信、权力与地位。

双腿夹紧或交叉或双脚并拢或内扣（封闭性）——拘谨、不安、抵触、犹豫。

这个规律在站姿和坐姿方面是一致的，一个双腿站直，双脚自然分开，抬头挺胸的姿态可以体现出说话人的自信大方；相反，如果一个人低头弓背双腿并拢站立与对方说话，说明两个说话人的地位不对等。

挺腰身体前倾——对谈话有兴趣，尊敬有礼。

上身后仰或弯腰曲背，手放在桌下——对谈话内容无兴趣或厌烦或轻视。

脚尖指向——反映谈话人对目前谈话的话题是否感兴趣，如果脚尖指向沟通对象，表示愿意交谈；如果脚尖指向别处，说明目前的沟通没有引起对方的兴趣，条件允许的话，对方甚至想尽快离开。

谈话人脚尖距离或转向——距离近说明双方对谈话的内容感兴趣；并排而坐，且身体自然转向对方，是关系亲密、对谈话内容感兴趣的表现。

个性内向、胆小拘谨的当事人：坐在椅子前部，坐着时喜欢将两腿或两脚跟紧紧地并拢，两手放于两膝盖上，端端正正。或把两膝盖并在一起，小腿随着脚跟儿分开成一个"八"字，两手掌相对，放于两膝盖中间。一般 S 型当事人比较常见这个坐姿。

个性直率豪爽、自信或固执的当事人：坐满椅子或大部分，通常大腿分开或跷着二郎腿呈 90°，两手习惯于放在肚脐部位或双手交叉放在大腿两侧。这一姿势的 D 型当事人居多。

随便、对调解不在乎的当事人：这种人侧身或半躺而坐，双脚向前伸或一只脚

在前一只脚在后，一只胳膊搭在椅子背上。在情绪激昂时，脚部可能摇个不停。这一姿势的 I 型当事人居多。

焦虑、恐惧的当事人：身体前倾，不时交叉双脚，或用鞋头踢着东西，或脚跟或脚掌打着拍子。C 型当事人常有这种坐姿。

二、从手势读懂当事人

基本规律：

手势的惯用动作含义——鼓掌表示兴奋，搓手表示焦虑，摊手表示无奈或妥协，手抱头或捶胸代表痛苦。

手势上扬——赞同、满意或鼓舞、号召。

手势下劈——权威性，不容置疑之势。

掌心打开向上——愿意交谈。

紧握的双手或掌心向下——内心封闭，对外界信息的抵制。

手插兜或放桌子下——拘谨封闭，是一个消极动作，双手离开别人的视线，就失去表现力，会让他人的信任感降低。

尖塔式手势——双手十指相对或相交，近似塔尖的形状，自信、强势。多数自信的男士喜欢这一手势。

双臂交叉——抱臂这个行为，可以理解为具有保护人类最重要的心脏之意，当一个人感到紧张或不安，或不愿接受他人的意见，将双臂交叉抱于胸前时，就意味着一种拒绝。

几种具体含义：（1）标准的双臂交叉。这是强烈的排斥或者消极含义的动作，是典型的防御性动作。如果在调解中，当事人的这种肢体语言是在向调解人员说明，他还没走出自己的思维模式，胸前交叉的双臂已经将他保护起来，不让外界轻易入侵。因为，否定的姿势是内心消极态度的外在表现，而外在的否定姿势能够强化内心的消极。调解人员应该找出当事人抵触排斥的原因，才能使调解顺利进行下去。可以通过给当事人递杯水，使其打开手臂，这样当事人敞开心扉就容易多了。（2）双手交叉握住双臂。这是紧张和谨慎的信号，也是内心极度压抑的表现。人们常常通过这种姿势来进行自我安慰和安抚。（3）双臂握拳交叉胸前。如果看到当事人板着脸做出这种动作时，就意味着他此时不仅有极强的防御心态，更有很强的敌意。如果这个时间进行调解，调解人员的话对方很难听进去，基本上是在对牛弹琴，因此调解人员最好先安抚他，防止当事人出现爆发性举动。

手敲敲头、搔搔头、抓抓头发——思考，不确定某些事情，或做错了什么事情、忘记了什么东西；掩饰或表示内疚，有些当事人出现这种动作是在说谎。

摸鼻子、捂嘴巴、摸耳朵、揉眼睛——撒谎。

双手叉腰——挑战。两个吵红了眼的冤家，经常看到的姿势是双手叉腰，这是表示抗议、进攻的一种常见举动。这种姿势还被认为是成功者所独有的站姿，它可使人联想到那些雄心勃勃、不达目的誓不罢休的人。

　　手的小动作（借助外物发生的动作）——暴露焦虑或不安。这类动作属于自我触摸行为，也称为"安慰行为"。人在紧张或害怕时，会产生寻求安慰的心理需求，最方便的莫过于自我触摸，下意识安慰动作就会出现，比如，咬手指，不断玩弄手里的笔、身上的领带、纽扣或用勺子搅动咖啡，咬铅笔头，时不时地挑衣服上的毛等脏东西；十指交叉举在脸前，双手大拇指交替揉搓。越是不安、焦虑和烦躁，这些小动作越多。这些动作经常是负面情绪的征兆。

握着拳头打掌心或扳手指关节——大多为对体力有自信的人常做，也可以说是威吓对方的动作。如果是在庭审时，审判人员看到做这种动作的当事人要意识到他有挑衅情绪，审判人员可以态度威严些，严肃地对其讲道理或语言震慑，往往可以突破其弱点。

〖知识拓展〗

六种说谎手势，让你第一时间识破对手 ❶

用手遮住嘴巴

下意识地用手遮住嘴巴，表示撒谎者试图抑制自己说出那些谎话。有时候人们是用几根手指或者紧握的拳头遮着嘴，但意思都是一样的。有的人会假装咳嗽来掩饰自己遮住嘴巴的手势。比如我们在电视上常常看到的扮演强盗或者罪犯的演员，他们在和其他歹徒讨论犯罪计划，或者遭受警察审讯时，就常常做出这样的动作。

如果一个人在说话的时候遮住自己的嘴，那么他很可能是在撒谎。如果在你说话的时候，其他人遮着自己的嘴，那就表示他们认为你可能隐瞒了某些事情。对于会议的发言人来说，如果在发言的时候看到有听众捂着嘴，那一定是最令他不安的手势之一。遇到这种情况，他应该停止发言并且询问听众，"大家有什么问题吗？"或者"我发现有的朋友不太赞同我的观点，让我们一起探讨一下吧"。这样就可以让听众们提出自己的异议，发言者也有机会来解释自己的立场并且回答听众的问题。值得注意的是，听众们双臂在胸前交叉的动作，与遮住嘴巴的手势有着相同的含义。

用手遮住嘴巴就如同把食指竖立在嘴唇前说"嘘"的手势一样，都是一种表示非礼勿言、不得罪人的手势。"嘘"的手势是父母常常对孩子做出的举动。当孩子成为成年人以后，这个手势是提醒他们不要随意表达内心的想法。

触摸鼻子

触摸鼻子的手势一般是用手在鼻子的下沿很快地摩擦几下，有时甚至只是略微轻触，几乎令人难以察觉。女人在做这个手势时比男人的动作幅度更小，或许是为了避免弄花脸上的妆容。

我们必须牢记一点，触摸鼻子的手势需要结合其他的身体语言来进行解读，有时候人们做出这个动作只是因为花粉过敏或者感冒。

美国芝加哥的嗅觉与味觉治疗与研究基金会的科学家们发现，当人们撒谎的时候，一种名为儿茶酚胺的化学物质就会被释放出来，从而引起鼻腔内部的细胞肿胀。

---

❶ 摘自：亚伦·皮斯，【澳】芭芭拉·皮斯：《身体语言密码》第七章，中国城市出版社 2007 年版。

科学家们还通过可以显示身体内部血液流量的特殊成像仪器，揭示出血压也会因为撒谎而上升。这项技术显示人们的鼻子在撒谎过程中会因血液流量上升而增大，科学家们将这种现象命名为"皮诺基奥效应"。血压增强导致鼻子膨胀，从而引发鼻腔的神经末梢传送出刺痒的感觉，于是人们只能频繁地用手摩擦鼻子以舒缓发痒的症状。

尽管你无法用肉眼看到鼻腔血管膨胀的样子，但这的确是引发触摸鼻子这一手势的原因。同样，当一个人处在不安、焦虑或者愤怒的情绪之中时，他的鼻腔血管也会膨胀。

美国的神经学者阿兰·赫希和精神病学者查尔斯·沃尔夫深入研究了比尔·克林顿就莫妮卡·莱温斯基性丑闻事件向陪审团陈述的证词，他们发现克林顿说真话时很少触摸自己的鼻子。但是，只要克林顿一撒谎，他的眉头就会在谎言出口之前不经意地微微一皱，而且每四分钟触摸一次鼻子，在陈述证词期间触摸鼻子的总数达到 26 次之多。两位科学家分析道，与频繁触摸鼻子的情况相反，只要克林顿诚实地回答提问，他就完全不会触摸自己的鼻子。

摩擦眼睛

当一个小孩不想看见某样东西时，他会用手遮住自己的眼睛。当一个成年人看到某件令人倒胃口的事物时，他很可能做出摩擦眼睛的手势。大脑通过摩擦眼睛的手势企图阻止眼睛目睹欺骗、怀疑和令人不愉快的事情，或者是避免面对那个正在遭受欺骗的人。

男人在做这个手势时往往会使劲揉搓眼睛；如果他试图掩盖一个弥天大谎，则很可能把脸转向别处。相比而言，女人更少做出摩擦眼睛的手势，她们一般只是在眼睛下方温柔地轻轻一碰。这一方面是因为淑女风范限制她们做出粗鲁的手势，另一方面也是为了避免弄花妆容。不过，和男人一样，女人们撒谎时也会把脸转向一边，以躲开听话人注视的目光。

"睁眼说瞎话"是常见的一个俗语。这个俗语体现了一系列的身体语言，包括紧绷的牙齿、虚伪的笑容和摩擦眼睛的动作。电影演员们常常用摩擦眼睛的手势表现人物的伪善。在所谓的礼仪之邦，例如英国，当人们不想对你吐露真心时，往往也会用这个手势加以掩饰。

抓挠耳朵

让我们试想一个场景。你对某人说："这个东西只要四千多块钱。"对方则抓挠着自己的耳朵，把头转向一侧说道："可这对我来说似乎是很大一笔钱。"在这里，抓挠耳朵的手势就表示出听话人"非礼勿听"的企图，即通过用手盖住耳朵或者拉扯耳垂来阻止自己听到那些不愿入耳的话语。我们在前面提到过，小孩为了逃避父母的责骂会用两只手堵住自己的耳朵，抓挠耳朵的手势则是这一肢体语言的成人版本。抓挠耳朵的手势也有多种变化，包括摩擦耳廓背后，把指尖伸进耳道里面掏耳朵，拉扯耳垂，把整个耳廓折向前方盖住耳洞等。当人们觉得自己已经听得够多了，或者想要开口说话时，也可能会做出抓挠耳朵的动作。和触摸鼻子的手势一样，抓挠耳朵也意味着当事人正处在焦虑的状态中。查尔斯王子在步入宾客满堂的房间，或者经过熙攘的人群时，常常做出抓挠耳朵和摩擦鼻子的手势。这些动作显示出他内心紧张不安的情绪。然而我们从未在照片或者是影像资料里，看到查尔斯王子在相对安全私密的车内做出这些手势。

抓挠脖子

抓挠脖子的手势：用食指（通常是用写字的那只手的食指）抓挠脖子侧面位于耳垂下方的那块区域。人们每次做这个手势，食指通常会抓挠五次左右。这个手势是疑惑和不确定的表现，等同于当事人在说，"我不太确定是否认同你的意见。"当口头语言和这个手势同时出现时，矛盾会格外明显。比如，某个人说"我非常理解你的感受"，但同时他却在抓挠脖子，那么我们可以断定，实际上他并没有理解。

拉拽衣领

撒谎会使敏感的面部与颈部神经组织产生刺痒的感觉，于是人们不得不通过摩擦或者抓挠的动作消除这种不适。德斯蒙德·莫里斯是最先发现这种现象的科学家之一。这种现象不仅能解释为什么人们在疑惑的时候会抓挠脖子，它还能解释为什么撒谎者在担心谎言被识破时，就会频频拉拽衣领。这是因为撒谎者一旦感觉到听话人的怀疑，增强的血压就会使脖子不断冒汗。

当一个人感到愤怒或者遭遇挫败的时候，也会用力将衣领拽离自己的脖子，好让凉爽的空气传进衣服里，冷却心头的火气。

手指放在嘴唇之间

将手指放在嘴唇之间的手势，与婴孩时代吸吮母亲的乳头有着密切的关系，是潜意识里对母亲怀抱里的安全感的渴望。人们常常在感受到压力的情况下做出这个手势。幼儿会将自己的拇指或者毯子含在嘴里，作为母亲乳头的替代品，而成年人则表现为把手指放在嘴唇之间，或者吸烟、叼着烟斗、衔着钢笔、咬眼镜腿、嚼口香糖等。

部分用手接触嘴唇的动作都与撒谎和欺骗有关，将手指放在嘴唇之间的手势也是内心需要安全感的一种外在表现。所以，遇到做出这个手势的人，不妨给予他承诺和保证，这将是非常积极的回应。

三、从眼神读懂当事人

人们常说眼睛是心灵的窗户，眼睛的动作也被看作是面部表情的一个主要部分，表达的内容最丰富复杂也最隐秘，也最难掩饰。眼睛所表达的内容是其他身体语言不能相比的。

东张西望——不安的表现。庭审开始的一段时间里，一些当事人坐在法庭里上下左右四处看，表面上他可能是在观察整个法庭的环境，熟悉法庭的布局和对方当事人，但实际上，这是大脑在搜寻"逃跑"的路线。这表明，他对眼前的人或事感到不安全或焦虑，庭审让他不自在。

目光躲避——不自信，不确定，无兴趣，撒谎。如果谈话的内容令当事人感到惭愧，或法官的态度令当事人有某种屈从的感觉，他会本能地将目光从法官身上移开，去看别的地方；在当事人感到怯懦或不自信时，他也会通过目光躲闪的方式寻找可能摆脱的办法。当然，一些当事人在谈到某些不太真实的情况时，也可能会出现不愿直接与对方对视的情况。

眼球快速转动——恐慌或撒谎。当事人的一些虚假陈述被拆穿时，他们常会快速转动眼睛，转得越快，其内心的惶恐程度越高。这是人处在高度紧张下用来快速观察四周的一种本能反应，很难伪装。

视线和脸转向一边——内心厌烦的表现。在司法谈话或调解中，当事人将目光及脸转向一边，说明他对目前的谈话失去兴趣。在庭审或谈话中，由于当事人没有办法拒绝法官的提问，必须要维持谈话的状态，但其内心已对谈话内容厌烦了。

眨眼频率的变化——撒谎或焦虑、紧张。人在正常状态下，每分钟眨眼 6～8 次，每次眨眼动作只有 0.1 秒。高频率的眨眼与情绪紧张或撒谎相关。一些当事人在做不实的陈述时，并不会频繁眨眼，因为这样才会显出更加真实，也就是俗话说的"睁着眼睛说瞎话"。然而，说谎的人仍然会情不自禁地感到焦虑、担忧，于是，眨眼的频率会不由自主地加快。

突然眯起的眼睛——排斥和厌恶。当人们看到不喜欢的东西或者感觉到自己受到威胁的时候，常会眯起眼睛，避免看到自己不想看到的事物，来寻求一种自我保护。这种行为被称为"视觉阻断"。

瞳孔变化——瞳孔变大，表示对谈话的内容有兴趣、兴奋，所谓"闪光灯眼"，或吃惊、愤怒；瞳孔变小，表示不满、有敌意，轻视或悲观、失望，有压力。面试中，假如面试官睁大眼睛看你，可能对你有兴趣，也可能对你表达的内容比较关注；

同理，在法庭审理中，法官比较多的时间注视你，或突然直视你，说明他对你阐述的这部分观点或是证据比较重视。

四、从心口不一的"嘴"读懂当事人

舔嘴唇——紧张或压抑内心的兴奋情绪。

咬嘴唇——自我怀疑和紧张、不安的表现。

抿嘴——有压力或下决心的表现。

假笑——嘴角两侧不对称，有时撇向一边过多时，有看不起人的情绪。

五、从头读懂当事人

仰头——自信或自我感觉良好。当事人做出此动作是自以为是并心存抵触情绪，有某种挑衅的意思。D型或I型当事人常有此表现。

低头——（1）将头深深埋下，一言不发，表示当事人存有抵触情绪，这时候听不进去他人的话，此时如果做调解工作是十分困难的。C型或D型当事人常有此表现。（2）当事人极力避免与法官或调解人员对视，总是抬头看一眼就迅速低下头，面对法官或调解人员的追问，答话声音小，语速缓慢，表达不连贯。表明心虚、内疚、自卑，有一些话不好说出口。S型当事人常有些表现。（3）把头故意低下，难以观察到其面部表情，但眼睛却向上观察对方。说明这位当事人对对方心怀不满。C型当事人常有此表现。

第三节　DISC 四类典型性格的肢体语言和副语言特征

一、副语言的概念与应用

副语言是有声音但没有具体意义的辅助语言，主要包括：音量、语速、节奏、语调、语气、音高等。声音可谓是人的第二外貌，这些副语言正好构成了人的声音特质。人的声调高低、节奏快慢、音量高低、语调抑扬、语气轻重都会影响人在交流时的质量。一个人声音的感染力大，就是对交流对象的影响力的增加。同样地，承担的职业角色不同，声音所产生的效果也是不同。例如，一些南方的女性说话常常嗲嗲的，软绵绵的，在日常生活中颇受异性喜欢，然而当她们作为法官或律师时，这样的说话习惯用在庭审发言中，就需要做调整，否则给当事人的印象会不符合职业形象，缺乏信任感。因此，法官或律师要通过声音表达传递思想，如果在音量、语气、语调等方面能够根据所要表达的内容调整语气、节奏，也会使沟通对象比较直接地感受到发言人的态度。

副语言的使用不仅能辅助语言交流，同时在表达感情方面往往超过语言本身的色彩。

（一）音量与语速

说话音量和语速会反映人的心情与性格。一般而言，音量偏大的人往往自信心更足，性格更为开朗大方热情。但同时，如果一个人不分场合的说话声音偏大或语速太快，又会给人一种咄咄逼人或浮躁、不够沉稳之感。相反，柔声细语能给人以亲切、和蔼的印象，但如果放到法庭发言中，法官或律师音量过小极易给人以专业能力不强、不自信之感。如果语速拖沓过慢，会使当事人形成不专业或不权威的判断。

音量、语速要结合场合和内容进行调整。说话的音量要视沟通的场合和环境而定，如果沟通的场景是律师接待当事人咨询，双方是在一个相对封闭的办公室或会议室进行，双方之间的空间距离不大，音量只需要适合双方听清舒适为宜；如果沟通的场景为法庭审理，那么法官问话音量、律师和当事人的答话音量都应该配合法庭环境的大小调整，洪亮但不刺耳为宜，以便让庭审现场的人都能听清。注意音量不要过大，如果都扯着嗓门说话，会使庄严的法庭看起来像在吵架。如果是开示范庭，旁听席为阶梯式大法庭的情况，音量的范围就不仅局限于庭审参加人之间，还要照顾旁听人员。如果法官与旁听人员的距离较大，法官及所有参与开庭人员的发言即使在有话筒等扩音器的情况下也应当放大音量，以便旁听人员也能够听清。

语速的快慢节奏还要根据沟通的内容和情节来调整，讲话内容涉及较为紧张、激动、恐惧、愤怒等情绪时，一般语速会较快，如果情绪处于忧郁、伤感或严肃时，语速会稍慢。但在正式场合发言时，语速应以中速为佳，并应根据内容的需要进行调整，如法官在民事案件法庭审理中的发问需要庄重性，语速需要平稳适中；有特别向双方说明或是需要强调的内容，应注意放慢语速，加重声调、语气或适当停顿，以便给对方留下思考、回味的余地。如果律师在法庭上发言语速过快，不但不能从气势上压倒对方，还会不利于法官对内容的理解，也不利于庭审效果。

（二）语气与语调

语气、语调与情感直接相连。它们反映人的心情，是情绪状态的直接反映，对交流对象的影响比较直观。语气、语调较高时，人的情绪和辩驳的心理也较强烈。口语中的语气、语调十分丰富、变化多样，能够增加语言表达的色彩与魅力，语调单一会让人无法感受到说话人的热情与关注。例如，在日常的工作交流中，说话的人始终使用高亢或是低沉的语调对话，会给对方一种不真实的表演或不积极之感。因此适当保持语调积极，有助于展现热情度，显得人精神更饱满，在有需要强调重点、提醒对方注意的需要时，应适当加重语气。

要配合观点和态度的表达。语气、语调运用得当，可以提高观点的准确性，也可以提高对对方的影响力。一般来说，升调表达积极、热情、疑问，降调表达命令、肯定、消极等。例如，调解中，调解员的语气既要不卑不亢，又不能盛气凌人，语调不能过高，要有抑扬顿挫之感，切忌嗲声嗲气、软绵绵。在遇到一些意外情况，如遭遇当事人的不满，或被当事人打断发言，这些情况下要从容自如、沉着应付，不可让说话的语调和态度发生突然性的变化，从而导致沟通失败。

二、DISC 四类性格特质的肢体语言及副语言特征

（一）D 型人的肢体语言及副语言特征

肢体语言特征。肢体语言简单直接，无表情就是 D 型人最常见的表情；不喜欢跟别人太过亲密，喜欢保持距离；交流时从来不怕目光直视对方，而且表情严厉，

让人望而生畏；主动与他人握手，而且很用力。

衣着上追求亮丽的外表，希望保持自己的权威性（如穿西装、打领带），但又很追求实用和快捷，可能会忽略对皮鞋、头发等细节的打理；手上总拿着很多东西；喜欢造型或体积夸张的手表或饰物；吃东西大口吞咽，经常一边说话一边咀嚼。

副语言特征。D 型人说话节奏鲜明，干脆利落，音量偏大，语速快；语气坚决、积极，会给人一种咄咄逼人的感觉。他们会先发制人，用非常强硬的口吻或带有命令式的语气与对方谈判。

（二）I 的肢体语言及副语言特征

肢体语言特征。表情丰富，前一刻还在甜蜜地笑，下一刻却装出一副凶狠的样子，用戏剧化的方式来调节气氛；肢体语言丰富、夸张，他们是极其喜欢亲密接触的一族，如果见面你能给他们一个大大的拥抱，再配上热情的赞美，他们会高兴一整天；喜欢边吃边聊。

I 型人喜欢色彩鲜艳的衣物，糖果色是最爱。此外，繁杂的小饰物、独特的发型，层层叠叠的穿衣方式，都是他们在追求美的事物上永不止步的选择。

副语言特征。I 型人说话夸张，节奏快，声音大；I 型人声调、语气生动，变化多，热情、亲切，感染力好。声调向上，并且把音调拖得很长很长，对朋友的热爱又使他们倾向于用拖长的音调来表达自己对于相聚时刻的不舍。

（三）S 的肢体语言及副语言特征

肢体语言特征。高 S 型人面部表情温和、平稳、冷静，不张扬。动作慢，常常拖拖拉拉；接受身体接触，如果你要感谢 S 型人对你的帮助，给他一个大大的拥抱他会觉得付出是值得的。高 S 型：谨慎的进食者；通常是最后一个吃完的人。

副语言特征。S 语气声调平稳，变化小，比较轻柔。S 型人说话整体声音不大，没有强烈的节奏变化。

（四）C 肢体语言及副语言特征

肢体语言特征。高 C 型人面部表情看起来是端庄、高贵而严肃的，缄默、害羞，彬彬有礼，常常表现出不快乐、忧郁的样子。初见陌生人时，表现得很冷漠、神秘又高傲，但有礼貌。他们逃避肢体接触，对别人的热情、亲热很难接受，并会批评这种行为没有教养。所以与他们谈话时，示意他们请坐即可。

他打扮整齐干净，一丝不苟，并保持环境整洁。家里保持干净、有秩序，所有东西放在固定地方，也要求家人遵守规定。

副语言特征。C 型人语气更为冷静，缺乏活力，声调变化少甚至较单一且较低沉，音量偏小。

【活动平台】

结合不同特质当事人的副语言特征，总结在民事纠纷调解中，调解人员应如何运用不同音量、速度、语气和语调来调整对不同当事人的沟通。

分别扮演不同特质当事人和调解人员，并进行模拟演练。

◇训练提示：

对D型当事人说话，语速要比较快，音量要适当提高，语气要坚决、自信、有力；

对I型当事人说话，语气可适当夸张，语调、音量可以提高；

对于S型或C型当事人，音量要小，语速要慢，语气要和缓、亲切，切忌过度夸张，过分表演化。

第四节　使用积极的肢体语言进行沟通

任何沟通中，肢体语言的配合是不容忽视的。例如，庭审时，原告当事人正在向法官滔滔不绝地诉说，而此时法官却频频看表，或是眼睛始终停留在手边的案卷上，恐怕当事人也会怀疑自己是否还要继续说下去或是开始揣测法官的心思⋯⋯因此，民事司法沟通的主体应当学会运用积极的肢体语言，即通过面部表情、眼神、手势、身姿等传达给当事人尊重、理解、接纳、鼓励、说服等积极的信息。正向能量身体语言能调动对方积极情绪、有利于情感互动、达成良好的沟通效果。

一、身体姿态（坐姿）运用技巧

民事司法沟通的主体从开始出现在当事人面前，一直到司法沟通结束的这段时间，每时每刻都在表现着，都在向当事人传递着不同的信息。这些表现，除了表情和动作等之外，很重要的是身体姿势。它会使对方准备听你说话或是不想听你说话，使他对你产生敬意或是产生反感。所以，在开口之前，就要注意你的姿势。由于民事司法沟通的过程中，沟通主体的法律专业人员往往是与当事人坐着交谈，因此，关于坐姿的基本要求下面重点阐述。

（一）身体微向前倾

不论你是与当事人面对面而坐，还是并排坐，你的身体都要面向当事人，且保持上身脊背挺直，身体前倾，手尽量放在面前的桌子上，以此表达你与当事人的诚恳交流，或认真倾听或接纳理解或试图说服。双脚放在地面上，避免双腿大开或二郎腿，双手也不要搭在椅子扶手上，注意不要倚靠椅背。

（二）适时做出点头、摇头等动作

民事司法沟通主体在倾听当事人的陈述过程中，可以随之做出简单的回应，在这一过程中，会自觉不自觉地运用点头、摇头等动作表达你对说话人的支持与否。如果对方说话的时候，你在点头、时不时地附和说："嗯""原来如此……"这是一个善意的信号，也是希望对方继续说或同意他说法的肯定信息。同时也表明，你已经为进一步沟通打好了基础。同样，当对方说话时，如果你不赞同，但却只使用摇头方式，不试图驳倒他，你仍然会发现，当事人已经明了你的态度。切忌上身和头部后仰，似听非听的状态。

二、面部表情运用技巧

面部的表情能够传达情感状态的信息，例如高兴、惊讶、害怕、生气、悲伤、恶心、轻视、感兴趣、困惑和决心等。当然，某些情感比较容易通过面部表情直接可见。曾有研究表明，判断高兴的准确率为 55% ～ 100%，惊讶的判断准确率为 38% ～ 86%，悲伤的则为 19% ～ 88%。研究表明，女性比男性更善于通过面部表情判断他人的情感状态。一般来说，微笑的人比不笑的人或者是假作笑容的人显得更亲切、更加平易近人。

在民事司法沟通中，沟通主体的面部表情有如下基本要求：

（一）保持表情自然得体不夸张

真诚、自信、大方、严肃、亲切、自然应当成为民事司法沟通主体表情的几个关键词。表情要随着谈话的内容、沟通现场的情况而变化，在当事人谈到有关令其难过、委屈或是兴奋的事情时，沟通主体可以自然流露出同情、关心、安慰与肯定的表情；在当事人的行为应当受到制止的情况时，沟通主体的表情可以明确表现出不赞同的严肃之态；注意在当事人谈到某些较为少见的情况或奇特的情节时，不应做出吃惊或大笑等夸张表情，避免造成当事人对沟通主体的不信任。

（二）表情真诚不要鄙视

友善的表情是沟通的基础，而微笑是最为有效的沟通桥梁，在接待当事人时，律师或调解员可以利用适当的微笑告诉当事人，自己不会给他带来任何伤害，希望他能够接受自己。一般来说，当某人向他人微笑时，无论真假与否，对方都会自然地回馈给你一个甜美的微笑，因为有意识的微笑和大笑可以促进大脑活动，使人自发地产生快乐的感觉。

民事司法沟通主体与当事人最初见面时，目光有神，表情态度热情真诚，足以体现出真挚友善的礼貌态度，可以彰显自信乐观的良好修养。不要面无表情，或呆板或死气沉沉，避免让当事人从你的表情中去猜测你的态度。当事人要能够通过你亲切或严肃的表情明白你对他的影响。当然，不必装模做样、矫揉造作，更不要显出反感乃至厌恶的表情，让当事人失去对你的信任。微笑要真诚，要符合沟通现场或交流的需要，忌虚情假意或机械的勉强表情，忌冷笑或傻笑或随心所欲大笑，笑声不加节制等。

三、目光的运用技巧

在调解中，调解员的目光运用有如下基本要求：

（一）保持与当事人的目光接触

研究人员发现，在两个人互相交谈时，如果想与对方建立起和善友好的关系，就应该在谈话时多向对方报以注视的目光，这个时间比例至少应该达到谈话时间的60% ～ 70%。这样的做法一定会让交谈对象对你产生好感。反之，如果在和别人谈话时紧张怯懦，注视对方的时间还不到三分之一，那么对方对你会产生不信任感。因此，在民事司法沟通中，尽量保持较长时间与当事人的目光接触，让当事人感到你在看着他，即使他没有看着你或是躲闪你，你仍然要做到让对方知道你在关注他。

目光要诚挚，不要使用斜视、冷漠、讽刺或游离的眼神面对当事人，避免频繁眨眼。对一些重要的话题或与对方共鸣性很强的话题，目光接触时间可适当延长。

在当事人进门或离开时，可以利用目光向当事人表示友善和礼貌。

（二）掌握目光接触区域的方法

实验表明，在普通的社交活动中，注视者的目光主要集中在由对方的两只眼睛和嘴巴组成的三角区域内，大约有 90% 的时间里目光都停留在这个三角区域。如果民事司法沟通主体较多时间把目光集中在这个区域时，当事人会觉得安心，认为没有威胁。如果双方谈话距离略远，目光落在对方的部位要有所区别和调整，可以将目光控制在从对方额头到对方胸以上，左右以两肩宽度为准。如你的目光投向对方的脖子甚至更向下，会让对方感觉不自在，有被侵犯之感。因此，目光注视的区域和方位会对交谈结果产生影响。

（三）必要的威严盯视

面对某些需要提醒或威慑的当事人，或沟通现场可能出现人身攻击时，民事司法沟通主体要通过目光让对方感到威严之感。请不要眨眼，并且死死盯住对方的额头正中的位置（第三只眼），把你的目光投向假想的第三只眼睛与两只眼睛所组成的三角区域内，要把眼皮压低，也可将视线尽量集中在对方的眼睛上，这种目光也是肉食动物在袭击猎物前使用的眼神。如果你面前站着好几个人，你还可以在不眨眼的情况下将目光在他们身上一一扫视，目光坚定、严肃认真。这样，看到你这种目光的人一定都会感受到威严、恐惧的情绪，而且能让他们收敛行为或闭上嘴巴。

四、手势语运用技巧

手势语包括手臂、手掌、手指三个部位活动，是使用频率较高的肢体语言，也是较为灵活多样的肢体语言。美国知名非语言研究专家莱杰·布罗斯纳安认为"手势实际上是体态语的核心"。运用恰当的手势也能增强表情达意的效果，对于辅助所要表达情感的作用不可小视。

在调解中，调解员手势语运用有如下基本要求：

（一）手势使用要配合沟通交流的言语内容变化

民事司法沟通中，沟通主体要表达对当事人的尊重、理解、肯定或是说服教育，要与手势所表示的意义相配合，例如，如果沟通主体对当事人的某些做法或表态表示认可欣赏时，除了使用鼓励肯定的词语外，还可以通过竖起大拇指等手势表示对他的赞许；在接待当事人时，或寒暄落座，或介绍他人，或请对方做某事时，要掌心向上，手指要自然并拢，同时上身前倾，以示尊重。如果表达诚意，建立信任，展开双手或双臂用坦诚的开放式手势是首选动作。

（二）手势规范简洁，幅度适当

在交流沟通与表达观点时，应配合手势和情绪情感来强化观点的表达。一般来说，使用手势配合交流时不宜过多，更不宜过于刻板，它是沟通主体谈话内容的自然流露，应当舒展大方，简洁明确，幅度不宜过大，范围应当介于对方视线内，左右摆范围不要太宽，主要位于自己胸前为宜。

（三）避免消极手势

面对面交流时，要让对方看到你的手，如果将手插在口袋中，会给人留下拘谨封闭的印象，这是一个消极动作，会引起对方的消极反应。避免使用"尖塔式"手势和双臂交叉进行谈话。当谈话对象使用了这种身体语言，应考虑是否转换话题或想办法让他放开手臂。可以尝试让他看你手边的某一样东西，比如，手机上的图片、对方的证据或资料等，或是倒杯水递给他，并诚恳告诉他：非常希望听他的意见。他一旦说话表达自己的见解，自然会放开双臂。

在调解时，如果坐的位置面前没有桌子，调解员应当双手自然放于靠近小腹的地方或双手分开放于大腿上。若双方是面对桌子相向而坐，那么身体靠近桌子，尽量将双手放在桌子上，可以分开、叠放或相握，避免支起胳膊或双手藏在桌子下或单手放在桌子上。

在与当事人递接物品时可以使用双手平伸，不要随手扔给对方。在谈及别人、介绍他人或请对方做某事时，手指要自然并拢，将掌心向上，切忌伸出食指来指点。

（四）注意避免分心举动或小动作

应当避免一些在日常生活中会不自觉流露出的消极信号手势，如敲击桌子、拉袖子或裤腿、双手抱头、双手叉腰、指手画脚、频繁看表、心不在焉地翻资料、随手拿笔乱写乱画等。切忌使用不雅的小动作：搔头、掏耳朵、抠鼻子、擤鼻涕、拭眼屎、剔牙、修指甲、咬指甲、玩笔等。

五、保持适当的交流空间

人与人之间沟通交流的距离通常被称为界域语，也称"空间语言"。空间语言是通过人与人之间的身体距离间隔大小表达信息的一种无声语言，反映人际关系的远近亲疏。因此，巧妙使用空间语言辅助调解工作的开展，可以达到理想效果。

空间语言是人们身体延伸的一块专属于自己的区域或者空间，在每个人的周围都会存在着这样的空间或领地。

亲密空间，指关系极为密切的人之间的距离，是人际交往中的最小间隔，一般存在于父母、配偶、子女、情人，以及亲朋好友之间，半径一般为 15 厘米至 45 厘米。因为距离小，因而人们对于这个空间有着格外强烈的防护心理，只有在感情上特别亲近的人才会被允许进入这个空间。

个人空间，是与朋友或较熟悉的同学同事之间常常保持的距离，是由亲昵关系向一般社会关系过渡的距离，是进行非正式的个人交谈时经常保持的距离。个人距离已较少有直接的身体接触，其距离的半径一般为 45 厘米至 120 厘米。

社交空间，是社会交往的礼节性距离，一般存在于工作场合或与不太熟悉的人交往时保持的距离。半径为 120 厘米至 360 厘米。在跟不太熟悉的人打交道时，人们会跟他们保持这样的距离，例如初次见面的人、上门服务人员、接待、谈判、招聘等。

公共空间，是公众之间几乎没有发生交往、联系的空间距离。它"门户开放"能容纳一切人，人们在公众距离中完全可以对其他人"视而不见"，不予交往。半径为 360 厘米以上。比如演讲者与听众、舞台演员与观众保持的距离。

人与人之间在面对面的情境中，常因彼此间情感的亲疏不同，而不自觉地保持不同的距离：最亲密的人，彼此间可以在 45 厘米以内；有私交的朋友间，彼此可以到 45～125 厘米；一般公共场所的陌生人之间沟通时，彼此间的距离，通常维持在 3 米以上。此种因情感亲疏而表现的人际间距离的变化，在心理学上称为人际距离。显然，人际距离的变化，是双方当事人沟通时，在肢体语言上的一种情感性的表示；彼此熟悉者，就亲近一点，彼此陌生时，就保持距离。如一方企图向对方接近，对方将自觉地后退，仍然维持相当的距离。

与人际距离相似的另一现象，是个人空间。个人为了保持其心理上的安全感受，会不自觉地与别人保持相当距离，甚至企图在其周围划出一片属于自己的空间，不希望别人侵入。在图书馆或公共场所内，经常看到很多人，自己坐一个位子之外，企图再以其携带的物品占据左右两边的空的座位。此时肢体语言所表达的是一种防卫，防卫外人侵入其个人空间时带来不安的情绪。读者可注意观察此种人的情绪变化；如有陌生人要求坐在他的旁边，他就会感到不安，甚至起而离去；如有他熟悉的人到来，他会招呼对方，主动让给对方左右的位子，而且他会因此而感到高兴。

民事司法沟通主体在与当事人沟通时应当注意遵守"保持身体间距"这一黄金法则，谈话时不必过于靠近当事人，以避免被误会你与他有亲密关系，或给当事人以压迫感。同时，随着彼此之间的了解逐步加深，谈话气氛的融洽，双方身体之间的间距可以逐渐缩短，甚至在有必要时，可配合手势等肢体语言促进关系的融洽。例如，调解员可以适当搀扶一些老年当事人或轻拍比自己年轻的当事人肩膀等动作，拉近双方的感情距离，但通常双方的身体距离仍以保持在个人空间距离为佳。

第五章　民事司法沟通的常用策略

本章要点
◇　民事司法沟通的基本步骤
◇　倾听、提问、回应三大有效沟通的常用方法

第一节　民事司法沟通的步骤

一、熟悉案情，明确目标

一次成功的沟通，要做必要的准备，根据沟通的场景和工作性质的不同，沟通需求也不相同，有必要事前做好功课，做好有目的沟通和有针对性的沟通；当然在民事司法沟通中，一部分沟通由于是临时性的，当事人是随机性的，因此一些沟通并没有事先准备的可能，这就需要沟通主体具备一定的沟通经验加以应对。

（一）可以预先准备的沟通场景

可以预先准备的沟通场景根据不同沟通主体可以包括如下内容：

（1）法官沟通场景：司法谈话，主持庭审，主持调解，接待对判决或审判程序进行投诉的来访者并给予反馈等。

（2）书记员沟通场景：传唤与送达，协助谈话，庭外调解，当事人常规问题的咨询解答与答复等。

（3）律师沟通场景：案件咨询与讨论，开庭发言与应对，参与谈话与调解等。

在可以事先准备的这些沟通场景中，可以在沟通之前对沟通对象——当事人的

基本信息进行相应的调查，对沟通对象的职业、年龄、家庭关系、文化程度、在诉讼中的地位等做较为充分的了解，以便确定与其沟通的重点；同时将案件的相关材料加以研究，了解基本案情，分析相应的沟通需求，根据不同的沟通需求，确定要准备的相应沟通内容。

（二）不可预先准备的沟通场景

（1）法官沟通场景：接待来访。

（2）书记员沟通场景：法院诉讼服务大厅或立案厅的接待咨询等诉讼服务；接听当事人的来电等。

（3）律师沟通场景：热线电话咨询，庭审或调解中当事人不告知的情况下变更诉求或当庭才了解到的新情况或对方提供新证据、陈述之前未知的新事实等。

比如，在法院的诉讼服务大厅的书记员接待岗位，每天遇到的都是来自各地的涉及不同纠纷和诉求的当事人，他们有的从未来过法院，有的可能是多起诉讼的当事人，因此当事人的咨询问题也都各异。对于这些当事人，负责接待的书记员是不可能事先做相应了解或准备的，但这些咨询问题可以根据内容做相应的分类，一般来说，当事人来诉讼服务大厅主要涉及几个方面：一是了解诉讼程序规定的；二是了解应提交材料的相应规定的；三是联系法官或书记员补充提交相关诉讼材料的；四是提出投诉信访申请的；五是办理相关诉讼手续的。

虽然这些当事人是随机来到法院的，接待的书记员没办法事先预设，但其涉及的相关问题比较常规，可以将相关业务规定充分掌握并加以准确及时应答。由于这些临时性的随机当事人对法院有某种排斥或恐惧心理，往往会表现敏感、缺乏耐心，因此在接待和沟通时，沟通主体应能够及时了解到对方的沟通需求和目的，以便准确及时应答，切忌心不在焉，让对方不得不多次重复自己的需求。沟通主体应避免手里一边忙着自己的事情，一边应付对方做一些似是而非的答复，从而使对方发怒。

二、尊重自信，建立信任

（一）建立信任的作用

在民事司法沟通中，众多沟通中的沟通对象——当事人都对所要沟通的事项有一定的压力，同时对沟通主体也是不熟悉的，这就会为沟通带来一定的障碍。因此，对沟通对象在最初沟通的几分钟里，要适时表现出对对方的尊重与理解，同时要自信大方地展现出自己的专业素养，给当事人留下良好的第一印象，甚至要在他心里种下"我的事交由你办理我就放心了"的"种子"。这时当事人的心理压力就卸下大半了，一旦他们对沟通主体产生了信任，沟通就变得更加顺畅。如当事人来到律师办公室谈委托事宜：

当事人：您这张照片是在云南大理拍的吧？

律师：是的，去年我在那里办案子，抽空去转转，您很熟悉呀！

当事人：我老家是大理的，也很多年没回去了。

律师：是吗，那里真不错，风景美，人也很美……

两人由此打开话题谈起来。

（二）建立信任的方法

（1）寻找与沟通对象的共同点。沟通主体通过事先所做的熟悉案情、了解当事人的基本情况的调查和准备，从兴趣爱好、经历、口音、家庭状况或现实需求等多方面找到与沟通对象的共同点。

沟通主体在最初进行沟通时，通过主动介绍自己与对方的共同之处，引起对方的兴趣，可以缓解环境因素或所要沟通话题的严肃性带来的心理压力。例如，律师在第一次接待当事人来访时，礼节性的介绍和招待后，通过谈论一些无关话题，如谈天气，谈共同认识的人，谈新闻，或谈一谈到事务所的交通情况等，缓解当事人在一个新的谈话环境里所产生的陌生感，同时帮助自己赢得时间，以便对当事人进行一个基本的观察和判断。

（2）赞美鼓励沟通对象。在与沟通对象难以找到某些相近之处时，或是无法事先做好沟通准备时，沟通主体可以在沟通开始阶段，多观察，及时发现对方的特点，从现场观察和交流中找到的相关依据、对方特点或优点等方面及时赞美和鼓励，以拉近双方的心理距离。例如，对于Ⅰ型当事人，可以通过对方的服饰打扮入手，找到话题切入点及时欣赏赞美对方，很快接近双方距离。

（3）试图理解当事人的心境。这种做法也被称为共情。所谓共情不是同情也不是怜悯，而是站在当事人的角度体会他的心情，以他的视角理解他的感受与观点。共情的作用在于让当事人感受得到了专业人士的尊重与理解，从而愿意向你倾诉。在这个阶段的沟通目的，是建立双方的信任，因此不必在意当事人的意思或观点是否正确，也不必纠缠当事人的想法或要求是否合理、是否合法，更不宜冒然做出评价或修正他们的观点。

三、倾听理解，找出重点

民事司法沟通的当事人因为在纠纷之中，常常内心苦闷、压抑、烦躁、愤怒、委屈等，有诉说的渴望或有被关注、理解的需求。因此，如果作为沟通主体的法律工作者能够通过认真倾听当事人的诉说，充分理解他诉求的根源，当事人的内心将被慢慢融化，从而比较容易将内心深处隐藏已久的心事一吐为快。即使是一些不愿交流或说话的当事人，也会有种被理解和重视的感受，而愿意在沟通中予以配合或接受沟通主体给出的建议。具体倾听步骤与方法见本章第二节。

四、巧妙提问，理清脉络

沟通中的提问是沟通主体对沟通对象感兴趣的一种表现，它也是获取信息的重要途径。同时，也是控制沟通节奏、集中沟通重点、明确对方沟通需求的主要方式。提问方式主要以开放式和封闭式为主。具体使用哪种方式见本章第三节。

五、建议说服，对症反馈

当沟通主体对于沟通对象的诉求了解较为清晰时，沟通对象一般会希望得到沟通主体的相应反馈与建议，根据不同的沟通需要和沟通对象的反应，沟通主体会采用疏导、解释、建议、说服或简单评价等方式进行反馈。例如，当律师在为当事人提供诉讼纠纷咨询时，在了解案情的基础上就诉讼的角度或诉讼的策略给出一定建议，供当事人参考。再比如，在民事案件开庭审理时，律师发表质证意见、辩论意见，都是对法官的说服，希望主审法官能够接受和采纳律师的代理意见。在纠纷调解阶段，主持调解的法官或调解员一般会对双方当事人既往的行为进行评价的基础上，采取说服的方式加以沟通。采取何种方式沟通取决于沟通场景所涉及的工作特性的需要，也取决于沟通对象的行为倾向、内心需求和不同心理状态。具体方法详见本章第四节。

第二节 有效沟通——倾听

[知识储备]

一、倾听的层次

具备正常听力的人听到传过来的声音，这只是一种生理上的听力，并不是所有人对自己的沟通对象所传递的信息都能够全部接收，因此，不同的倾听习惯会形成一定的倾听障碍，影响人们的倾听的效果。根据效果，倾听可以分为如下几个层次。

（一）假装听

这是一种生理性的听，理智上需要听对方讲话，看到对方在与自己说话，但注意力完全没有放在听到的内容上，只是表面假装在听，要么听得无动于衷，要么感觉很无聊，并没有听进心里去，甚至无法记住对方说话的内容。或边听边想其他的事情，或揣测对方的心思，或带有某些成见在听，不管对方说了什么，只用一些先入为主的印象形成信息，急于得出所谓的结论。

（二）选择听

听的时候只关注自己感兴趣的内容或只对自己喜欢的人的话全部接受，不喜欢的人的话就什么都听不进去，或者只对与自己观点相近的内容接收与理解，其他不愿意听到的内容基本忽略。例如，I 型人总是喜欢听好的消息，对于坏消息则比较排斥，因此，他不喜欢的内容几乎什么也没有听到。

（三）专注听

这个阶段的听是一种认真地听，可以将听到的内容加以吸收和整理，有时沟通对象可能讲的内容逻辑不清，东一句西一句，重复的话较多，或是大量时间花在一些细枝末节的内容上，重点要表达传递的内容却谈得比较少，如果沟通对象的口音比较重或语速过快，声音过小，对于准确把握听到的内容就提出了更高要求，因此，专注听才能达到有效沟通的状态。

（四）设身处地听

这是倾听的最高层次，不仅能够听懂对方的语言深层含义，还能够感受对方的情绪情感，能够以对方的角度理解对方的喜怒哀乐，从而理解对方的内心深处的需求。这个阶段的倾听重在感受理解，不会急着评价或辩论。

二、倾听的作用

（一）获取信息的重要方式

沟通是有目的的，同时也是获取信息的有效方式，沟通中一方通过说，将信息传递给对方，对方通过倾听，了解、听懂这些信息。同时，当信息的接收者能够专注、有兴趣地听信息发送者说话，对说话的人自然是一种鼓励，可以激发信息发送者深入地交流和传递信息、思想以及情感。

冷静倾听当事人诉说，要在倾听中了解事情的基本情况，了解当事人的真正意图、矛盾起因、矛盾争议的焦点，以及对矛盾纠纷的认识，这是民事司法沟通中倾听的主要目的，通过倾听可以帮助司法工作人员很快抓住当事人的需求、当事人面对的主要矛盾。在民事诉讼法庭审理中，法官听的过程就是分别听取双方当事人对纠纷发生或处理的意见。

（二）拉近沟通双方心理距离

心理学家证实，倾听可以降低他人的压力，帮助他人理清思绪。倾听对方的意见及议论是尊重对方的一种方式，以同情和理解的心情倾听他人的谈话，不仅是维系人际关系、保持良好沟通的最有效的方法，更是解决冲突、矛盾和处理抱怨的最好方法。

在人际交往中，人们都希望获得对方的尊重，在民事司法沟通中，纠纷的当事人更希望自己的案子在法院受到法官的重视，希望在法庭上能够把自己积存已久的心里话一吐为快，博得法官的理解，因此积极的倾听是满足这种渴望的重要方式。在法官认真聆听当事人说话的同时，当事人会感到被尊重，对法院的陌生感、不信任感也会逐渐消失，沟通会更加顺畅。

（三）了解沟通对象的途径

倾听的过程也是一个理解对方说话含义和需求的过程，倾听者可以从说话的人的语言中听到他的想法、他的态度、他的思想或他的希望，如果能够认真倾听，并试图加以理解，倾听者可以更加明确说话者的真实思想和观点。

利用 DISC 性格特质分析工具可以发现，人们的性格特质决定了人在倾听时的不同行为模式：

D 型人——主导沟通。因其主观具有较高的自信，对长时间听沟通对象诉说缺乏足够的耐心，因此 D 型人更愿意占据沟通的时间，主导沟通的内容。

I 型人——漫无目的。因其精力充沛，对长时间只集中在某一件事情上缺乏持久性，天生爱说的他更是不会将大量的时间花在听对方说话上，因此 I 型人也不是积极、乐于倾听的，即使可以出于情感需要愿意倾听，也会把很多信息漏掉或听过就忘，不放在心里。

S 型人——看、听而不说。S 型人是天生的倾听者，他不但会耐心地听对方讲，还会非常配合地表达他的理解，因此 S 型人是积极的倾听者。

C 型人——听着想而辩别。在听上也具有耐心，同时听的过程中也会不断在心里分析对方的话，甚至有可能用一些刻板的印象来预设对方的想法，会影响倾听理解的效果。

（四）提高沟通应对能力

民事司法沟通中，应对的及时、准确、适度十分重要，只有听得清楚，听得明白，理解对方说话的深层含义，理解对方的真实想法与需求，才能做到应对有方。例如，在开始民事纠纷调解之前，主持调解人员要先了解当事人的需求，除了要听基本案情，还要倾听当事人的问题、需求，特别是掌握当事人的情绪。比如有的当事人来了就怒不可遏，或说到悲情之处而落泪；还有的可能叫嚷着要拿菜刀跟对方拼命等。一般来说，家事纠纷的起因主要源于相互的关系与情感的矛盾，当事人之间关注情感的因素较多，情绪的波动较大。特别是对于 I 型和 S 型当事人来说，他们对于调解员及对方当事人能否体量和理解他们的心情，明白他们的感受非常关注，他们所受的情绪影响也会较多地来源于调解中各方当事人的关系与情感因素。而 D 型和 C 型当事人，他们更加关注调解人员及对方所提出的解决方案是否可行，是否足够满足他们的心理预期，他们的情绪反应与对方当事人的现场态度是否能让他们面子上过得去，对方是否具有足够的诚意紧密相关。对于涉及经济的纠纷，当事人的价值取向更多地关注于成本与收益比，当事人的情绪多源于在追求公平与利益最大化原则上是否受到了阻碍。因此，通过良好的倾听才能发现当事人的真实意愿，才能在纠纷处理的沟通中找出有效的应对之策。

〖 操作策略 〗

三、倾听的步骤

（一）听清

积极捕捉信息。能够正确听到对方所讲的内容，能够正确辨认口音、声音和语速，将听到的主要信息和内容准确接收到。想要听清首先要做到专注地听。

（二）听懂

概括理解听到的观点。能够明白听到的内容，且整理概括主要观点，并理解相关含义。在听清楚信息之后，能够分析其中的重点，听懂并加以概括、理解其中的立场、需求、愿望、目的等，这是倾听中高层次的阶段。

（三）听辨

能够听出话外的内容。听出对方的情感态度、褒贬及延伸语意。在听话的过程中，能够将听到的内容分出层次，进行合理的分析与推断，对于说话人的"话中话"能够听出来，了解对方没有说出的深层意图与倾向。

例如在进行纠纷调解时，当事人在陈述时会夹杂一些过激言辞，如"气死我了""我非找机会收拾他不可""我不会给他一毛钱，我讨厌他"等。当听到这些时，主持调解人员不必紧张，更不要立即批评："你的想法是错误的""你不应该那么想""他不至于像你想的那么坏""婆婆也是好心"等。因为当事人此时正在比较情绪化的时候，特别是Ⅰ型当事人有时这样说时，不要马上对他说教，而需要提供给当事人一个给可以放松表达自己的氛围："看来你最近很不顺心""这事的确挺麻烦的"，从而发现一些隐藏在当事人内心深处的情况。

四、倾听的策略

（一）专注听内容

（1）准确听清全部信息。专注倾听以准确掌握全部信息，不出现漏听或听错、曲解的情况为标准。对不熟悉的信息也要加以注意，注意新信息和变化的情况。在民事司法沟通中，律师通过专注耐心地听，让前来咨询的当事人愿意多说，把一些情况充分讲出来，有助于了解案情的全貌、纠纷起因以及症结，以便做出分析判断。

（2）不插话打断或评论辩论。耐心听完沟通对象的陈述或叙述，不要随意打断或急于下结论。当然在民事司法沟通中，有相当一部分当事人会语无伦次地反复讲一些无关紧要的细节，但如果频繁打断他的讲话，容易引起对方的不满，甚至被认为不尊重他。因此适当地控制交流的节奏是需要的，但不可随意打断，更不宜评论对方的想法或做法，甚至进行观点交锋，展开辩论。

（二）使用倾听姿态

沟通主体表现出倾听兴趣，以鼓励对方愿意讲出真心话。这些姿态包括：

（1）交流的眼神。双方沟通交流离不开眼神，沟通主体能够用眼神注视对方，即使对方不愿意与你对视，他仍然会感觉到你对他讲的内容的重视。事实上，在民事纠纷的庭审现场，当事人在发言时，对法官的反应是相当重视的，法官在审判台上的一举一动，当事人都比较敏感。虽然像S型当事人往往在法庭上不敢直接与法官对视，发言时也是小心翼翼，眼神经常躲避，但如果法官能够在他发言时，注视他，会让S型当事人感到温暖。

（2）前倾端正的坐姿。根据身体语言的研究表明，当人们对于沟通对象所表达的内容有兴趣时，人的身体和头部都会略向前倾，不会坐满椅子和向后仰，通常上身直立，手放在桌子上或是对方视线能看到的地方，这一身体姿态可以充分展现出听者对说者的尊重与专注。

（3）从容得体的表情。民事司法沟通的大部分沟通场景都发生在以法官、书记员、律师、调解员为代表的专业人员沟通主体与当事人沟通对象进行的沟通，这些沟通主体因其职业的特性决定了要在沟通中使用得体的表情，表情不宜过于丰富夸张，也不适宜将感情过于外露率真，沟通主体使用自然大方的表情，适时点点头或是诚恳的微笑，会传达一种积极的信号。在家事案件审理中，法官、书记员、律师的表情也不必过于严肃、死气沉沉，而是可以使用自然、从容、亲和的表情，不给双方当事人带来太多心理压力感，为调解留出空间。

（4）避免出现小动作。专注倾听，不做无关的小动作。例如腿或脚不断晃动、摆动或快速颠脚、看表、捋头发或整理衣物、整理面前的文件或办公桌、接打电话、抠手指等。这些动作都会出卖听者的内心，表明听的人对现在沟通内容没有兴趣，希望尽快结束。

（三）听记关键词

抓住要点，记关键词。要听清并记住全部内容或每一句话并不容易，但要记住关键词，就可以在倾听中比较轻松地抓住说话人的重点。所谓的关键词，指的是与描述具体事实有关的词汇，可以透露出一些重要的信息，同时也显示出说话人的兴趣和情绪。可以边听边记，通过随时做记录来帮助理清事情的脉络，这样做也是表明听者对说者的重视程度。

（1）记住时间、地点、人物等信息。当事人讲话里可能包含多个时间、地点、人物，但要记的只是核心人物，也就是矛盾的双方，以及对他们产生直接影响的其他人；时间只需要记直接引起纠纷及相应法律行为或具有法律意义的时间点。

（2）记住事情的起因、经过、结果等。了解起因能够有助于了解民事纠纷的性质和纠纷双方的矛盾症结，了解经过和目前的状态，有助于掌握纠纷双方的实际需求及目的。

（3）记住说话人表达的情绪、情感、观点、态度、目的、愿望等语言或修饰词。比如，"他这人一直都这么笨……""我真够倒霉的……""我觉得……""我要求……"等，通过这些情绪表达背后的真实想法或观点、态度。

（4）记住话语中使用的关联词或序数词。比如，"即使……还……""与其……倒不如……""早知道……一定……""首先……第一、第二、更重要的是"通过这些词汇，可以比较直观地看出说话人的心情。

（5）记住说话中反复提及或强调的内容。这个内容比较容易记住，也是对说话人比较重要的细节，直接反映出说话人内心的关注点。

（四）简单的回应或重复

（1）用简单回应做引导。倾听的目的是理解和进一步沟通，为了促使当事人有倾诉的兴趣，司法工作人员可以在听的过程中，在对方稍作停顿之时，可以见缝插针，用一些简单的"哦……，是这样啊……，是吗？……，接下来呢……""后来怎么样了""你当时什么感觉？"等语言对当事人的诉说表示在专心听。

（2）表达一两句感慨或适当重复。当对方倾诉某件事情或抱怨与其发生纠纷的人时，司法工作人员可以简单表达自己的感受，如"真不简单""真不容易呀"等，还可以适当重复对方的话，表示听懂了，这些积极的回应方式，不仅能让对方心理上得到认同，同时也会更加愿意进一步深入沟通，从而也会获得更多的有价值的信息。

（五）概括总结回应

概括是指听者在听记的基础上，将听到的内容其中的关联性或事物的共同特点进行简单分析、判断，以使自己在很短的时间内就能明白对方所表达的主要内容和主要目的，将其中的要点加以归纳，从而让对方感受到听者的尊重与理解。同时，这种方式也是对某些谈话加以打断或准确转换谈话内容或重点的回应方式。

（1）对表面信息的概括。一般就所听到的信息中包含时间、地点、人物、起因、经过、结果等信息的概括。

（2）对实质内容的概括：通过记下关键词将沟通对象所讲的内容加以简化、提炼，归纳出重点信息。

这些关键词同上述听记的内容。这个过程就是用自己的语言把对方说过的话再"翻译"一遍，例如"我理解你刚才的意思是……""你的意思是……""这件事给你的感觉是……""我不太明白，你是不是说……""我没有理解错的话，您需要……"。如果当事人认可了你的"翻译"，说明你们之间的沟通是积极有效的。

（3）直接对要点进行总结："我先总结一下您刚才说的……您还有其他需要补充的吗？"这种总结的目的不是简单重复对方的表述，而是为继续深入谈话或转换谈话重点加以引导。

〖活动平台〗

1. 两组同学分别扮演具有良好倾听习惯和不良倾听习惯的听者，扮演完成后总结归纳具体的行为，并评价。

2. 听音频，了解当事人的口音及意思。

3. 听音频，提炼归纳当事人说话的关键信息，领会其真实想法。

第三节　有效沟通——提问

聆听的过程要与说者有一定的互动，做出一定的反馈，恰当的反应能够传达自己良好的倾听态度，促进双方关系融洽。在这一互动过程中，适当提出问题是非常重要的反馈方式。

一、提问的原则

（一）目的性

民事司法沟通中，沟通双方都希望对方能够明确了解自己所表达内容的用意，这就是目的性。同时，听的一方也会适时提出一定的问题，进一步了解准确的信息。因此，提问往往围绕双方沟通的内容，每个问题是需要根据案情及已知的信息，事先整理好所要提问的方向。忌漫无目的提问，让对方一头雾水，要通过提出一个个具体问题引导沟通对象回答，以判断回答内容所传递出的信息是否能够实现预期提问目的，当回答的内容不足以满足提问者的需求时，再根据沟通对象的回应整理出新的问题。因此，提问与回答之间具有很强的互动性和针对性。

（二）提示性

通过提问，不仅可以使听的一方进一步将一些模糊的信息加以确认，而且也会使沟通对象进一步明确自己的观点，将所要表达的内容进一步加以解释清楚。如果没有听懂对方的话，可以要求对方做进一步地解释。因此，提问可以起到提示说话的人理清思绪的作用。

（三）引导控制性

面对一些啰嗦的沟通对象，如果一直不打断，也不做其他回应，只是一味地倾听，可能出现同样的内容不断重复，这既浪费时间，也会让听的一方失去兴趣，无法抓住重点。因此，必要的提问，可以促进双方在沟通中的节奏，适当用提问的方式打断，引导对方说话的思路重点放在回答提问上，这样促使说话的人进一步理清思路，使沟通更有针对性、目的性。

（四）礼貌性

民事司法沟通的沟通主体向沟通对象提问要讲究礼貌，尊重对方，语言文明，不刺伤对方，语气平和忌傲慢、否定。切忌以质问、审问、盘问等口吻向沟通对象提问，更不要把提问变成设问或是下最后通牒。例如，"你到底什么意见？""你想给我答复吗？"这类咄咄逼人的提问，用自己已经形成的印象和答案来给对方下结论或不断质疑，沟通将无法进行。

二、根据情况选择提问方式

在与当事人沟通时，如何迅速有效地理清纠纷脉络，抓住双方争议点，有效的提问是倾听后的一种回应方式。

（一）开放式提问

为了引导当事人交流，开启沟通的大门，可以进行开放式提问，比如问："来说说你的委屈吧？""你们来调解中心是有什么要求吗？""你们最初想怎么解决？"开放式问题有利于调动当事人倾诉的兴趣与愿望，以便调解员获得更广泛的信息。

开放式提问主要用于对事件整体的提问，旨在引出当事人对纠纷的陈述和看法等。这类提问主要是用来广泛收集信息，也是了解对方的一种简便方式。由于这类提问没有限定回答范围，当事人可以敞开说，对于那些愿意说话聊天的当事人，比如 I 型人可能会出现由着他们的喜好或习惯来回答的情况，有相当一部分的内容是和沟通的主题关联度不高的。但对于一些不太爱说话的 S 型或 C 型人来说，也提供了一定空间，让他们没有压力感。因此，开放式提问比较适合不太了解的双方在最初阶段的沟通时使用，便于鼓励说话者说出自己的想法。开放式提问通常使用"是什么原因呢""怎么样""如何"等词来发问，可以促进深入交流，让当事人提供更多的事实或细节。

优点：全面收集信息，谈话气氛比较自然融洽。

缺点：由于提问的方向不够集中，难以掌控内容和时间。

适合：了解情况和当事人需求。

（二）封闭式提问

封闭式提问的问题比较具体，可以用来确认事实。通常使用"对不对""是不是""有没有""能不能"等词来发问，而对方只需回答"是"或"不是"，"有"或"没有"。比如可以问："你说公司没有按照合同约定给你支付加班费是吗？"回答："是的。"

封闭式提问一般在语气上带有命令或权威的色彩，虽然问题比较直接生硬，但对于调查了解事实比较明确简洁，对于一些当事人想回避的问题也比较能够明确方向，有助于集中某些核心问题，或明确当事人的想法。需要注意的是，不要用提问的方式来反驳对方的观点或者把自己的见解强加给对方。

优点：有效节约时间，主导、控制谈话内容，提问逐步缩小范围从而得到答案。

缺点：收集信息不全，谈话气氛有时会容易紧张。

适合：确认信息。

（三）澄清（选择）式提问

澄清式提问用于司法工作人员在当事人有表述不清楚的细节或情节的情况下，需要进一步加以明确的提问方式，从而使模糊的、抽象的信息更具体、准确。为了避免误解沟通对象，可以通过澄清式问题来检验自己是否理解了沟通对象的原意。可以在提问之前先用自己的语言把对方的话再"翻译"一遍，比如问："你觉得……，是这样吗""你说妻子太强势，都有哪些表现？""你说公司骗了你，没有按照承诺给你提成是什么意思？""我不太明白，你是不是说……"。如果对方认可了这种"翻译"，就说明听懂了他的"原汁原味"；如果自己的"翻译"与对方想表达的意思不一致，可以请他再说一遍。

如果还需要进一步确认，可以以多项选择的方式或是二选一的方式，将需要澄清的问题用选项的方式提出来，提问中要使用之前对方表达中的关键词以让对方进一步明确他的真实想法，或者是把对方不太愿意直接说出来的事情由问题点出来，例如："你认为导致你们离婚的原因是什么，是性格不合，还是与父母的关系，还是钱上的观念问题？"这类问题要沿着对方的思路提问，不必变成指导对方的思路。

优点：可以抓住细节进行深挖，以便准确理解当事人的真实想法。

适合：确认重点与深入谈话。进一步了解真正的原因，引导对方将想法具体化或自行寻求答案。

（四）反思式提问

反思式提问有助于探索纠纷的真实原因、目的，找到问题背后的动机，也可以通过反思式的提问渗透发问人的态度，也是对当事人的行为表示出另一种不认同或警示，引导当事人分析、思考。比如问："你们为什么会闹到这一步？""你为什么会这么想？""你觉得对方有什么做得让你不能容忍的地方？"等。

优点：有效探寻现象背后的原因，间接表达了发问人的意见。

适合：已经对纠纷基本情况有了清楚把握，对当事人的一些做法和想法持不同意见，为进一步深入引导当事人接受发问人的建议，引导当事人通过这类问题进行反思，自行寻求答案。

三、提问的设计

提问的设计应围绕沟通的目的来进行，在民事司法沟通中，整个沟通的内容主要围绕三部分进行：基本案情、双方争议的焦点与症结、双方对争议解决的需求与处理意见。因此，在通过认真倾听后，基本案情的整体情况可以基本掌握，因此，提问的设计应主要放在剖析焦点和探寻当事人解决纠纷的真实意愿上。

（一）适合案件争议焦点的提问方式和问题设计思路

（1）提问方式可选择封闭式和澄清式。提问的目标应指向当事人之前陈述中尚不明确的模糊的事实，特别是当事人有意回避的敏感细节。提问的设计主要围绕关键事实展开。

（2）从关键事实理清争议焦点。根据不同案件不同内容，一般民事纠纷按照纠纷发生的时间、地点、涉及的当事各方（原告、被告、第三人等）会形成不同的法律关系。按照纠纷的起因、发展过程、造成的后果的时间顺序脉络，可以理出各方的争执意见和理由，根据这个时间脉络，还可以找出有关的证据。如果司法沟通的目的是找出纠纷的症结及判断双方的责任，就需要围绕关键事实及证据提问，明确当事人是否存在构成侵权行为或存在过错的情节；结合这些情节判断当事人有无法律责任。

（二）探明符合当事人意愿的提问方式和问题设计思路

可多种提问方式交叉进行。司法沟通的主体在最初了解当事人的意见时，可以采用开放式提问，让当事人没有界限地表达自己的想法；在有了初步了解后，可以就某些敏感的问题，通过封闭式提问或澄清式提问请当事人进一步明确；如果遇到当事人的意愿缺乏法律依据的情况下，可以通过反思式的提问给当事人以提示，让当事人意识到要求是否合理或可实现。

利用问题引导当事人。当事人的性格特质不同，行为表现和表达的习惯也不同，I型当事人常会语无伦次，对于自己的意愿在表达时会有较多的夸大之处，沟通时需要通过事先设计的提问方式不断追问，引导当事人的谈话回归主题。S型当事人有时会吞吞吐吐，不愿意直接表达，这就需要通过循序渐进的提问引导这类当事人说出自己的真实想法。

【活动平台】

1. 设计以下场景的主要提问，分别是用了哪种提问方式：

（1）当事人来到法院诉讼服务大厅，为了如何立案向接待的书记员咨询。

（2）一起继承纠纷，双方当事人都同意进行诉前调解，当调解人员向原告了解案情时，会提哪些问题？原告当事人会向调解人员问哪些问题？

（3）一起借贷纠纷，原告起诉了三个月仍未开庭，他很着急，打了几次电话都未能联系到民庭的书记员，今天总算打通了电话，他会向书记员提哪些问题？书记员会问哪些问题？

（4）你是法院民庭的书记员，通知一起物业费纠纷的被告因拖欠物业费被起诉的情况，被告在接到你的电话通知时会是什么反应？会问什么？

2. 结合上一节及本节学习的内容，针对上述不同当事人的提问，设计书记员、调解人员相应的回应方法。

第四节　有效沟通——回应

如果说，倾听是开启有效沟通的第一步，提问就是获取准确信息的关键一步，那么根据倾听和提问获取的信息，将为下一步沟通打下良好的基础。在民事司法沟通过程中，当事人的沟通目的不仅局限于诉说或陈述情况，更主要的是要得到专业的反馈与帮助，因此，根据不同的沟通交流情况，司法专业人员适时给予当事人不同的回应是非常必要的。本章第二节中，为了打开当事人交流的意愿，我们可以使用简单的回应方式，但如果只停留在简单回应层面，沟通将无法满足当事人的需求，因此，综合性的回应是深入沟通的必然要求，也是向对方表明态度的一种方式。本节将集中介绍综合性回应的几种典型方法。

一、解释性回应

解释性回应是回答当事人的疑问的有效方式，解释的内容包括解答纠纷所涉及的相关法律规定、双方的责任大小、当事人面临的纠纷症结、处理纠纷的程序等。这种方式有时候也可以作为一种了解对方真实想法的缓冲，例如：

当事人问："对您刚才提到的，我每隔多长时间带孩子去看爷爷奶奶的问题，我并不理解。您似乎是在批评我？"

调解员解释性回应："噢！我只是因为你刚才提到了你老公经常去看他父母，你自己带孩子出去玩……"

二、支持或安抚性回应

支持或安抚性回应是一种独特的回应方式，也是化解某些不利形势下最有效的回应方式。支持性的回答是要安慰对方，减轻他的感受强度或负面情绪，像是说"没关系，我理解你的心情"，或是"放心好了，总有办法的"。支持的目的是要疏通、化解当事人心中的一些担忧、不满或苦闷等。

在沟通过程中，运用支持性或安抚性回应可以充分地引导双方产生心理上的认同，并进一步就实质问题进行准确的交流。这种方式对 I 型或 S 型当事人效果更佳。

当事人问："对您刚才提到的我每隔多长时间带孩子去看爷爷奶奶的问题，我并不理解。您似乎是在批评我？"

调解员支持性回应："我能理解你的担心，我也担心你这么做已经是影响了你们的关系，我看得出你的压力，我也在考虑如何帮你注意到这个问题。"

三、评估或参谋性回应

根据之前交流的情况，沟通主体已经明确了当事人陈述的有关纠纷情况，在这个阶段，可以给予当事人从面临的纠纷症结、处理难点、证据的优势与劣势等方面做出客观的判断与评估。在此基础上，可以对于当事人已有的提议或想法，给出你的意见或判断，不必为其做决定，你的评估只是给当事人提供一个参考。

当事人说："对您刚才提到的我每隔多长时间带孩子去看爷爷奶奶的问题，我并不理解。您似乎是在批评我？"

调解员评估和参谋："我认为你一直和老公不能一起去看望他的父母，这是导致你们关系恶化的一个主要原因，您看是否可以考虑转变一种方式，以便让你们的关系有所转机？"

四、建议性回应

建议性回应是一种比较具备建设性的回应方式，在调解中这种回应方式通常能够形成良好的互动交流氛围。这种方式通常体现为：回应的人对当事人所说的话进行了评估、指出了当事人做法是否恰当的问题后，回应的人想要暗示或者建议当事人应该或可能的做法的一种明确回应方式。在纠纷调解中，以一种建议性的方式做出回应，意味着调解员已经把纠纷的焦点搞清楚，并对双方的利益与得失作出了比较清晰的判断。只有在清晰地责任认定的基础上，才能及时地提供方案。建议性的方案可以给出两三种，最好不只给一种，让当事人有选择性，最终由当事人自己做决定。

当事人问："对您刚才提到的我每隔多长时间带孩子去看爷爷奶奶的问题，我并不理解。您似乎是在批评我？"

调解员评估和参谋："我认为你一直和老公不能一起去看望他的父母，这是导致你们关系恶化的一个主要原因。我也听到你刚才说有两次主动提出和老公一起去的，你有没有注意到这两次的做法老公对你有没有什么态度上的变化？……如果你想改变你们的关系，我考虑可以尝试……"

五、说服性回应

在民事司法沟通的纠纷处理中，调解沟通使用的说服性语言较多，对于当事人来说，调解员在为其解释了法律规定、对其行为给予了相应评判之后，当事人对于调解员给出的建议有时还会抱有侥幸心理，经常会认为对方会做出更多让步或承担更多责任，如果调解员并没有在之前的沟通中对当事人的某些行为提出明确的批评或警示，当事人转变原有想法或完全接受调解员的建议也会打折扣，还有一些 S 型当事人犹豫不决，轻易不愿做出调整或改变，这就更需要配合相应的说服性回应。

说服性回应要以换位思考和帮助当事人实现利益最大化为前提，在分析了几种可供选择的方案利弊得失的基础上，引导当事人改变原有的抗拒心理，寻求沟通的效果。说服性回应的效果要以沟通双方已经建立了沟通情感为前提，当事人对于说服人要有较高信任感，依靠对当事人的深入了解及对案情的准确把握，辅之专业分析、背景信息的介绍，或是借助当事人的心理状态，实现有效的说服。

说服性回应的几个简单方法：

（一）感同身受法

在进行说服回应之前，说服人需要对当事人充分的了解，包括了解他的需求、与纠纷另一方的关系、矛盾症结，以及他的性格特质。结合第二章和第三章所学的知识，针对不同性格特质的当事人以较易于接受的沟通方式加以说服。此种方法需要说服人使用同理心技巧与思考方式，通过向当事人表达对他的理解与关注，体会他发生纠纷后的心情与矛盾，帮助他走出纠纷处理的误区。

（二）强调利益法

运用同理心、换位思考，说服人对当事人的需求和想法可以理解性地看待，在赞同或部分赞同当事人的观点的情况下，承认当事人需求的合理性，以削减当事人的排斥心理，同时让当事人看到做出一定的让步可以换来其他的利益，更可以让一直以来的不良心情得到改善，以此来引导当事人接受他人的观点建议。

（三）世俗支持法

对于一些家事纠纷，有时单纯给当事人讲法律不一定能够撼动他们，反而人们在日常生活中普遍接受的一些世俗观点或做法更易影响到当事人，特别是对一些文化水平不高的当事人来说，他们接受常规的人生道理比接受高深的法理更容易。因此，适当运用人们普遍认同的生活常理加入说服更有号召力。

（四）对比说服法

说服人可以将同类型纠纷以往的处理情况向当事人加以介绍，将不同当事人的不同做法引起的不同影响或结果也告知当事人，同时应向当事人说明他的需求实现的可能性，通过利弊比较分析，让当事人意识到说服人给出的建议是对他最有利的选择。

六、回应的注意事项

（一）忌回应变成辩论或模棱两可

根据本书第一章民事司法沟通理论可知，沟通的主体主要包括法官、书记员、律师、调解员等法律专业人士，沟通的对象主要为民事纠纷的当事人或非诉法律事务当事人，因此，沟通主体的沟通目的主要是审查案情、发表观点、说服建议等，沟通主体与当事人的观点不一致应该是正常情况。作为法律专业人士，沟通主体在与当事人交流观点时，应以尊重对方为基础，表达观点时应客观准确，切忌与当事人进行观点交锋或辩论，更不可为了表示自己的专业，或是希望对方接受自己的观点，而与当事人争抢话题，回应变成了争吵或含糊其词的回应只能让当事人困惑，无法体现沟通主体的专业性。

（二）忌挖苦对方

在进行诉前调解时，调解人员在向当事人了解案情后，若认为当事人的要求很过分，不赞同当事人的某些做法，在主持调解时也应注意直接向当事人指出错误。说话的语气忌用嘲讽的腔调或用语刺激对方，避免出现令当事人无法接受的情况。

（三）忌说大白话

为了让当事人听懂，沟通主体的语言表达力求通俗，但应分场合，如在法庭审理中，律师对于法官的问话应使用法言法语，庭下回应当事人的问题时可以进行通俗的解释，但不宜使用太多大白话或是家乡话，避免影响专业水准。当然故弄玄虚也是不可取的。

应 用 篇

第六章　接待咨询与信访

本章要点

◇　律师咨询的技巧

◇　书记员进行常规来访接待与立案咨询的技巧

◇　法官信访接待的技巧

第一节　律师接待咨询的沟通策略

案例情境

　　王律师是一位新律师，他工作的律师事务所是一家位于法院周边的小所，办公环境不太好，客户大多是到法院打官司的当事人。这天刚上班，王律师就接到了一位从网上查到电话的女当事人咨询。几句简单的寒暄之后，王律师得知当事人姓蔡，做韩国的一家电饭煲产品代理时间不长，没做几单生意，就被一个客户给告了。王律师没有什么业务，很想接下这单"生意"，于是他约蔡女士择日到所里面谈。

　　"我来咨询你们收费吗？"蔡女士直接在电话那头问。对这个有点敏感的问题，王律师稍停了一下，还是回答了"不收费"。挂上电话，王律师很高兴蔡女士很快将上门来，可他自知对买卖合同和产品代理的相关领域不太精通，他该怎么接待这位客户呢？

一、律师咨询

（一）律师咨询

律师咨询是指律师答复咨询人或委托人提出的涉案法律问题的一种执业行为。当事人可以通过电话、微信、电子邮件、面谈等方式向律师咨询。律师咨询对律师能否取得当事人的信任至关重要，本节立足于讨论律师咨询中的技巧，该技巧同样适用于整个代理过程。

（二）律师咨询的作用

律师咨询是律师的常见业务，非常考验律师的专业知识和临场应变能力。以建立委托代理关系为节点，分两个阶段讨论律师咨询的作用：

（1）建立委托代理关系前律师咨询的作用

在建立委托代理关系前，律师咨询对于能否建立委托代理关系至关重要，效果好的咨询能够让咨询人决定委托，律师能够顺利签署委托代理合同。若咨询人对咨询结果不满意，一般不会与律师建立委托代理关系。

（2）建立委托关系后律师咨询的作用

建立委托代理关系后，委托人对律师建立了一定的信任，委托人会不定时向律师提出各种法律问题，律师仍然要认真解答该类问题，继续加强客户对律师的信任，不能认为合同已经签订了，不再重视答复委托人提出的问题了，否则很可能会失去客户信任。

由于律师咨询的效果将有助于委托关系的确立以及后续业务的开发，因此提高咨询质量就需要掌握一定的沟通策略。

二、律师咨询的准备策略

（一）咨询场所的选择

咨询场所的选择虽然是个很细微的细节，但却很重要。良好的咨询环境会给咨询人一个良好的感官体验，增进咨询人对于律师的信任感。实际上，这种信任感也是整个委托关系的基础所在。

咨询场所是咨询人对律师和律所的第一印象，如果像本节案例情境中的情况——律师事务所的规模较小、办公环境不佳，建议选择在咨询人单位、咖啡厅或者茶室等咨询人方便谈案情的场所；如果律师事务所规模很大、办公环境优越，建议选择在律师事务所的会客室进行咨询，能够展示律师事务所的实力，提高咨询人对律师的信任。

（二）控制咨询时间

律师最宝贵的就是时间了，很多咨询人咨询的时候反复重复同一个问题，不考虑律师时间成本，为避免咨询人浪费律师的时间，建议在咨询前向咨询人明确表达咨询有一定时间限定、超出时间需要收费的意愿。这样既能引导咨询人针对关键问题进行咨询，又能避免咨询久拖不决，控制咨询的时间。

也可运用本教材第五章的回应、提问等技巧，引导咨询人陈述，以便集中主题，控制咨询的节奏。

（三）咨询适度收费

律师咨询是一种提供法律服务的行为，应当收取一定的费用，但也有的律师在实践中接受免费咨询，免费咨询较难控制咨询时间，建议适度收取咨询费，在咨询前向咨询人明确释明，前半小时或者 20 分钟内免费咨询，超出时间将收费。

（四）提前准备咨询涉及的法律知识

在与咨询人的前期电话沟通过中，律师要尽可能明确见面咨询可能涉及的相关法律问题，提前做好充分的准备。较为常见的情况是，咨询人咨询的问题涉及范围较宽，律师不一定都熟悉，如果在咨询时，律师表现出不懂或不了解咨询涉及的领域，咨询人很难委托律师代理案件。建议在接受咨询前先向咨询人了解相关情况及可能涉及的法律问题，事先准备相应的法律知识，避免当面提供咨询时无法准确解答咨询人的问题，从而影响咨询人的信任。

（五）咨询的开场策略

咨询的开场白影响着咨询人对律师的印象，建议以这样的方式开始：您好，我是某律师事务所某律师，请问您需要咨询什么问题？

如果能够准确知道对方的职务，可以称呼"××经理"或"××总"等职务；如果对方没有职务，但是能够判断出年龄在 30 岁以上，可以称呼 ×× 先生或女士，对于较为年长的咨询人，可以尊称"老师、叔叔、阿姨或大爷、大妈"等。

三、常见问题的咨询策略

（一）咨询人无法明确法律关系时的沟通策略

法律问题错综复杂，但万变不离其宗，所有的法律问题的解决都要围绕请求权展开。当咨询人无法准确概括其咨询问题的基础法律关系时，律师要能够准确分析出具体的法律关系，确定请求权，并根据法律规定解答咨询人的问题，避免被咨询人误导。

（二）无法准确解答时的沟通策略

针对有的问题，律师也无法准确解答，如果律师直接称自己也不知道如何解决，咨询人基本上就不会再委托该律师了。此时，律师可以根据法理常识以及自己的理解先行解答，不要给出确定的结论。

（三）咨询能否保证胜诉的沟通策略

每个当事人都希望自己的诉讼能够胜诉，都希望律师能够保证胜诉，但律师的职业道德规范要求律师不得承诺案件结果，因此，律师不能向当事人保证胜诉。

针对能否胜诉的咨询，可以首先向当事人说明相关规范要求：如有律师承诺，则涉嫌违背律师执业纪律，会被律协处罚；其次，案件的胜负主要取决于双方的证据，律师在代理过程中会设计最优的诉讼方案，切实维护当事人的合法权益。

（四）咨询在法院是否有关系的沟通策略

咨询人希望律师在法院有关系，希望律师通过在法院的关系影响判决结果，很多咨询人存有打官司就是打关系、有关系有钱就能打赢官司的误区，针对这一现象，律师不宜直接反驳咨询人的观点，避免引起咨询人反感，但可以向他阐明：当前的司法环境越来越好，法官办案的透明度与规范性都比以前有了较大提升，诉讼的输赢主要取决于双方的证据，律师可以设计最优的诉讼方案，争取最大的胜诉概率。

（五）咨询人援引其他律师意见的沟通策略

咨询中，咨询人在律师回答完咨询问题时，经常会援引其他律师的观点，征求律师的意见。在互联网时代，这是很难避免的，不适宜直接评价其他律师的观点。但可以说：就同一事实，不同的律师对事实的认识和对法律的理解不尽相同，观点也不一样，我们不评价其他律师的观点，但基于我们的分析，我们认为我们的观点更符合实际。

〖**案例讨论**〗

　　唐律师经熟人介绍接到了孙先生的咨询电话，对方向唐律师咨询离婚问题，可唐律师平时基本不做这方面业务，经过简短沟通后，唐律师约咨询人来律所面谈，咨询人到律师后，双方展开了下列对话：

　　唐律师：您好，孙先生，我是××律师事务所唐律师，请问有什么可以帮助您的吗？

　　咨询人：我和妻子长期感情不和，最近一直在谈离婚，想找您代理。

　　唐律师：您先讲一下大概情况，我再来判断是否能代理。

　　咨询人：您以前代理过这方面案件吗？

　　唐律师：代理过一些。

　　咨询人：我在网上查询过，没有您代理离婚案件的判决呀？

　　唐律师：我代理的案件基本上都是调解结案的，文书不上网。

　　咨询人：哦……我说一下我的情况……您看看？

　　唐律师：这个案子我可以代理。

　　咨询人：你们律所有多少个律师呀？

　　唐律师：5个律师。

　　咨询人：你们律所也不大呀……

　　唐律师：我们律所虽然不大，但我们离法院很近。

　　咨询人：你们离法院这么近，跟法官熟吗？

　　唐律师：有的法官熟悉，有的不熟悉。

　　咨询人：能保证我第一次就判决离婚吗？

　　唐律师：这需要看证据。

　　咨询人：你不是跟法官熟悉吗？只要跟法官熟悉，没有办不成的事情。

　　唐律师：话也不能这么说，案件还是要看证据的。

　　根据以上对话，请分析唐律师存在哪些应对失误？他应该如何做好咨询准备或提供咨询建议。

　　◇讨论提示：

　　（1）唐律师的律所规模比较小，咨询人一般认为小律师事务所没有大律师事务所好，天然不相信小律师事务所的能力。这样的面谈安排有可能会造成业务流失。

　　（2）唐律师在回答律所规模不大的时候称律所离法院很近，让咨询人认为律师和法官的关系应该很好，能够保证案件胜诉。

　　（3）唐律师在回答当事人提出的只要与法官关系好就能保证结果的问题时，直接反驳了对方，容易让对方感到冒犯。

　　（4）唐律师平时不做离婚业务

第二节 书记员来访接待的沟通策略

案例情境

王某在信访办公室值班时，一当事人拿着二审判决书气哄哄地朝王某走来，并扬言："我不服！对方就是套路贷，把我的钱都骗走了，还找人到家里泼油漆、打我们，逼着我们写欠条。法院竟然向着坏人，判我败诉，还让我还钱，我早就还清了！你们法院就是黑势力的保护伞！我不服，我要举报你们！"

如果你是小王，你要如何接待这位当事人？

〖知识储备〗

一、法院来访接待的定位

法院来访接待是指法院工作人员对于来访人提出的属于法院工作范围的事项进行接待、登记、询问、答复以及处理等一系列工作。

主要包括以下四项内容：

（1）接待咨询：针对来访人关于法院工作流程、法院工作人员和案件审判信息等进行咨询的接待工作。主要由法院非办案部门书记员，包括办公室、诉讼服务部门、导诉岗位等书记员提供常规咨询。

（2）接待立案：针对来访人关于案件受理方面的咨询工作。

（3）接待信访：针对来访人关于案件在受理、审理、执行或其他与案件相关事项进行信访的接待工作。

（4）接待投诉：针对来访人关于法院工作人员在事实查明、证据采信、法律适用、审理程序和司法作风等方面进行投诉的接待工作。

二、书记员来访接待和立案咨询的主要内容

（一）接待来访

引导性事项。引导性事项是指对当事人和其他诉讼参与人的诉讼活动提供引导的工作内容，通常包括对以下相关事项的引导，如申请立案、办理诉讼费用、案件查询、参加庭审活动、领取法律文书、收转诉讼材料、联系法官、要求判后答疑、申诉或信访、投诉反映办案人员违法违纪行为等。

程序性事项。程序性事项是指为当事人和其他诉讼参与人办理与案件审理程序相关工作的内容，主要是解决诉讼中的一些辅助性问题，通常包括对以下事项的办理：案件查询、联系法官、缴纳诉讼费用或退费、收转诉讼材料、领取法律文书、来访登记等。因此，书记员一定要明确自己的定位，掌握相应岗位的必备知识，主要负责解决事务性问题，不负责解决法律适用问题。

（二）立案咨询

立案咨询是指针对案件立案相关的事项进行的了解、询问。通常情况下，当事人对一审、申诉及执行等案件的立案咨询，由立案庭负责接待，而上诉案件一般由诉讼服务办公室移送立案庭立案、再审案件由审判监督庭移送立案庭立案，因此立案庭不直接面对当事人对二审或再审案件相关立案事项的咨询，而是由诉讼服务办公室负责接待，属于来访接待的内容。

立案咨询侧重于立案庭对当事人关于一审、申诉及执行等案件立案相关事项进行咨询的接待，主要包括以下内容：

（1）核查人员身份、明确案件类型。前来咨询人员是当事人本人还是委托诉讼代理人，申请立案的案件是民事、商事、行政还是刑事自诉，属于一审、申诉还是执行案件等。

（2）接收立案材料并初步审查是否齐全。收取当事人申请立案的材料，具体包括起诉状或申请书、证明其诉讼主体资格的身份证明材料及支持其诉讼请求和事实理由的证据材料。

之后初步审查立案材料是否齐全，是否符合法律规定的内容和形式。如民事起诉状中当事人的自然情况是否齐全、主张的法律关系是否明确、是否具有具体的诉讼请求和事实理由、是否有致送法院及落款时间、是否有当事人本人签名和盖章、副本数量是否足够；授权委托手续是否符合法律规定等。诉状格式不正确的，接待人员应向其发放相关诉讼文书的格式材料，告知其按格式要求准备；书写诉状确有困难的，接待人员应指导其制作诉状，如果当事人坚持口头起诉，应记入笔录并由当事人签字确认，视同提交诉状。材料或内容有欠缺或有其他错误的诉状，接待人员应及时指导和释明，并发放立案材料及一次性补正告知书，明确告知当事人补正的内容、期限及未在期限内补正的后果。在立案材料中有谩骂或人身攻击等言辞的，接待人员应当告知当事人予以修改。

（3）形式审查是否符合立案条件。询问了解基本案件情况，并初步审查原告是否具有法律规定的起诉资格、被告的身份信息是否明确并足以与他人相区分、诉讼请求和事实理由是否明确具体、是否属于法院主管及受诉法院管辖、是否属于重复起诉、相应证据材料是否符合起诉条件等。

不属于本院管辖范围，违反地域管辖或级别管辖规定的，告知当事人应向有管辖权的法院申请立案。此外，还应注意是否存在恶意虚假诉讼、是否有关联案件，以及是否牵系重大民生和社会敏感问题等。

（4）告知立案结果，做好释明工作。材料齐全、符合立案条件的，或者材料不齐全、但已当场补正的，应当直接登记立案；当场不能判定是否符合立案条件的，应当接收诉状，出具书面凭证，并告知当事人会在法定期限内决定是否立案，法定审查期限内仍难以确定是否符合立案条件的，应先行登记立案，移送审判庭审理。

不符合立案条件，当事人拒绝补正或经补正仍不符合立案条件的，应裁定不予受理或不予立案；不符合立案条件，且无法通过补正材料方式解决的，应向当事人进行释明，由当事人直接撤回起诉、自诉材料，并记录在案；如果当事人坚持起诉、自诉，应收取材料，出具材料接收清单作为书面凭证，并在法定期限内作出不予受理或不予立案裁定，说明不予受理或不予立案的理由和法律依据。

〖 操作策略 〗

三、基本沟通方法

（一）自我介绍并确认来访人的身份

（1）自我介绍或询问。明确身份是有效沟通的前提。书记员应先进行接待和自我介绍，如"您好，我是某法院某部门的书记员"。自我介绍简单明了，一方面表明法院工作人员的身份，争取获得来访人的信赖；另一方面也暗示了处理事项的权限，便于来访人预期沟通。应使用文明用语进行问候和询问，"您好，请您先登记"或"您好"，这里是某法院值班电话，请讲""请出示您的身份证件"。

（2）明确来访人身份。书记员应询问来访人的身份，明确沟通的对象。不同的身份决定不同的沟通内容，也决定不同的沟通方式和语言。如来访人可能是案件的当事人本人或亲属、单位员工、律师等代理人，涉及案件可能是本院也可能是其他法院，有可能是尚未立案，也可能是审理中、执行中，根据不同对象，选取进一步沟通的语言及方式。

对于律师或法律工作者，书记员在之后的沟通过程中可以直接使用专业术语和"法言法语"，精炼准确，无需过多解释；而对于当事人本人、亲属或单位员工，书记员应注重使用通俗易懂的语言，对于专业术语必要时可以采用"打比方""举例子""作比较"等方式，深入浅出地进行耐心解释。

（二）明确来访人的需求

明确目的是有效沟通的保障。来访人的诉求即来访人此行的目的是什么、为了解决什么问题？第一时间识别并明确来访人的诉求，可以帮助接待人员准确研判，有针对性地解决来访人的问题，满足来访人的需求，极大地提高接待的效率和质量。

书记员在询问来访人需求时，应注重引导式提问，如"您好！请问您办什么事或您需要什么帮助？"并进一步询问具体内容，是关于法院工作流程、法院工作人员还是案件审判信息的咨询，是关于立案材料、期限、管辖、程序，还是能否立案或要求尽快立案的咨询，是关于案件受理、审理、执行，还是其他事项的信访，是否对法院工作人员在事实查明、证据采信、法律适用、审理程序，还是司法作风方面的投诉。

（三）明确职责范围分情况处理

接待时，首先应注重区分是否属于自身职责范围。对属于自身职责范围的来访，属于引导性事项或程序性事项的，书记员可按正常工作流程给予指引，如"立案请到立案大厅办理""请稍等，我帮您联系一下"或予以解答；属于复杂的实体性事项或重大紧急情况的，书记员应及时登记并向领导汇报；需要进一步研究不能当即答复的，告知其处理流程，确定研究结论后及时告知来访人处理结果。对于不属于法院工作范围或不属于自身职责范围的来访，书记员应立即说明情况，并告知其责任单位、部门或责任人员，动员其向有关单位、部门或责任人员咨询反映。

（四）礼貌、尊重及时回应

（1）得体称呼和用语。在接待、咨询过程中，不论来访人是何年龄、性别、职业、文化程度，书记员应态度诚恳，表达得当，使用礼貌得体的称呼和用语进行热心接待、解答，让来访人感受到充分的尊重，进而获得来访人的信赖，以保证后续沟通的顺畅。

（2）及时回应。有效的沟通是双向的，有来有回是沟通的基础。不论来访人的问题是否清楚或诉求是否合理，书记员及其他接待人员都应当认真倾听当事人提问，给予及时的、明确的反馈，一时难以做出答复的，应当告知来访人给予答复的时间。禁止态度冷漠，语言生硬。

四、常见情况接待咨询沟通策略

（一）无法解答问题的沟通策略

通常情况下，当事人并不知道辅助岗位上的是书记员还是法官，当事人认为在该岗位上的人代表着法院，给出的答案应当是正确的。书记员在解决当事人问题时一定要注意回复的准确性，不能模棱两可，更不能给出错误的答案。但书记员的特定岗位决定了其只能解决特定问题，不可能解决所有问题。因此，在当事人咨询的问题超出书记员的岗位职责时，如果书记员明确知道解决方案，可以告知当事人，如果不知道解决方案，不要直接解答当事人，更不能直接拒绝解答，可以把问题记录下来事后及时向当事人反馈，或引导其找相应部门解决。

（二）当事人辱骂时的沟通策略

有的当事人因为对法院不满，书记员的辅助岗位往往又是接触当事人的第一道关口，当事人很容易对书记员发脾气、辱骂书记员。此时，书记员一定要控制情绪，避免情绪失控与对方对骂。同时，还要及时固定辱骂的证据，寻求帮助，控制现场局面，可以通知法警用执法记录仪录音录像，为将来依法处置留下证据。

如果当事人殴打书记员，要及时躲避，迅速通知法警处置，避免直接冲突，给个人和法院造成不良影响。

（三）被反复咨询同一问题或非首次接待的沟通策略

在接待来访时，应充分注意是否属于非首次咨询。对于非首次咨询的来访人，书记员应从系统记录或先前接待人员处全面了解该来访人历次咨询的诉求内容、处理进度和接待结果，保证前后口径一致，避免工作被动。同时，对于为了引起法院重视，故意反复咨询同一问题或多次来访的情况，对于已经解决了所涉及的问题、或者已经告知解决途径、或已作出合理处理的，书记员应询问其是否仍存疑虑或不服接待结果，仍存疑虑的对其疑惑给予进一步解答，不服接待结果的应耐心做思想工作，并告知其可向相关责任部门反映投诉等救济途径。对于尚无接待结果的，准确告知来访人处理进度，认真解释相关流程要求，请来访人继续耐心等待，并汇报给相关责任人处理。

[案例讨论]

李某系某法院导诉台的书记员，负责引导当事人在大厅内的立案工作，同时负责接收当事人要求转交给法官的各种文书。一天，一当事人向李某反映执行问题，发生下列对话：

当事人：法官，我要反映法院拖延执行问题。

李某：您这是信访，请到信访窗口反映。

当事人：我反映了，但都一个月了也没有回复我。

李某：我这里不负责信访接待工作，您还是需要到信访窗口去反映。

当事人：信访窗口的反映没有效果，我要求见院长！

李某：我不负责约见院长。

当事人：哪个部门负责约见院长啊？

李某：信访窗口。

当事人：信访窗口没效果，我不去那里，我就是要求你帮我约见院长！

李某：我不负责约见院长，这不是我的职责范围。

当事人：那我要求见执行庭庭长，你帮我约。

李某：我不负责约见执行庭庭长。

当事人：谁负责约见？

李某：我也不知道。

当事人：那谁知道？

李某：您问问执行庭的内勤。

当事人：内勤肯定能约上庭长吗？

李某：我也不知道能不能约上。

当事人：法院养你们干什么吃的，这也不知道，那也不知道，一群废物！

李某：我又没花你钱，你嘴巴干净点！

当事人：我就不干净，你能怎么样？

后来，李某和当事人吵起来，很快引发大厅里来往人员围观。

◇请分小组进行讨论，李某的做法有何不当之处？

◇用已经学习的沟通策略演练重新接待这位有情绪的当事人。

◇讨论提示：

李某在上述对话中存在下列处置不当之处：

（1）当事人问李某谁负责约见执行庭庭长时，李某可以说不知道，但是应回应说可以帮当事人核实，而不是被动等着被追问。

（2）当事人辱骂李某时，李某不应当直接与对方冲突，如果无法处理，要及时联系领导负责处理，若当事人继续辱骂，可以请其他同事协助劝阻当事人或者通知法警处理。

（3）李某应对当事人的情绪有所觉察，对可能引发当事人情绪的反应有所预判，在回复当事人的态度上应表现出理解当事人的不满，并愿意帮助当事人解决问题或反映情况的态度，而不是简单生硬地拒绝当事人的一切要求。

第三节　法官信访接待的沟通策略

案例情境

信访人赵某某系案件当事人王某之母。2015 年 3 月 6 日，刘某与某项目售楼部签订内部认购书，约定刘某自愿认购该项目一期商品房，房屋位置待摇号后确定……售楼部在确定摇号日期后，刘某不参与摇号或摇号后不参与选房的，或者选房后七日内不签订房屋买卖合同，或不交付房屋相关款项的，或不办理房屋按揭贷款等相关手续的，视为放弃认购权，认购人在网签房屋买卖合同之前允许无偿变更一次户名。此后刘某将此内部认购书转让给李某，并办理了更名手续。2018 年 2 月，经中介代理，王某与李某签订房屋买卖合同，李某将其选定的 ×× 号房屋转让给王某，王某向李某支付定金 1 万元整。后王某以李某超过认购期、丧失认购权为由，诉至法院要求确认双方买卖合同无效，李某返还其定金 1 万元。原审法院经审理认为李某具有涉案房屋认购权，且有权转让，其与王某签订的协议未违反法律强制性规定，王某主张无效，无事实及法律依据，据此驳回了王某的诉讼请求。王某不服上诉，上诉法院经审理后判决维持原判。此后，王某一方仍不服判决，其母赵某某三次到法院信访，并三次在下班后滞留法院。

面对上述情景，应该如何处理？

〔知识储备〕

一、法院来访接待的作用

法院来访接待作为法院与人民群众沟通联络的纽带和桥梁，是化解涉诉涉法信访的第一道窗口，是进一步落实人民司法、促进司法公正、保障司法廉洁的重要机制。

（一）方便群众诉讼，及时解决群众诉求

通过来访接待，面向群众的实际诉求，提供案件查询、办案人员联系、诉讼材料收转、诉讼疑问解答、判后解答、诉讼引导、信访接待、投诉接待、立案接待等多元化服务，及时为当事人答疑解惑、解决困难、满足需求，最大限度地便利当事人诉讼。

（二）畅通沟通渠道，促进化解矛盾纠纷

通过来访接待，法院积极引导当事人有序表达意愿和诉求，充分倾听群众呼声，及时掌握社情民意，进而在案件审理中充分考虑、尊重和体现当事人的和其他群众的意见，最大可能地化解矛盾纠纷，实现案结事了。

（三）监督依法审判，确保司法公正廉洁

通过来访接待，群众可以有效监督法院依法行使审判权，督促法院及时发现审判工作中存在的问题，切实改进审判人员的司法作风，进一步促进案件公正审理，提高司法透明度。

（四）密切联系群众，提高司法公信权威

通过来访接待，法院与群众之间实现无缝对接、无阻沟通，在引导群众依法理性表达、着力解决群众合理诉求和努力维护群众合法利益同时，也有助于提高司法的公信力，树立法院的良好形象和权威。

二、法官信访接待的主要职责

了解当事人诉求。耐心倾听并引导当事人明确来访诉求，包括反映的主要问题及来访的诉求，并对当事人的来访诉求给予相应处理。

直接回复。属于引导性事项或程序性事项的，当场告知当事人相应负责人员及处理流程；属于复杂的实体性事项或重大紧急情况的，能够当即答复的，当场回复。

研究后回复。需要进一步研究不能当即答复的，告知其处理流程，并及时向领导请示汇报。确定研究结论后及时告知来访人处理结果。

说明情况。对于不属于法院工作范围或不属于自身职责范围的来访，立即说明情况，并告知其责任单位、部门或责任人员，动员其向有关单位、部门或责任人员咨询反映。

三、信访接待的仪表要求 ❶

工作人员应着制服整齐进入岗位，做到仪容严整，举止端庄，精神饱满。女同志不得化浓妆，佩戴首饰；男同志勤修须面，干净整洁。工作台整洁卫生，不得放置私人物品，工作时间不得从事与工作无关的活动。

---

❶　本部分参考《北京市法院诉讼服务接待工作规范（试行）》，2009 年 11 月 4 日。

四、接待的一般策略

如何与当事人（信访人）谈话沟通，做好息诉罢访工作，主要做好以下工作：

（一）耐心倾听

用倾听缓解来访人的不满情绪。来访人的需求不同，有的是为了答疑解惑，有的是为了解决问题，有的是为了反映情况，有的是为了宣泄情绪。不论来访人需求如何，都有倾诉的意愿，往往需要将一肚子的苦水倾吐，而法官的倾听能起到让信访人话明气散的效果。

用倾听了解案情。从倾诉中抓取信息，明确重点，了解案情，为开展化解工作做好铺垫。来访人的倾诉模糊不清或偏离主题时，书记员应适时引导，帮助来访人进一步明确、固定诉求。

用倾听理解信访人。耐心倾听，意味着放下已有的想法和先入为主的判断，全心全意地体会信访人的语言、感受和需要。在接待信访人时，不需要过早询问他的请求，如果急于了解他们的请求，会妨碍他们表达自己内心的感受，也可能会让信访人误解我们在应付他，造成对立的不利局面。

尽量先倾听，并对他的诉说保持关注，创造让他畅所欲言的环境，在明确他已经充分表达的情况下，可以多问一句："您还有什么需要补充的吗？"倾听有利于我们找到与信访人的共同点，会使信访人的自我表达更为顺畅，也有利于我们换位思考他们的问题。

（二）主动表达理解和关注

让信访人"诉苦"。在倾听他人的感受、需要和请求之后，我们可以主动表达我们的理解。我们在提问前最好先提及我们的感受和理解，然后询问信访人，这样将鼓励信访人主动表达。例如，我们想问信访人："你到底要说的是什么事？"我们可以说："我有一些困惑，因为您有多起纠纷，我想知道您是指哪个案件，这个案件中到底是哪些问题？您能告诉我吗？"主动表达理解和关注，不能态度蛮横、粗暴、敷衍。更多的使用引导的话语引导当事人"诉苦"，特别是在信访人情绪特别激动的时候，往往可以起到平复情绪的作用。

使用谦和的语气。在给予信访人建议或表达我们的观点时，可以采用"间接式建议"的方式。例如，建议前加称呼语；使用"我们""咱们"等将自己置于信访人之中的语言；尽量采用委婉含蓄的表达方式，避免使用强势的语气刺激信访人。若要批评信访人的某些错误言行时，可将语气上的指责变为关心，采用低姿态、唠家常的方式劝导信访人。

关注情绪并安抚疏解。有时候感受比道理更重要。多数信访人是带着情绪来访，书记员及其他接待人员在接访过程中应时刻关注信访人的情绪变化，感同身受、将心比心。适时给予心理安抚，及时疏解负面情绪，既能让来访人感受到法院工作人员的关心和安慰，感觉自己被尊重和理解，也有利于来访人接受接待人员的处理结果，将接待过程限于可控范围内，避免过激事件发生。

态度明确把握有度。有些信访人的请求没有得到满足时，用批评、指责或者以闹访滞留等方式来要挟，接待人也要明确告知信访人不可以用这些方式反映问题。切记避免出现人身攻击的语言，切忌将粗话脏话带到谈话中或大声呵斥；更应避免与当事人发生语言冲突和肢体冲突。

（三）明确请求与事实

明确对方请求。在缓解了信访人的情绪之后，通过倾听他的进述，我们可以对信访人的来访目的有基本的了解，这就需要通过交流进一步明确信访人需要解决什么样的问题。我们可以问："你需要解决的问题我理解主要是如下几点，是这样吗？"对于信访人的请求，要越具体越好，不要使用抽象的语言，越是明确具体的请求，越能了解信访人来访的动机。

明确基本事实。通过信访人的陈述，要能够明确其所陈述的事实，并区分出哪些是信访人的主观评判或单方面掌握的事实。如信访人经常说"对方就是个骗子"，或信访人表示"A法官是个不负责任的法官，因为他故意判我输"。这些语言多为信访人的主观臆断，这个时候接待人可以继续询问："你觉得A法官有什么原因故意判你输或者除了你案子输掉了之外，还有没有其他你觉得他不负责任的地方？"这个时候接待人要帮助信访人从他繁复的言语中抽离出基本的事实。

（四）说明并解释工作规范

来访人明确诉求或所要咨询的问题后，接待人员可以引用法院相关工作规范予以具体说明和详细解释，包括法律法规及司法解释、规章、规范性文件、内部文件、内部要求或工作惯例等。此处的说明和解释应使用简洁明确的语言，清楚准确、客观严谨。有理有据的交流更具有说服力，可以为之后的沟通奠定扎实的基础。

五、妥善处理紧急突发情况策略

（一）遇到言辞激烈、情绪激动的当事人

有时候在信访接待时，碰到无理取闹的信访人，工作人员应保持冷静，不得与当事人发生争执或简单推诿，也要避免出现指责或惩罚信访人的行为。

遇有攻击、侮辱性语言的当事人，应表明态度，对当事人的无理要求应耐心释明，礼貌拒绝。

（二）遇有群体上访、闹访等情况

群体上访者一般基于共同的利益，如涉征地拆迁、劳动报酬、非法集资、房地产、复转军人待遇等与切身利益息息相关的问题，情绪激动、行为极端，具有较强的组织性和煽动性，群体上访人数多、影响大，处理难度较大。

态度诚恳耐心。在接待群体上访时，接待人员应态度诚恳、耐心，不能在群众"火头"上以硬碰硬。应及时疏导、处理，安抚情绪、维持秩序。

避免多人对话。接待人员应请上访群体派出一至两名代表，表达意见、沟通协商，而不要与众多上访者共同对话，容易造成混乱。在答复上不能不负责任乱表态，要保持前后一致、口径一致。

注意寻求支持。工作人员必要时可联系相关业务庭室承办人、庭领导或法警协助维持秩序，同时做好摄影、摄像等资料保留工作。

（三）树立安全意识，及时关注当事人的身体与情绪

接待人员应关注来访人的性别、年龄、身体、精神和情绪状态，是否具有人身安全隐患。发现异常行为委婉地进行询问，并及时向有关部门报告。发现人员受伤、昏厥等情况应及时救助，并通知医务人员或医务急救部门诊治。对于年老体弱、精神和情绪不佳的来访人，应注意照顾身体和安抚情绪，避免使用刺激性语言，防止过激事件发生。

〖 **常见问题** 〗

六、避免使用权势性语言

涉诉信访中，法官的职责是化解矛盾，信访法官履行该职责时的手段主要是"告知"和"建议"二类，但实践中常发现接待法官在"告知"和"建议"时，往往会选择正式的措辞，较为程式化的语言以及经常使用"法官""法院""院长""领导""老百姓"等标明身份的言语，这样的权势语言表述或是强势表态和称呼容易引起信访人的反感和对抗，给信访化解工作的开展带来阻碍。

涉诉信访中，法官最常用的语言句式是疑问句和祈使句。提问、反问的句式选择和使用"命令"和"禁止"的语气体现了话语中的权势，该类句式和语气的选择虽然使得法官能够有效控制会话内容和时间，但无法将谈话建立在与信访人共同理

解的基础上，可能导致信访人丧失谈话的信心和兴趣。

七、避免过于强势权威的态度

可能基于现有信访压力过大、人少案多的情况，信访法官在接待上容易使用过于直接的表达方式和缺少礼貌性的语言。这种强势、直接并带有突兀的表达方式，会给信访人一种被命令的感觉和法官较狂妄的错觉，容易引起信访人的不满。

多使用礼貌语。礼貌语的使用可以拉近信访人和法官之间的距离，建立共同理解的基础，既能收到"亲民"的效果，也利于信访案件的化解。

〖案例讨论〗

常某曾是彭某雇用的劳务工人，在一次给客户安装阳台窗户时，因客户家窗外护栏下保温板被踩坏摔到楼下死亡，经鉴定为高坠致颅脑损伤死亡。经二审法院作出生效判决，判决彭某赔偿常某亲属损失60余万元，常某妻子焦某向一审法院申请执行，后一审法院执行庭法官告诉她，彭某现在没有财产可供执行，已被列入失信被执行人名单，现在没有其他办法，需要她们提供财产线索，否则无法完成执行。

焦某携亲属从老家河南坐火车来二审法院上访，包括常某母亲（70岁）、女儿（16岁，身有残疾）、儿子（9岁，需要随时关注）和其他亲属（二男二女）共8人。他们到法院后女儿因身有残疾，到法院传达室一直卧躺，母亲年老体弱，情绪激动，声称"做好有来无回的准备了！若法院不给解决，就死在法院不走了！"。焦某和其他亲属4位身体、精神、情绪状态正常，可以正常沟通。焦某称，常某去世后，家中无经济来源，上有老下有小，生活十分困难。她知道彭某是做门窗生意的，租着门市，有车，老家是江西的，父亲在村里当官，应该有钱可以执行，但是她们也没有财产线索可以提供给法院。现在彭某已经被拘留，马上就快放出来了，她担心彭某出来后跑回老家，她们更无法找到人，无法得到赔偿款了。

◇请分小组进行讨论，信访人的诉求是什么？
◇用已经学习的沟通策略给出接待方案及回应方法。
◇讨论提示：
书记员应先进行接访和自我介绍，如"您好，我是某法院信访接待部门或执行庭的书记员"，之后询问来访人的身份，明确常某妻子焦某和其他亲属4位身体、精神、情绪状态正常，可以正常沟通；常某母亲70岁年老体弱，情绪激动，女儿16岁，身有残疾，儿子9岁年龄幼小，需要随时关注他们的身体、精神和情绪状态。这8名来访人文化程度不高，在接待中应尽量使用通俗易懂的语言，要充分听取他们的意见、担心、情绪、不满、焦虑等，及时将他们的情况记录，并以安抚他们的情绪为前提。

　　常某妻子焦某一行为首次来访，主要涉及一般性事项及程序性问题，不涉及复杂性事项和重大紧急情况。因此，书记员可以结合相关工作规范分情况处理，在职责范围内对来访人的诉求予以相应解答，提出一些处理建议供其参考，并做好登记和记录工作。第一，所涉案件的执行现由一审法院负责，建议来访人可以直接向一审法院反映诉求和相关情况，如具体的财产线索、家里经济困难的情况、要求继续拘留彭某以及要求尽快执行到位的请求等，以利于问题的及时解决；第二，来访人如果不服一审法院的执行行为，认为存在违反法律规定的情形，可以向一审法院提起书面执行异议；第三，二审法院作为上级法院，来访人可以向二审法院申请执行督促的立案，立案后二审法院执行庭的法官会与一审法院执行法官进行交涉沟通，但因尚未达到六个月的执行期限，该申请可能会被法院驳回；第四，由于来访人家庭困难，建议尝试申请司法救助金，缓解家庭经济困难；第五，建议来访人持续关注被执行人彭某的财产情况和人身动态，有情况及时向一审法院执行法官反映。

第七章 传唤与送达

本章要点
◇ 书记员传唤与送达的常用方法
◇ 书记员传唤与送达的障碍处理

第一节 书记员传唤的沟通策略

案例情境

一起房屋买卖合同纠纷再审案件中，书记员通知双方当事人开庭。

书记员通知再审申请人王某时对话如下：

书记员：您好，请问是王某本人吗？

王某：我是王某本人。

书记员：这里是××人民法院。我是××人民法院××庭的书记员。关于您与张某房屋买卖合同纠纷再审一案，现在通知您开庭。您拿笔记一下时间，时间是×年×月×日上午×时×分，地点是××人民法院第×法庭。您的案子承办法官是××庭××法官，我是书记员××，这是我的联系电话。

王某：书记员，您等一下，这个时间不行呀。我的律师李律师最近两周都在国外出差，回不来呀。我的律师费都交完了，我对法律这块不懂，我得找律师帮我打官司，之前一审、二审都是李律师代理的，他对我这个案子了解，我一时半会儿也不能换别的律师啊。书记员，您通融一下，跟法官说改个时间吧！等这两周过去，李律师回来后再安排开庭。

书记员向合议庭成员请示后，拟定于两周后的某日进行开庭。书记员通知被申请人张某时，又发生如下对话：

书记员：您好，请问是张某本人吗？

张某：是的。我是张某。

书记员：我是××人民法院××庭书记员××。关于您与王某房屋买卖合同纠纷再审一案，现在通知您开庭。您拿笔记一下时间，时间是×年×月×日下午×时×分，地点是××人民法院第×法庭。

张某：书记员，您能换个时间吗，这个时间不行，我有事啊。我心脏不好，我儿子已经联系好医院，定好了两周后给我做手术，做完手术我还得住院一个月。

书记员：我们的案子是有审限的，如果一个月后安排开庭，时间太晚了。

张某：我这两周时间可以啊，这两周除了做术前检查，其他时间都可以。这个房子的买卖都是我直接参与的，这里面的情况和细节我都了解，我本人得出庭啊。书记员，您看能不能照顾一下我的身体情况，协调一下开庭时间。

你作为书记员，在传唤时应如何与双方当事人进行沟通，如何安排开庭时间呢？

〖 **知识储备** 〗

一、传唤的定义及作用

（一）传唤的定义及作用

传唤是法院通过口头或书面的方式通知当事人或其他诉讼参与人到法院参加诉讼活动的一种司法行为。

传唤贯穿于整个诉讼活动中，通知当事人来法院领取诉讼材料需要传唤，通知当事人开庭需要传唤，通知当事人领取法律文书需要传唤。作为法院审理案件的重要环节，传唤对推进案件顺利审理、及时解决纠纷具有重要意义。一旦传唤不成功或不合法，则不利于法院及时处理案件，也不利于法官总体上把控案件的办理进度，影响后续诉讼活动。

（二）传唤的主要任务及法律后果

传唤的主要任务是通过法定有效的传唤方式，如电话通知、短信或直接送达、公告送达或按照送达地址确认书确认的地址邮寄送达传票等。准确无误地通知当事人具体诉讼活动的时间、地点、事由、需要携带的诉讼材料以及未到庭需要承担的相应法律后果。其目的是最大可能地保证被传唤人配合法院的案件审理工作，按时参加相应的诉讼活动，正确行使诉讼权利，顺利推进诉讼程序。

（三）传唤的法律后果

（1）当事人未按传唤参加诉讼活动法律后果。书记员应注意传唤的方式要合法有效，如果当事人经法院合法传唤未到庭参加诉讼活动，法院可以直接依照相关法律规定予以相应处理，由当事人承担相应法律后果。如传票一经送达，受送达人即有到庭的义务，不得借故规避。原告经传票传唤，无正当理由拒不到庭的，或者未经法庭许可中途退庭的，可以按撤诉处理；被告反诉的，可以缺席判决。被告经传票传唤，无正当理由拒不到庭的，或者未经法庭许可中途退庭的，可以缺席判决。

（2）法院未合法传唤的法律后果。如果传唤方式存在问题，法院未经合法有效传唤，缺席判决的案件，属于程序违法，剥夺当事人参加庭审的权利，可能引发案件再审，因此需要再次传唤予以补正，这样既让法院的审理工作陷入被动，又影响案件审理进程。

〖 操作策略 〗

二、传唤前准备与传唤反馈

（一）确定传唤的案件顺序

收案后，书记员应注重审查卷宗材料，初步确定案件的繁简难易程度和可能需要做的工作，及时向法官请示汇报，辅助法官确定传唤的案件顺序。

一般来说，除了重大、紧急、敏感、复杂案件，或审限时间较短，或需要尽快给予当事人司法救济的案件，如涉农民工、医疗事故、当事人损害严重等，确定传唤案件的顺序应遵循"先立案先传唤"原则。优先处理立案在先的案件，一方面是为了给法官预留尽可能多的审限时间，另一方面也有利于保障对方当事人的答辩期。此外，对于紧急事项也需要优先处理，如保全、先予执行等，及时保障当事人的合法权益。

（二）明确传唤的具体事由

传唤前，书记员应当向法官明确案件传唤的具体事由，是庭前证据交换、庭前谈话、开庭、调查还是调解等，准确告知当事人，并提前准备并做好相应辅助性工作。

（三）确定传唤的具体时间

了解承办法官及合议庭成员的工作时间表。关于传唤时间的确定，应当首先征询承办法官及其他合议庭成员的时间安排，错开法官开庭、会议、培训等时间，最大限度地避免与法官的工作安排发生冲突。

了解承办法官的工作习惯。根据法官的工作习惯，合理安排传唤时间，尽力配合法官做好审判辅助工作。如有的法官习惯半天开庭、半天撰写裁判文书，有的法官习惯全天开庭，再全天撰写裁判文书，因此书记员需要根据法官的工作习惯，确定传唤时间安排在上午、下午还是全天，每周是否需要预留工作日撰写裁判文书或外出调查取证。

了解基本案情进行案件时间协调。在时间的安排上还需要注重繁简分流、难易结合。根据案件的性质，对于法律关系清楚、争议不大且不需要做其他工作的案件，或仅解决程序性事项的案件，可以集中一天审理，节约审理时间，提高审判效率，如事实比较简单的民间借贷纠纷案件。而对于案情较为复杂的案件需要保证审理时间，应尽量避免集中一天安排。一般情况下，应给当事人预留足够的答辩期，对方不要求答辩期且要求尽快开庭审理的情况下，可以不预留答辩期。

（四）请示传唤的注意事项

在传唤当事人前，书记员应当请示法官是否有需要书记员注意或需要提醒当事人注意的事项，如要求当事人本人到庭、要求证人出庭或需要当事人携带的身份证明材料、证据材料、原审法律文书等。

（五）反馈传唤的沟通结果

在与当事人协调沟通过程中，如果当事人因正当事由存在时间冲突，书记员应及时请示法官，协调更改时间；如果当事人提出证据或财产保全、调取证据、鉴定申请等，书记员应及时向法官汇报，及时作出相应处理。与当事人沟通确定好传唤的具体时间、地点后，书记员也应及时反馈给法官，并在每位合议庭成员的工作日程中做好记录和提醒。

在传唤沟通过程中，发现当事人情绪激动、矛盾激化，有信访、闹访苗头时，也应及时向法官汇报，帮助法官把握当事人的性格、情绪等特征，做好信访风险评估并制定应急预案。

三、对当事人传唤的一般策略

（一）避免传唤时间冲突

面对双方或多方当事人，在了解合议庭成员空闲时间的前提下，如何最大可能地避免时间冲突顺利确定传唤时间，是一项具有策略性的工作。由于代理律师相较于普通群众庭审安排更多，时间固定后难以轻易变动，并且当事人聘请律师后要求律师出庭的意愿非常强烈，在诉讼代理人为律师的情况下，建议书记员先与律师沟通，避免律师已安排其他庭审产生时间冲突，避免引发当事人不满，保证审判工作顺利开展。

（二）首次电话传唤先核实对方身份

书记员代表法院进行传唤。第一次通常是电话口头传唤被传唤人，如果条件具备，电话传唤时要启用电话录音，记录整个传唤过程。

首次传唤时要先核实对方身份。电话接通后，要先询问接电话人是否是被告或者其他诉讼参与人，这样做的目的是防止对方知道是法院传唤后否认自己的身份，导致传唤失败。如果对方否认是被传唤人，则建议对方先别挂电话，说明被传唤人不参加诉讼的法律后果，再询问对方是否认识被传唤人。

表明自己身份并直接通知。核实完身份后，向对方表明自己的身份，然后再简要介绍传唤的目的，直接通知对方来法院领取诉讼材料的时间，而不是与对方商量具体时间，避免对方故意拖延时间，导致口头传唤失败。

（三）被传唤人怀疑身份时的沟通策略

在口头传唤当事人时，经常会遇到当事人怀疑书记员的身份，这种怀疑也是正常的，因为目前有些人冒充公检法人员诈骗。针对这种怀疑，书记员可以向当事人做如下解释：第一，本次只是传唤来法院领取文书，未向当事人索要任何钱财，不符合诈骗的特征；第二，留下书记员的姓名、联系方式、法院的地址和法院办公室的电话，让当事人核实。

（四）准确告知传唤内容

传唤内容应详尽告知。书记员应全面详尽、准确无误地告知当事人传唤的时间、地点、事由、需要携带的诉讼材料、未到庭需要承担的相应法律后果，以及承办法官、书记员的姓名和联系方式。同时，提示当事人做好书面记录以免遗忘。一般情况下，书记员可以说"您好，请问是××或××的代理人××吗？……这里是××人民法院。关于××与××因……（案由）纠纷……（一审或上诉或再审等）一案，现在通知您谈话或开庭等，您拿笔记一下。时间是×年×月×日上午或下午×时×分，地点是××人民法院第×法庭。您的案子承办法官是×庭××法官，我是书记员××，我的联系电话是……，您可以通过这个电话与我们联系。您需要带的材料包括……请您按时到庭参加诉讼，如果未到庭依照法律规定按……处理，您听清楚了吗？"

请对方确认传唤内容。书记员可以请被传唤人复述一下通知的重要事项，再次予以核对。之后，书记员会再次通知被传唤人到法院领取传票，或向其直接送达，或按照之前填写好的送达地址确认书上的地址通过司法专邮邮寄传票，保证传唤的法定效力。

（五）分情况应对

当事人请求变更传唤时间时，书记员应询问其具体事由，必要时要求其提供相应证据。如果当事人的理由正当且不违反法律规定，如已安排其他庭审、身患重病行动不便、亲人去世办理丧事等，可以重新确定传唤时间。如果当事人理由牵强，仅为了拖延诉讼或处理其他无足轻重的事，书记员可以告知当事人"其理由不属于法定正当事由，法院审理案件众多，法庭数量有限，审判资源紧张，更改时间非常困难，希望当事人理解并配合法院工作。当事人如果本人来不了，可以聘请代理人"。

（六）提示未到庭的法律后果

提示加说服相结合。在沟通过程中，书记员应明确告知当事人未按时到庭应承担的不利法律后果。如果发现当事人怠于参加诉讼，存在不到庭的风险时，书记员应再次着重讲明相应法律后果，并进一步劝说当事人配合法院工作，如"如果您不来法院，影响您行使诉讼权利，法官也只能听到一方当事人的陈述，不利于对您权益的保护，我们还是希望您能按时到庭参加诉讼，配合法院的工作"。

做好配合工作避免被动。必要时，书记员应进行录音，做好工作记录，并书面邮寄传票，不要只使用电话通知方式，避免被恶意诉讼的当事人钻空子，导致法官审理案件陷于被动，影响案件审理进程。

（七）避免无效沟通

不做与传唤无关的解释。在传唤过程中，多数当事人可以配合法院完成传唤事项的通知，但仍有少数当事人表达意愿强烈，反复打断或阻止书记员传唤工作，借机宣泄情绪、发泄不满，或陈述案情、发表意见，或打探情况、套取法官意见等。不论何种情况，与传唤事项无关的问题，书记员一律及时制止，不予答复，并耐心向当事人解释，注意避免无效沟通，可以说"您在电话中发表意见是没有法律效力的，您的意见或申请可以在法庭上当庭陈述，由书记员记录，或向法院邮寄书面意见或申请，在卷宗中留存"。

明确解释的内容与范围。对于当事人提出的关于案件诉讼流程或案件信息的咨询，属于书记员职责范围内的事项，书记员可以予以解答和释明；对于申诉信访、投诉举报等不属于书记员职责范围内的事项，书记员应明确告知不属于自身职责范围，可以指引被传唤人向相关主管部门进行反映。

〖案例讨论〗

李某系法院民一庭的书记员，在一起民间借贷纠纷中，原告张某起诉被告王某偿还借款 50 万元，李某负责传唤被告王某，李某拨通电话后，双方的对话如下：

李某：您好，我是××法院的书记员李某，请问您是王某吗？

对方：你是哪位？有什么事呀？

李某：张某起诉您民间借贷纠纷一案，法院现已立案受理，您什么时候有时间来法院领取起诉材料。

对方：起诉的诉讼请求是什么？理由呢？

李某：诉讼请求是……，理由是……

对方：我知道了。

李某：您哪天来领起诉状？

对方：领什么起诉状？我不是王某。

李某：张某的起诉状留的就是这个电话号码，借款合同上也是这个电话号码，肯定是你。

对方：真的不是我，我这个号码是新换的。

李某：那你认识王某吗？

对方：我是否认识他并不重要，你有什么事？

李某：你能不能帮我转达一下，让他来法院领取起诉状。

对方：我不能转达，我都不知道你是谁，万一是骗子呢？

李某：我肯定不是骗子。

对方：你怎么证明自己不是骗子？

李某：你让王某来法院就知道我是不是骗子了。

对方：我无法核实，也不会转达，再见。

◇讨论问题：

根据以上对话，请分析李某存在哪些应对失误？请为他的传唤沟通设计合适的方案？

◇讨论提示：

（1）李某在传唤中是首先介绍自己是法院的书记员，还是先核实对方的身份？

（2）李某在未核实对方身份时，主动介绍了起诉状的主要内容，对方已经知道，有可能故意否认自己是被告。

（3）李某让王某自行来法院核实方法欠妥。

第二节　书记员送达的沟通策略

案例情境

一起民间借贷纠纷案件中，被告张某是借款人，张某外出打工多年，早已不在身份证记载的户籍地生活，老家也没有亲属居住。法院工作人员通过借条中记载的电话号码可以联系到张某，但是张某为了逃避承担责任、拖延还款时间，故意躲避诉讼，先是谎称自己不是张某，在法院多次致电他后，又谎称自己出差在外，一直不配合法院送达，也不说明其实际居住地，只以自行来法院领取传票搪塞法院，时而又拒接法院电话。

在这种情况下，你作为书记员应如何进行沟通并完成对张某的送达工作？

〖知识储备〗

一、送达的定义及文书种类

送达是指法院按照法定程序和方法将诉讼文书或法律文书送交收件人的诉讼行为。我国民事诉讼法规定的送达方式包括直接送达、留置送达、委托送达、邮寄送达、转交送达、公告送达和外交途径送达。

送达文书种类很多，法院作出的涉及当事人权利的文书均需送达，根据诉讼阶段的不同，需要送达的文书，一般包括：

（一）一审开庭前送达的常见文书

（1）向原告方送达的文书：①案件受理通知书；②举证通知书（因涉及当事人举证权利，需存档）；③开庭传票；④诉讼风险提示书；⑤廉政监督表；⑥当事人权利义务须知；⑦裁判文书上网告知书；⑧反诉状或答辩状副本。

（2）向被告方送达的文书：①民事起诉状副本；②应诉通知书；③举证通知书；④开庭传票；⑤诉讼风险提示书；⑥廉政监督表；⑦当事人权利义务须知；⑧裁判文书上网告知书。除送达上述文书外，还需让被告填写送达地址确认书。

（二）庭审后送达的常见文书

开庭后，根据开庭审理的情况，可能需要送达民事裁定书、民事调解书、民事判决书、民事上诉状副本等。

二、送达的作用

送达的作用包括两方面内容，一是保障当事人及其他诉讼参与人的知情权，受送达人通过接收诉讼材料获悉文书内容，参与诉讼活动，行使诉讼权利，履行诉讼义务；二是赋予送达一定的法律效果，诉讼文书或法律文书一经送达即发生一定的法律后果。

三、送达的主要方式

送达有直接送达、邮寄送达、留置送达、委托送达、转交送达、公告送达几种送达方式。

法院送达诉讼文书，应当以送达地址确认为基础，优先引导当事人选择电子送达，以直接送达、邮寄送达为主要方式，以留置送达、委托送达等其他方式为补充，以公告送达为最后手段。❶

（一）直接送达

直接送达是指法院派专人将诉讼文书直接交付给受送达人签收的送达方式，是最基本、最优先选择的送达方式。

受送达人是公民的，由该公民直接签收；该公民不在时可交由与其同住的成年家属签收，但是离婚纠纷案件中，如果本人不在且家中没有其他成年家属，只有对方当事人的，因双方有利害关系，不宜由对方当事人签收，以免发生诉讼文书或法律文书被对方当事人有意藏匿或销毁等不利后果；受送达人是法人的，交由其法定代表人或者负责收件的人签收；受送达人是其他组织的，交由其主要负责人或者该组织负责收件的人签收；受送达人有诉讼代理人的，可以由其签收；受送达人已向人民法院指定代收人的，由代收人签收。调解书应当直接送交本人或有调解权限的诉讼代理人，不得由他人代收，因为调解书一经签收即发生法律效力，如果拒绝签收视为反悔、调解未能达成一致。

直接送达时可以传唤受送达人到法院领取文书，也可以上门送达，受送达人领取法院文书时，必须要求受送达人在送达回证签字，这是证明送达成功的最重要证据。

直接送达诉讼文书或法律文书有困难的，可以委托其他人民法院代为送达。

---

❶　《北京市高级人民法院关于推进集约送达工作的规定（试行）》第二条，【送达方式选择】人民法院送达诉讼文书，应当以送达地址确认为基础，优先引导当事人选择电子送达，以直接送达、邮寄送达为主要方式，以留置送达、委托送达等其他方式为补充，以公告送达为最后手段。

（二）留置送达

留置送达是指受送达人无正当理由拒绝签收诉讼文书或法律文书时，送达人依法将诉讼文书或法律文书放置在受送达人的住所并产生送达的法律效力的送达方式。

送达人员可以把诉讼文书或法律文书留在受送达人的住所，并采用拍照、录像等方式记录送达过程；也可以邀请见证人到场，说明情况，在送达回证上记明拒收事由和日期，由送达人员、见证人签名或者盖章。

（三）邮寄送达

法院直接送达诉讼文书或法律文书有困难的，如无时间外出进行直接送达、受送达人住所地距离法院路途较远等，可以交由邮政以法院专递方式邮寄送达。

邮寄送达的核心在于送达地址的确认。当事人申请邮寄送达的，在起诉或者答辩时应向法院提供或者确认自己准确的送达地址，并填写送达地址确认书，当事人委托诉讼代理人的，诉讼代理人确认的送达地址视为当事人的送达地址。

（四）电子送达

电子送达是指法院利用传真、电子邮件、移动通信等现代化电子手段进行的送达。电子送达具有便捷、高效、低成本等特征，法院可以优先引导当事人选择电子送达，但是采用电子送达方式必须经受送达人同意，法院不得在未经受送达人同意的情况下依职权采用此送达方式。

（五）公告送达

公告送达是指在受送达人下落不明或以其他方式无法送达的情况下，法院发出公告，公告发出后经过一定的时间即视为送达的方式。公告可以在法院专设的公告栏、受送达人原住所地张贴，也可以在报纸、信息网络等媒体上刊登。发出公告日期以最后张贴或刊登的日期为准。以公告方式送达的，自公告之日起，经过六十日，有关诉讼文书或法律文书即视为送达。公告送达的，应在案卷内记明公告的原因和经过。

（六）委托送达

委托送达是指负责审理该案件的法院直接送达诉讼文书或法律文书有困难时，依法委托其他法院代为送达，委托送达与直接送达具有同等法律效力。

（七）转交送达

转交送达是指在受送达人员自由被限制的情况下，法院将诉讼文书或法律文书送交受送达人所在单位代收，然后转交给受送达人的送达方式。

受送达人是军人的，通过其所在部队团以上单位的政治机关转交。受送达人被监禁的，通过其所在监所转交。受送达人被采取强制性教育措施的，通过其所在强制性教育机构转交。代为转交的机关、单位收到诉讼文书或法律文书后，必须立即转交受送达人签收，并以其在送达回证上签收的时间为送达日期。如果当事人因刑事案件被限制人身自由，书记员应联系对方当事人，要求其提供刑事犯罪已进行的阶段：现看押在看守所的，需要提供抓捕的公安机关、办案人员的联系方式、看押看守所及犯罪名称，由法院联系公安机关征询能否进行转交送达，如果不能进行转交送达，案件只能中止；现羁押在监狱的，需要提供犯罪名称、监狱地址、监狱狱政科联系方式，由法院联系该监狱，请监狱进行转交送达。如果公安机关及狱政科无法配合进行转交送达，书记员可联系被限制自由当事人的家属，家属获得被限制自由当事人的授权委托书后，可以对其家属进行直接送达。

〖 操作策略 〗

四、送达前的准备工作

送达前，可以按照法官的工作习惯，也可以请示承办法官，确定进行送达的案件、受送达主体、送达方式、时间和地点等，并针对不同的送达目的，准备相应的送达材料。注意明确送达材料的原件、复印件及数量，是否必须本人签收等要求，涉及社会安全稳定、社会影响重大、新类型、当事人人数众多的群体性案件，以及其他重大、敏感、疑难、复杂等案件，不宜由诉讼服务人员代为送达，应由审判团队人员自行送达。

五、送达中的注意事项

（一）直接送达

（1）提前电话通知当事人，语言简洁明确。通常情况下，书记员提前按照卷宗中记载的联系方式，电话通知当事人到法院领取诉讼材料，告知具体时间、地点和诉讼材料的名称、数量、原件或复印件。电话通知应注意礼貌，语言简单明了，技巧如上一节传唤方法。

由诉讼服务人员代为直接送达的，书记员应提前将诉讼材料移交诉讼服务人员并告知预约时间和地点，必要时备注送达要求和注意事项，由诉讼服务人员在预约时间代为送达。

特殊情况下，当事人未确认送达地址，法院又无法通过电话等联系方式通知受送达人领取，或者受送达人未按法院通知期限领取诉讼文书或法律文书的，应由审判团队人员或诉讼服务人员按照对方当事人提供的联系地址、身份证记载的户籍所在地或营业执照记载的住所地进行外出直接送达。

（2）表明身份并核实受送达人身份。当事人到达法院诉讼服务大厅设立的专门送达窗口或法庭后，书记员或诉讼服务人员应主动向受送达人出示工作证件，并注重审查当事人或诉讼代理人的身份证明及代理手续。可以说："您好，我是书记员××，请您出示您的证件、代理手续。"

（3）核对确认送达材料。向当事人或诉讼代理人准确全面地告知送达材料的名称、数量、原件或复印件，并一一核对。当事人经核对确认当场送达材料与送达回证记载的送达内容一致后，提示当事人在送达回证的"受送达人"或"代收人"处签字确认，并注明签收日期。外出直接送达的，有条件的可视情况采用拍照、录像等方式记录整个送达过程。

（二）留置送达

（1）表明身份并核实受送达人身份。审判团队人员或诉讼服务人员首先按照对方当事人提供的联系地址、身份证记载的户籍所在地或营业执照记载的住所地，到达受送达人的送达地址。主动向对方出示工作证件以获取信任，并核实对方是否为受送达人。对方不承认身份或不予理睬的，为震慑对方，可称已经过核实，也可以通过居民委员会、村民委员会、物业工作人员、公安机关等确认对方的身份。

（2）明确告知其拒绝签收诉讼文书的不利后果。劝说对方配合接收诉讼文书，积极应诉，及时保障自己的诉讼权利和合法权益，否则将丧失答辩、辩论的权利，法院将依法缺席审判。

（3）宣读送达文书内容、释明不利法律后果并留置。受送达人无正当理由拒绝签收的，应向受送达人大声宣读送达的诉讼文书或法律文书的主要内容，释明拒绝签收诉讼文书或法律文书的不利法律后果，并将起诉书及开庭传票等粘贴在对方住处门上。

（4）如对方开门同意签收诉讼文书应首先主动出示工作证件。在准备留置送达过程中，如受送达人同意签收，书记员应主动出示工作证件，并核查对方的身份证件，确认是否为受送达人本人。确认为本人后，向对方准确全面地告知送达材料的名称和数量，包括起诉书原件一份、开庭传票原件一份，并一一展示。对方经核对确认送达材料与送达回证记载的内容一致后，提示其在送达回证的"受送达人"处签字，并注明签收日期。最后，再次强调开庭时间，提醒按时到庭参加诉讼。全程沟通应注意尊重、规范、权威相配合，避免引起受送达人不满或强烈抵触情绪。

（三）邮寄送达

（1）受送达人提供虚假或不准确的地址、未及时告知变更后的地址或拒绝签收的。送达地址确认书是确保法院有效送达的重要条件，当事人填写前，书记员应告知其填写要求、注意事项以及受送达人拒不提供送达地址、提供虚假地址或者提供送达地址不准确、送达地址变更未及时告知法院、受送达人拒绝签收的法律后果。当事人填写的送达地址信息不全面、不准确的，当场要求或电话联系当事人及时补正。可以明确告知当事人："法院将以其送达地址确认书中确认的地址为准，由此导致诉讼文书或法律文书未能被受送达人实际接收，仍视为送达成功，邮寄被退回之日视为送达之日。"

（2）受送达人拒不提供送达地址的。实践中，部分当事人拒绝确认送达地址，或当面向法院明确表示不愿提供送达地址，或送达地址不明，通过电话方式与之取得联系后，拒不到法院领取文书，也不提供准确送达地址；或拒接电话、避而不见送达人员、搬离原住所等故意躲避、规避送达，且不提供或确认送达地址等，均属于"拒不提供送达地址"的情形。对此，应当制作送达工作记录，并将相关书面证明材料附卷备查。

无法联系到当事人或无法证明当事人有故意躲避、规避送达行为的，不能认定为拒不提供送达地址。

（四）电子送达

（1）征询当事人是否同意电子送达。书记员应事先询问当事人是否同意采用电子送达方式送达，受送达人同意的，应在送达地址确认书中予以确认，填写送达地址确认书时自愿选择微信、电子邮件、法院审判信息网、传真等电子送达方式并确认接收诉讼文书的电子送达地址。原则上当事人首次同意电子送达后，后续诉讼案件均可默认使用电子送达方式。如当事人选择微信公众号方式送达的，一次绑定注册，后续均可直接采取此方式送达。

当事人不同意的，书记员应耐心做解释说明工作，介绍电子送达方式的具体操作方法和高效便捷的优势，消除当事人的疑虑和误解，引导当事人优先选择电子送达方式。当事人仍不同意采用电子送达方式送达的，则不得适用电子送达方式送达。

（2）提醒当事人及时查看。电子送达具有即时到达的特点，到达受送达人特定系统的日期为送达日期，即法院对应系统显示发送成功的日期，原则上法院将诉讼文书送达至当事人确认的电子送达地址即视为送达成功。书记员递交完成电子送达申请后，应提醒当事人或诉讼代理人及时查收并阅读诉讼文书详细内容，并释明未及时查看可能承担的相应不利法律后果，如因未及时查看诉讼文书而错过开庭时间，法院可视为放弃相关诉讼权利，按照撤诉处理或缺席审判。但是，如果受送达人举证证明到达其特定系统的日期与法院对应系统显示发送成功的日期不一致，以受送达人证明到达其特定系统的日期为准。

六、常见送达障碍的沟通策略

（一）受送达人怀疑送达人员身份时的沟通策略

在现场直接送达过程中，由于各种原因，被送达人经常怀疑送达人员的身份，此时，建议出示工作证给被送达人员，并告知法院工作电话，让其现场核实送达人员的身份，争取现场送达成功；如果是邮寄送达，受送达人电话中怀疑送达人员的身份，则建议其来法院核实。

（二）受送达人身份证明手续或委托代理手续不齐全时的沟通策略

受送达人是当事人本人或已向法院指定的代收人。如果当事人或诉讼代理人未携带身份证件或委托代理手续不齐全，通常不宜再行送达，待及时补齐手续时进行送达工作；如果当日无法补齐手续，预约改日再行送达。

（三）受送达人对送达文书有异议时的沟通策略

（1）注意安抚对方情绪。在直接送达过程中，受送达人对送达文书有异议，如不满意传票中的开庭时间、不满意合议庭组成人员、不服送达的裁判文书等，不配合签收时，送达人要注意安抚受送达人的情绪，劝说其配合法院的送达工作。

（2）分情况作出指引。受送达人不满意传票中的开庭时间的，告知其开庭时间已经确定，希望其理解并配合法院的工作，如果确实有正当理由造成开庭时间冲突，可以及时联系承办人询问是否可以更改开庭时间；受送达人不满意合议庭组成人员的，告知其如果认为法官与本案有利害关系，有权申请法官回避；受送达人不服裁判文书的，告知其裁判文书已经作出无法改变，如果不服可以签收后认真研究，有针对性地提出自己的异议意见，在法定期限内提起上诉或申请再审或向检察机关申请监督，及时行使诉讼权利，维护自身合法权益。

（四）受送达人拒绝接收送达文书时的沟通策略

在送达过程中，有的受送达人故意不领取法律文书，此时，送达人员一定要告诉受送达人不领取法律文书的后果，劝其领取法律文书，避免不利后果。

审判团队人员或诉讼服务人员进行直接送达时，如果受送达人当场提出疑问、拒绝签收诉讼文书，审判团队人员或诉讼服务人员应做好释明工作，讲明送达的性质，明确告知拒不接受送达的法律后果，劝说当事人配合法院的工作，正确行使诉讼权利。

（五）受送达人声称未收到送达文书时的沟通策略

在非直接送达中，经常有被送达人声称未收到送达的文书，此时，送达人要核实是否送达成功，如果送达成功，告诉被送达人法院有证据证明已经送达成功。如果被送达人再三要求法院再次送达文书，不能同意被送达人的要求，但可以要求被送达人来法院领取一份复印件，同时还要给被送达人出示已经送达的证据，在笔录中载明送达的具体时间，要求被送达人确认，防止被送达人以来法院领取文书之日作为行使权利的起始时间。

（六）留置送达时见证人不配合时的沟通策略

受送达人无正当理由拒绝签收诉讼文书时，法院可以采取留置送达方式，邀请居民委员会、村民委员会工作人员或者受送达人所在单位的工作人员到场见证。但是，实践中可能存在上述工作人员或代表因人手不够工作繁忙、担心被骂多管闲事的心理，不愿意配合法院进行见证工作，此时应耐心做思想工作，劝说见证人到场见证并签名盖章，说明送达的重要性。

如果确实存在较大阻力和困难，还可以请求当地公安派出所、工商行政管理部门、人民调解委员会、乡镇（街道）司法所以及社区基层综治组织等单位工作人员予以协助。如果确实无合适人员予以见证，可以把诉讼文书留在受送达人的住所，并采用拍照、录像等方式记录送达过程。

〖活动平台〗

崔某系一起借款合同纠纷案件的被告，宋某系该案的书记员。法院先前按照原告王某提供的地址向崔某邮寄送达起诉状和传票等诉讼文书，崔某拒收退回，故宋某前往崔某住处进行直接送达。到达崔某住处后，经询问邻居确认崔某本人在家后，双方发生如下对话：

宋某：您好，崔某在家吗？

崔某：谁呀？什么事？

宋某：我是某某法院的书记员宋某，请问您是崔某吗？

崔某：什么事？有事说事。

宋某：王某起诉崔某借款合同纠纷一案，法院已经立案受理。现在需要向崔某送达起诉状和法院传票。

崔某：（不语）。

宋某：您是崔某本人吗？诉讼文书需要签收一下。

崔某：崔某不在家，不要再敲门了。

◇训练问题：

对此情形，书记员宋某应如何完成送达工作？请结合本节教材内容进行课堂演示。

◇训练提示：

1. 直接送达时，宋某应如何取得崔某的信任？在崔某否认自己身份时，应如何要求崔某尽快开门？

2. 在崔某仍拒绝开门，拒不签收文书时，宋某应当怎么做？

3. 崔某开门同意签收诉讼文书时，宋某应如何沟通？

第八章　司法调解

本章要点
◇　掌握法官主持司法调解的技巧
◇　掌握书记员辅助调解的技巧

第一节　法官主持调解的沟通策略

案例情境

一起所有权确认纠纷案中，李某与陈某是一对年逾古稀的老夫妻，均是残疾人，老夫妻拄拐互相搀扶着进入法庭。李某抬起拐棍指着儿子李小某哭诉称，1989年8月二人翻建李某名下的154号院北房五间，西厢房四间，现在北房一直被小儿子李小某夫妻霸占，只让他们住在西厢房。但是二人年迈体弱，西厢房阳光不足，想住在自己的北房。李小某夫妻不让他们住，不让使用冰箱、洗衣机，还把他们的衣物扔到大街上，经常打骂他们，致使老无所养，现在只能寄居在女儿家。请求法院确认涉案房屋归李某、陈某老夫妻共有。

小儿子李小某表示无奈，哭诉自己非常孝顺，自己结婚后，父母为了体谅儿子搬到厢房去住。同意父母在涉案房屋居住，也同意在北房居住。自己没有轰赶老人，没有不让老人住，照顾二老尽心尽力，积极履行赡养义务。李小某妻子称二老不讲道理、谎话连篇，生气地表示，房屋是共同建造的，李小某当时20多岁已经工作，有出资出力，婚后一直和父母居住在此，李小某夫妻还进行了两次大装修。2000年3月，李某和两个儿子签订分家协议，父母已经放弃了涉案房屋的权利，同意涉案房屋归李小某所有。

李某、陈某老夫妻委屈地表示，分家协议没有将房屋赠予李小某或放弃自己房产的意思，李小某只能在他们去世后才享有诉争房屋。

对于上述情况，你作为书记员，应如何辅助法官开展调解工作，具体应如何处理？

〖知识储备〗

一、司法调解

（一）司法调解的定义

司法调解是指在法院的主持下，各方当事人就争议的实体权利和义务，自愿通过协商处分自身权益进行纠纷解决的方式。

在开庭审理前、开庭审理时及作出裁判前，法院都可以进行调解工作，根据时间的不同区分为庭前调解、开庭调解和庭后调解。如果案情比较简单，各方当事人矛盾较小，可以使用庭前调解，避免对簿公堂。

（二）司法调解的作用

调解在化解矛盾、解决纠纷、维护社会和谐稳定方面具有独特优势，更利于实现法律效果、社会效果和政治效果的有机统一，被西方法律工作者誉为"东方经验"。

（1）有利于降低诉讼过程的对抗性。调解注重当事人之间的友好协商和互谅互让，追求以相对平和的方式化解纠纷，因而在一定程度上弱化了当事人之间的对抗性，更有利于减少矛盾激化，维护社会和谐稳定。

（2）有利于实现纠纷解决的彻底性。调解通过当事人自愿协商而不是法官依法裁判来解决纠纷，注重当事人的积极参与，尊重当事人的主观意愿，各方当事人对整个过程都非常清楚，对最终的结果也完全理解和接受，更有可能履行到位。对于事实难查明、法律适用有争议的案件，如双方当事人所举证据均不能证明己方主张的情形，法院开展调解工作更利于纠纷的解决。

（3）有利于提高案件处理的效率性。通过调解方式审结案件，可以减少程序的启动，更为简便、高效和经济，减轻当事人的负担，降低诉讼成本，节约司法资源。

（4）有利于满足诉讼主体的需求性。调解系当事人自愿处分自身权利义务的过程，自由选择后的结果最符合当事人的利益需求，最贴近当事人追求的实体公正，满足当事人的司法期待。

（三）司法调解的主要任务

（1）书记员辅助调解的主要任务包括：辅助进行调解工作、起草调解协议、制作调解笔录和起草调解书。调解书是指法院制作的，记载当事人之间协议内容的法律文书。对于调解和好的离婚案件、调解维持收养关系的案件、能够即时履行的案件及其他不需要制作调解书的案件，应当将调解协议的内容记入调解笔录，不需要另行制作调解书。在出具调解书之前，书记员一定要将调解方案送交法官确认合法性，法官确认之后再出具调解书，然后当场向当事人送达，调解书送达后即发生法律效力。

（2）法官主持调解的主要任务包括：主持调解工作、确认调解协议、确认调解笔录和确认调解书。法官需要着重审查调解程序是否违反法律规定，调解内容是否违反自愿原则以及违反法律规定、侵害国家社会公共利益及案外人的合法权益。

二、司法调解与人民调解、行政调解的区别

司法调解与人民调解、行政调解均是化解矛盾纠纷的重要方式，以当事人以外的第三方身份介入，依据纠纷发生事实、法律法规、政策及道德规范，坚持情理法相结合，采取说服教育、劝说疏导等手段调停纠纷，实现定纷止争的目的。

人民调解指在人民调解委员会的主持下，依照法律、政策及社会主义道德规范，对纠纷当事人进行说服规劝，促使彼此互谅互让，在自主自愿情况下达成协议，消除纷争的活动。

行政调解通常称为政府调解，指由我国行政机关主持，通过说服教育的方式，民事纠纷或轻微刑事案件当事人自愿达成协议，解决纠纷的一种调解制度。

三者在以下方面有所不同。

（一）发起主体不同

司法调解是在国家审判机关即法院主持下进行的调解；人民调解是在人民调解委员会主持下进行的调解，人民调解委员会是基层群众自我管理、自我教育、自我服务的民主自治组织；行政调解是在国家行政管理机构包括行政机关、企业事业单位的主持下进行的调解。

（二）针对对象不同

司法调解针对符合法院受案范围的民事、行政及刑事案件的当事人；人民调解针对发生民间纠纷的当事人；行政调解针对民事、经济或轻微刑事纠纷的当事人。

（三）法律后果不同

司法调解包括诉前调解和诉讼中调解。诉前调解成功的，法院不立案并退还起诉材料或当事人撤诉，纠纷不进入诉讼审理阶段。调解不成功，法院立案并进入诉

讼程序。诉前或诉讼过程中，经法院调解达成的由各方当事人签字、盖章的调解协议和调解书，一经送达，即具有法律约束力。司法调解协议或调解书与法院判决具有同等的法律效力，具有强制执行力。

经人民调解委员会调解纠纷双方达成的调解协议，根据 2010 年的《中华人民共和国人民调解法》第三十一条规定："经人民调解委员会调解达成的调解协议，具有法律约束力，当事人应当按照约定履行。"第三十三条规定："经人民调解委员会调解达成调解协议后，双方当事人认为有必要的，可以自调解协议生效之日起三十日内共同向人民法院申请司法确认，人民法院应当及时对调解协议进行审查，依法确认调解协议的效力。人民法院依法确认调解协议有效，一方当事人拒绝履行或者未全部履行的，对方当事人可以向人民法院申请强制执行。人民法院依法确认调解协议无效的，当事人可以通过人民调解方式变更原调解协议或者达成新的调解协议，也可以向人民法院提起诉讼。"依据以上条款，人民调解协议经法院的司法确认具有强制执行力，一方当事人不履行调解协议规定的义务，另一方当事人可以向法院提起诉讼，请求对方当事人履行调解协议规定的义务。

行政调解达成的调解协议具有行政上的强制力，部分行政调解协议生效后即具有法律效力，当事人如逾期不履行协议，行政调解机构可采取行政手段强制执行，具有强制执行力。

〖 操作策略 〗

三、调解前的准备——书记员辅助调解的操作步骤

（一）判断有无调解空间

收案后，书记员应通过查阅案卷材料、谈话等方式，初步了解案件的来龙去脉，梳理法律关系及争议焦点，查看案件事实是否清楚、证据是否充分、权利义务是否明确，进而分析各方当事人的优势条件和不利因素，对案件是否具有调解的可能性进行预判。

（1）征询双方调解意愿。具有调解可能性的案件，书记员应进一步询问当事人是否有调解意向，是否同意调解。当事人同意调解的，询问双方具体调解方案，毫不犹豫地大胆做调解工作；当事人不同意调解的，明确双方矛盾症结及共同利益，判断有无调解空间。

（2）适时进行调解意向引导。如果当事人暂时没有调解意向，但案件有调解可能的，应适时进行调解意向的引导，力争形成初步调解意向，之后通过阐述法理情理、分析利弊等方法，及时跟进并最终促成调解意向。

（二）弄透案情寻找调解切入点

在查阅卷宗材料、打电话或当面询问当事人的基础上，充分了解纠纷发生的经过，明确争议的焦点，抓住主要矛盾，进而分析当事人提起诉讼的动机，找准纠纷产生原因和双方自行未能达成和解的原因，以此作为调解的切入点，对症下药，重点突破。

（三）事先与法官或法官助理确认调解方案

在组织调解前，通过书记员事先与双方的沟通和了解，可以确认双方有调解意向。如果需要书记员暂时单独组织调解，书记员一定要先与法官或法官助理沟通调解方案。

组织双方调解时，书记员可以根据事先与法官确认的调解方案，代表法院寻求各方当事人的最大让步，选取各方当事人能够接受的、可行的折中方案，供各方当事人考量。书记员可以鼓励当事人特别是原告作出一定让步，减少或放弃某些诉讼请求，但不能为了达成调解协议，无原则地要求原告让步，也不能只注重原告的利益，不考虑被告的合法权益。

（四）双方有良好调解基础及时促成和解

双方已有调解方案的应尽快制作调解书。如果一方当事人有调解意向和调解方案，应及时与对方当事人沟通意见，努力弥合分歧、促成和解；双方当事人已经自行协商，达成初步和解意向或已经达成和解协议的，应尽快安排谈话，召集双方当事人到法庭进行调解或确认和解协议，并制作调解书。

四、调解中的沟通环节——法官主持调解的沟通策略

全面、充分告知各方当事人享有的诉讼权利和义务后，可以选择背对背分别进行或面对面共同进行调解工作。

（一）厘清事实吃透案情

调解前，要先收集有关信息，了解纠纷的起因、经过和性质，了解双方当事人的个性及昔日的关系，找准当事人的认识误区和问题症结，把所涉案件的事实、适用的法律搞清楚。尽量全面了解当事人各方的家庭状况、社会关系和诉讼心理，摸清双方当事人调解意愿、目的及心理底线，了解案件背后隐藏的问题和症结，及时分析案件当事人的核心利益、可让步利益和共同利益。这个过程是调解的基础环节，如果盲目介入，不但不容易搞好调解工作，反而会因对整个过程和当事人的情况缺乏了解，使调解工作陷入被动，甚至恶化，并激起当事人对调解者的抵触情绪。

在准确归纳争议焦点、查明事实、分清是非的基础上，法官可以结合案情准确判断双方当事人可能接受的利益平衡点，抓住彻底解开当事人纠纷的钥匙，引导当事人权衡利弊，争取双方共同利益的最大化，提出更易于被当事人接受的合理的调解方案，从而促成调解协议的达成。

（二）语言和方法保持中立

在调解工作中，要按照法律规定和事实进行调解，不要为了达到调解的目的，放松对案件基本事实的把握和要求，采取呵斥、压制当事人的语言。这样的做法会影响到当事人对法院的印象，给当事人以法院偏袒对方的不良印象。

一般情况下，调解分为双方调解和分别调解两种，分别调解对于化解矛盾、平复情绪等方面具有双方调解不具备的优势，法官往往采取背对背的分别调解方式。在简单案件中，法官往往将调解的重点放在做被告工作的方面，但一定要注意方式方法，不要因为背对背调解，让另一方当事人误以为法官私自会见对方当事人。

（三）帮当事人卸下防御

宽松和平的氛围更利于当事人不受情绪的影响，寻求内心真实意愿，清醒理智地作出选择，也利于当事人卸下防备，降低对抗性，帮助法院最大可能地了解当事人的真实意愿表达，促成和解的达成。

对于当事人的意见应仔细倾听、耐心解答，时刻关注当事人的情绪变化，慢慢拉近与当事人的心理距离，耐心做当事人的思想工作。如果一方当事人提出的要求过高、表现的言行过激，应及时制止，避免激化矛盾，破坏调解的效果。

（四）结合DISC性格分析法识别当事人的真实需求

不同的案件当事人，在文化素质、认知程度、脾气性格、道德观念、法律意识和价值取向等方面存有差异。开展调解工作时，应针对案件的性质、难易程度和不同当事人的具体情况，进行具体分析，选择恰当的时间和场合，采取恰当的形式，运用恰当的语言，确定相应的调解策略，制定可行的调解方案，力求调解的达成。

对于对法院心存不满、充满怨气、固执己见的D型当事人，调解时要报以理解与同情，耐心地倾听当事人诉说委屈，释放怨气，并适时而有针对性地做好疏导工作，消除当事人的负面情绪，引导当事人回归理性解决问题的轨道。

对于胡搅蛮缠、各种不切实际要求的I型当事人，抓住当事人主张不当的关键点，明确指出其在诉讼中不利因素，促使他们放弃不切实际的诉讼要求，帮助他们分析其诉讼主张的可行性及原审中胜败诉的原因，打消当事人的侥幸心理和种种顾虑，要帮助当事人对其诉讼主张理出清晰思路，便于在诉讼过程中，更充分有效地行使自身权利。

对于 C 型当事人，法官要以理服人，从不同角度摆事实、讲道理，为当事人详尽分析案件利弊得失。通过对案件透彻的利害分析，显示出法官为双方解难题的诚意，取信于当事人，赢得配合。

对于 S 型当事人要以情动人，引导当事人换位思考，要不厌其烦，结合案件实际情况，以更细心、更耐心、更热情的态度一遍又一遍为其详细释明法律，提出解决纠纷的合理化建议供他们选择。通过入情入理的分析，促成当事人接纳调解方案。

对于不希望裁判文书上网、极其重视企业或个人声誉、隐私的当事人，可以抓住其不愿公开的心理，努力促成调解的达成，减少当事人的曝光。

关于参与调解工作的当事人主体，如果仅有当事人本人参与，应尽量使用通俗易懂的语言；如果双方均有律师在场，可以使用规范性的专业术语；如果有决策权的人员参与调解，可以充分沟通、快速决策，避免来回拉锯、错失良机。

对于违反法律规定或怠于履行法定义务的当事人，可以采用震慑法，向其释明行为的性质和法律后果，对其进行法律震慑和说服教育，消除抵触对抗心理，促使其自觉停止违法行为或履行法定义务。

（五）向外部主体借力

很多纠纷关系复杂、矛盾交织，需要从多个矛盾中找出主要矛盾，有时候借助外部主体力量共同参与调解，更有益于促成调解，达到事半功倍的效果。如涉农村纠纷，可以邀请当地德高望重的长者或村干部；婚姻家庭纠纷可以请长辈从中协助调和，可以邀请与当事人有特定关系的亲属、村委会或居委会的工作人员或单位的领导；两个单位之间的纠纷可以邀请共同上级主管单位。

对当事人做调解工作时，也要注重充分发挥诉讼代理人的作用。当事人对于诉讼代理人有较强的信任感和依赖性，法院可以借助诉讼代理人的力量，向当事人解释相关法律、政策规定，阐明案情，分析利弊，帮助当事人正确认识、理解并接受法院的调解的工作。

（六）情理法相结合

存在调解空间的，采用背对背调解方式，运用情理法相结合法则，充分倾听各方当事人陈述意见，从倾诉中找到问题症结对症下药。当事人之间存在血缘、亲情、友情、爱情等感情关系时，不能简单机械地适用法律，应运用法、理、情相结合的方式，结合案情进行讲法、说理、用情，从当事人角度考虑问题，挽救关系、化解矛盾。如对于离婚、赡养、扶养、抚养、分家析产、继承等婚姻家庭纠纷，可以从当事人之间存在的共同的利益、共同的心理、共同的生活环境、共同的感情经历等切入，结合双方当事人的恋爱经历、婚姻生活分析双方当事人的感情基础、对家庭的付出、对长辈的敬重、对孩子的关爱，灵活运用"面对面""背靠背"的方式，关注当事人的心理变化，恰当选择唤起旧情、消除隔阂、打破不正当幻想、关注子女利益、冷却处理、趁热打铁、批评教育等方式，劝说当事人换位思考，动之以情，晓之以理，唤起其对和睦家庭的回忆和向往，使其心灵受到触动和感化，进而消除对立、重归于好或互相让步、达成一致。

涉及父母子女的案件，为双方当事人提供友好沟通、相互解释、争取谅解的机会，从孩子、老人的利益角度劝说当事人珍惜现有的生活，可以说："父母已经这么大岁数了，虽然可能有这样那样的缺点，让你感觉不舒服、不公平，但想一想他们含辛茹苦把你拉扯大，他们的问题可能是他们那个时代的陈旧思想造成的，你应该学着谅解和包容一下。而且，你现在也有自己的儿女了，也应该给子女做个榜样。"

涉及邻里的案件，可以说"远亲不如近邻，冤家宜解不宜结，现在问题已经发生，我们要想怎么解决，大家要冷静下来，都应该向前看，尽量互谅互让、不伤和气地解决问题"。

再如对于工伤损害赔偿纠纷或医疗事故责任纠纷，可以从维护受害人的切身利益和家庭基本生活的同理心的角度切入，想当事人之所想，急当事人之所急，以情感人，以理服人，注重换位思考，唤起恻隐之心，要带着满腔热情工作，既不能敷衍塞责，更不能生冷硬推，法官为当事人着想，不厌其烦地反复做思想工作，同时力所能及地为当事人设身处地解决某些实际困难，如帮助当事人办理低保等，往往能让当事人深受感动，理解法院是在为他们做工作，从而接受法官的调解。

帮助当事人建立起互谅互让互信的良好基础，努力达成调解协议，并在调解协议履行过程中及时回访、督促落实，确保赔偿款全部履行完毕，充分保障受害人的切身利益。

五、调解中特殊情况的处理

（一）当事人质疑书记员一人调解的合法性的沟通策略

实践中，因为法官或法官助理比较忙，书记员有时一个人主持调解，若当事人提出异议，要求法官主持调解，书记员应当满足当事人的要求，请法官主持谈话。书记员也可与当事人沟通，先进行调解谈话，在调解谈话结束前请法官再来确认谈话内容。达成调解方案的，当场出具调解书，这样能够节省法官的时间。

（二）调解方案存在争议时的沟通策略

在调解过程中，当事人对调解方案中的某些条款会存在较大争议，无法达成一致意见。此时，书记员可以与双方确认暂时搁置该条款，继续就其他条款进行讨论，如果双方坚持该争议条款的解决是调解继续进行的前提，书记员若无法解决，则需要及时请法官或法官助理出面主持，由法官或法官助理征求双方的意见并负责解决争议。法官或法官助理应了解双方对于争议条款的意见差距大小以及产生争议的原因，进一步了解各方当事人可让步的最大空间，判断有无调解成功的可能。如果双方调解意见差距过大，不再组织调解工作；如果双方调解意见差距不大，进一步做当事人的思想工作，尽力弥合分歧达成一致。

〖案例讨论〗

原告李某（男方）与被告赵某（女方）双方结婚8年，下有尚在低龄正待抚育的儿子（7岁）。男方认为女方在其找工作期间对其不忠，女方平日里时有赌博恶习，有不顾家事之实；女方认为自己并无不忠，只是贪爱小赌，孝顺公婆，双方均坚决要求离婚。同时，双方为争夺未来的孩子抚养权，势同水火，互不相让。

◇讨论问题：

对于上述情况，你作为法官，应如何开展调解工作，如何处理？

◇讨论提示：

（1）寻找双方矛盾症结，确定双方争议焦点，即男方认为女方对其不忠、有赌博恶习、不顾家事；女方认为自己并无不忠、贪爱小赌、孝顺公婆；

（2）明确双方利益一致目标，寻找调解可能空间，如双方争夺孩子抚养权可见双方对于孩子利益最大化的追求是一致的，均希望孩子能够健康快乐成长；女方称孝顺公婆，说明双方对于男方长辈是敬重孝敬的。

（3）运用情理法相结合法则，从孩子、老人的利益角度劝说当事人重归于好，寻找调解突破口，可请长辈从中协助调和。

第二节 律师参与调解的沟通策略

案例情境

王律师代理了一件买卖合同纠纷案件，王律师是原告的代理人，委托代理协议中约定了风险代理条件，王律师可以拿到执行到位款项的20%作为风险代理费。在法院审理中，原告未出庭，王律师出庭参加诉讼，法官组织双方调解，在调解过程中，被告称公司目前已经不再经营，无能力支付货款，但是如果原告放弃一部分货款，被告的法定代表人可以个人承担支付货款的责任。王律师也查询过被告涉及的案件很多，目前都在法院执行，但因为王律师担心被告故意隐瞒财产，还担心如果调解了，律师费也会相应减少，王律师很纠结。

调解结案对律师而言是个省时省力的事情，因此，律师要重视调解的作用，积极参与调解，还要掌握一定的调解沟通策略。

〖 **知识储备** 〗

一、司法调解阶段及特点

根据所处的阶段不同，司法调解可以分为一审诉前调解、一审诉中调解、二审调解、再审调解和执行调解五个阶段。

（一）一审诉前调解及特点

一审诉前调解，是指案件进入法院立案程序前的调解。在当事人产生纠纷后，双方可能寻求第三方调解，本阶段调解的特点是双方的证据未经充分质证，期望值都很高，尤其是打算主动起诉一方的期望值更高，律师调解的难度最大。

（二）一审诉中调解及特点

一审诉中调解，是指在法院一审审判阶段由法官主持的调解。根据法官习惯的不同，可以分为开庭前的调解、法庭辩论结束后的调解及休庭后的调解三种。

开庭前的调解难度小于一审诉前调解，因为当事人基于对法官的信任，法官适当做风险释明后，能够降低当事人的期望值，调解难度也相应降低。

法庭辩论结束后的调解难度不能一概而论，主要根据证据质证和法庭辩论情况而定，如果经过开庭，原告的证据比较有优势，则原告的调解难度会增加，被告的调解难度会降低；如果原告的证据没有优势，原告的调解难度会降低，被告的调解难度会增加。

休庭后的调解难度同法庭辩论结束后的调解难度相似，不再赘述。

（三）二审调解及特点

二审调解是指进入二审程序的调解，主要针对的是一审判决作出后，一方不服提出上诉，在审理过程中，法院可以进行调解。

针对二审调解，如果当事人提出新的诉讼请求，二审可以一并调解处理，但若调解不成，当事人只能另诉解决。

在二审调解中，因为一审的结果基本上是对一方有利的，因此，对该有利的一方，调解难度相对加大，对不利的一方，调解难度相对较小。

（四）再审调解及特点

再审调解是指案件进入再审程序中的调解。再审程序针对的是法律文书已生效案件的再次审理程序，调解难度要根据案情具体判断。一般而言，再审申请人的调解难度相对较高，因为再审申请人启动了再审程序，而且成功再审，这就说明该案的证据对该方有利，所以调解难度高，而再审案件的另一方当事人也就是被申请人的调解难度相对较低。

（五）执行调解及特点

执行调解，又称执行和解，是指案件进入执行程序中的调解。通过执行调解，当事人可以变更生效法律文书的执行方式，执行调解协议履行完毕后，原生效法律文书就不再履行。

在执行调解中，一般而言，申请人的调解难度相对较大，因为申请人是胜诉方，其心里期待值非常高，又有法院的强制执行措施作为后盾，调解难度非常大。但是，若被执行人没有履行能力或者只有部分履行能力，申请人的调解难度相对降低，可以进行调解。

二、注意事项

（一）调解权限的获取

调解涉及客户需要放弃部分利益，因此律师要在代理调解前取得相应的授权，在民事诉讼中，需要取得代为调解或和解的权限。在实践中，有的律师为了规避调解风险，在授权时不要求客户授权代为调解或者和解，因此在诉前调解阶段或是庭审中也无需代理调解或和解工作，而是客户需要自行参与调解。这种方式虽然可以给律师减少相应的工作量，且规避风险，但客户体验不太好，客户委托了律师代为处理诉讼事宜，但实际上仍然要出庭参与调解，有的客户会认为浪费了自己的时间，聘请律师的必要性不大。

（二）客户利益高于律师利益

为了保障客户利益，减少诉讼成本，律师可以在诉前对有意愿接受调解的当事人建议通过调解尝试先行解决纠纷。

在有的案件中，律师的委托代理合同中约定，调解结案的律师费低于判决结案的律师费，因此，在案件有可能达成调解时，律师的利益可能受损，此时，律师一定要坚持客户的利益高于律师的利益，只要客户同意调解，律师必须最大可能促成调解，不能为了多收取律师费而故意不促成调解。

（三）通过调解实现利益最大化的方法

在调解中，有的当事人借助调解不断减少自己应当履行的义务。比如，在审判阶段调解时，原告作出让步，但调解书生效后，被告仍然不履行义务，原告申请执行，进入执行阶段后，被告仍然要达成执行调解，再次要求原告让步，通过这种分阶段调解的方式不断要求对方让步，实现自己利益的最大化。

针对上述行为，原告也有应对策略，可以在调解书中加入被告不履行义务的制约条款，比如，针对分期履行的情况，若被告未履行或未全部履行任意一期义务，则剩余义务自动全部到期；针对原告放弃部分金额的情况，规定若被告未履行或未全部履行付款义务，则应当支付一定的违约金。

三、律师调解中的沟通策略

（一）获取客户的调解底线的沟通策略

虽然律师的授权中有代为调解的权限，但律师在调解前一定要征求客户的意见，询问客户能够接受的调解底线，并留下书面证据，一旦将来客户反悔，律师也能够证明该调解方案系客户同意的。如果有可能，可以邀请客户一起参与调解，由客户决定是否接受调解方案。

（二）在调解中争取利益最大化的沟通策略

在调解前，法官或书记员一般都会征求律师调解方案，要求律师提供能够接受的底线，便于法院组织调解。对于律师而言，可以给法院提供调解方案，但一定不能将调解底线提供给法院，因为在调解中多数都是背对背调解，律师无法获知对方的底线，但法官能够掌握双方的底线，法官很可能会在双方的底线附近调解结案，这样不利于最大化维护客户利益。

（三）调解中规避风险的沟通策略

如果最终的调解方案低于客户的底线，律师不能擅自决定接受调解方案，而是应当立即与客户取得联系，告知目前的调解方案，由客户决定是否接受，根据客户的指示决定是否同意调解方案，在与客户沟通时一定要留下证据，避免客户将来反悔。

即使调解方案接近客户的底线，律师仍然不能立即决定接受调解方案，还要与客户沟通，详细说明调解的难度和律师的努力，由客户最终决定是否接受调解方案，避免客户认为律师未尽力维护其利益。

此外，律师还可以不要求调解的权限，即使法院通知调解，也以没有授权为由要求客户一同前往，由客户决定是否接受调解方案。

（四）调解中要避免引起法官反感

在调解中，如果遇到法官向己方委托人释明的风险不准确，而律师对此又非常确定，此时，律师可以私下与委托人沟通，讲明自己的判断，让委托人在决策时可以参考，但切忌直接指明法官释明的风险存在偏颇，更不要当面指责法官。

（五）律师在各调解阶段的特殊沟通策略

1. 一审诉前阶段调解的沟通策略

一审诉前阶段的调解是难度最大的，在有的案件中不知道对方的证据情况，而且委托人也可能会故意隐瞒对自己不利的证据，律师无法全面分析自己委托人的风险。因此，该阶段的调解要首先要求委托人全面介绍纠纷发生的原因并提供证据，释明隐瞒事实的风险，然后尽可能地分析委托人面临的风险，与委托人商定调解方案，按照委托人的方案进行调解。

2. 一审诉讼中调解的沟通策略

在一审诉讼中的调解，鉴于双方基本上都出示了证据，能够合理判断委托人面临的法律风险，律师在明晰委托人的风险后，应当向委托人释明，进行权衡利弊分析，再与委托人确定合理的调解方案。

3. 二审阶段调解的沟通策略

在二审阶段的调解中，基于司法实践中二审改判和发回重审率非常低，作为二审的被上诉人，其一般处于优势地位，除非有新的不利证据出现，否则很难接受与一审判决结果相差甚远的调解方案。

作为二审的上诉人，其一般处于劣势地位，除非有新的有利的证据出现，否则二审很难改变一审结果。因此，只要二审的调解方案比一审好一些，代理律师可以考虑劝当事人接受这种结果。在与当事人沟通时，要讲明司法实践中二审发改率很低的客观事实，让当事人选择对自己最有利的方案。

4. 再审阶段调解的沟通策略

再审阶段的调解中，基于司法实践启动再审非常困难，比二审改判和发回的概率更低。因此，一旦进入再审程序，再审申请人会处于非常有利的地位，其期望值会非常高，律师要合理分析法律风险，不要强行降低再审申请人的心理预期。相反，被申请人此时会比较被动，律师要向被申请人委托人讲明面临的法律风险，降低被申请人的心理预期，尽可能达成能够接受的调解。

5. 执行阶段和解的沟通策略

在执行阶段，申请人和被执行人在调解时的难度会发生变化。在被执行人有履行能力时，申请人处于优势地位，此时很难达成执行和解，申请人的律师也不用考虑和解。作为被执行人的律师，如果被执行人表达了和解的需求，可以尝试与法官联系，但成功的可能性非常低。

在被执行人没有履行能力时，若双方有执行和解的意愿，申请人比较被动，因为被执行人没有履行能力，需要借助第三方代其履行义务，法院的执行措施对被执行人作用有限，申请人要么面临任何款项执行不到位的风险，要么放弃部分利益与对方达成和解，因此申请人比较被动，被执行人比较主动，双方的代理律师要知道各自委托人的风险，合理确定各自委托人的心理预期。

在被执行人有部分履行能力时，双方处于平等的博弈阶段，达成的执行和解可能是分期履行义务，也可能是申请人放弃部分利益，需要根据各自的需求来确定。双方代理律师要合理利用各自的优势进行谈判，从而达成对自己委托人最有利的执行和解。

〖 **案例讨论** 〗

张律师代理一买卖合同纠纷案，法院组织双方调解，张律师在参加调解前与客户电话沟通了调解方案，但未录音。在调解过程中，对方的调解方案低于客户的心理预期，张律师想说服客户同意调解，分析了调解的各种好处，客户最终同意了对方的调解方案，客户拿到调解书后反悔了，投诉张律师未尽到代理义务。

◇讨论问题：

张律师存在哪些方面的工作失误？

◇讨论提示：

（1） 张律师在参加调解前与客户电话沟通了调解方案，但未录音。

（2） 调解是以自愿为基础的。

第九章　开庭审理

本章要点

◇ 法官庭审的沟通策略

◇ 书记员辅助开庭的沟通策略

◇ 律师参加庭审的沟通策略

第一节　法官主持庭审的沟通策略

案例情境

一起房屋买卖合同纠纷中，出卖人李某某起诉至原审法院称：我是房屋的所有权人。我以贷款方式购买了房屋，因我平时不在北京居住，故将房屋交给我的儿子王某打理，平时的贷款也是由我不定期汇款给王某，让他替我偿还。2010年5月，房屋的所有权证书下发，我和王某一同到房产局办理产权证，王某那时才说出背着我把房屋卖给刘某某的事情。我当时就和王某大吵一架。我购买房屋是为了今后在北京颐养天年，结果王某未经我的授权将房屋出售他人，侵犯了我的合法权益。我多次找到刘某某，让他交还房屋，但刘某某拒绝。我认为刘某某和王某侵犯了我的合法权益，故我诉至法院要求：（1）宣告刘某某与王某签订的房屋买卖合同及补充协议无效；（2）刘某某将房屋返还给我；（3）刘某某按标准赔偿房屋使用费。

刘某某辩称：2009年2月至3月，我找到我爱我家公司买房。我爱我家公司向我推荐了房屋。看房时，是我爱我家公司员工拿着钥匙开的门，当时屋内还有物品。到了签合同的时候，王某、王某的爱人以及中介公司员工都在场，王某出示了自己和李某某的身份证、李某某的户口本、李某某从开发商处购买房屋的买卖合同复印件、李某某委托王某从开发商处收房的委托书原件。此外，王某还签署声明，表明自己有权出售李某某名下的房屋。在签署买卖合同时，王某还走到屋外给李某某打电话商量价格。在此情况下，王某以李某某的名义和我签订了买卖合同。合同签订后，王某将房屋交付给了我，我也入住房屋至今。在双方签订买卖合同时，王某出示的证据足以让我们相信其有李某某的授权。在房屋出售后，王某还将房屋的贷款全部还清，在此情况下，李某某应当明知售房的事实存在。此后，王某还在北京市另购住房一处。综合上述情况，李某某不可能不知道或者不同意王某出售房屋。现在李某某提出诉讼，就是因为房价上涨，不想卖房。我不同意李某某的诉讼请求，双方的买卖合同有效，应当继续履行。

王某辩称：李某某确实曾委托我到开发商处收房，我在卖房时携带了自己的身份证原件以及收房手续的原件，其他材料都是复印件。卖房时，我确实没有经过李某某的同意，只想先把房卖了，再告诉她。贷款也是我到贷款银行还的，银行并不需要李某某到场。双方签合同时，我确实到屋外去过，但不是给李某某打电话，只是去喝水。售房声明也不是我起草的，是我爱我家公司要求我在格式声明上签的字。我同意李某某的诉讼请求，也愿意退还房款，但刘某某不同意。我认为合同无效，希望法院尽快做出判决。

中介公司述称：刘某某陈述的售房过程基本属实，王某一直称自己是国家机关工作人员，不会说谎，并称其有权利出售房屋。我公司要求王某出具李某某同意出售房屋的委托书，王某当时说没有，但可以后补，但之后王某就再没有补交过委托书。我公司认为王某代李某某订立的买卖合同合法、有效，应该继续履行。

面对上述情况，作为法官应该采取何种沟通技巧，通过庭审查明案件事实，并作出判决？

〔 **知识储备** 〕

一、开庭审理的定义

开庭审理，是指法院在当事人和其他诉讼参与人的参加下，按照法定的方式和程序对案件进行全面审查并作出裁判的诉讼活动。

庭审是法官代表国家行使裁判权的活动，只能由法官主持，但法官助理和书记员作为审判辅助人员，可以参与案件的庭审，辅助法官顺利完成庭审，排除干扰庭审因素，确保庭审有序、高效。

二、开庭审理的作用

庭审作为案件审理最关键、最核心的环节，是当事人行使诉权和法院行使审判权最集中的体现，庭审认定的事实和确认的证据将作为裁判的依据，对法院正确审理案件具有重要意义。

一是确保法院正确行使审判权。通过开庭审理，审判人员依法对案件的事实进行客观认定，对证据进行全面核查，分清是非责任，正确适用法律，对案件作出公正处理。

二是保护当事人的诉讼权利和实体权利。通过开庭审理，当事人可以充分行使诉讼权利，自觉履行诉讼义务，保证庭审活动的顺利进行，进而保障当事人的实体权益。

三是实现对诉讼活动的有效监督。通过开庭审理，案件的审理过程置于诉讼参与人和旁听人员的监督之下，有助于提高审判活动的透明度，保证案件的公正处理。

〖 **操作策略** 〗

三、法官出庭语言的具体要求

（一）准确规范

开庭审理作为审判权行使的主要方式，使用准确规范的审理语言是完成开庭审理的必然要求。规范使用法言法语，力求语言标准、简洁、规范。

在主持庭审时，要有针对性地组织、引导当事人围绕诉争要点进行举证、质证和言词抗辩，准确归纳案件争议的焦点，对证据的真实性、合法性和关联性进行认真分析，努力做到当庭认证，提高当庭认证能力。法官庭审语言偏离中立立场，给当事人易造成受到不平等对待的印象。如在一些案件中，有的法官经常打断当事人或委托诉讼代理人的陈述，使其丧失了充分陈述的权利。有的法官经常使用提示性问话"你要求对方承担的是什么责任？是连带责任吗？""你是不是要追加保险公司？"等。这些话语使法官偏离了公正的轨道，使当事人对法官的公正性产生怀疑。

（二）通俗易懂

语言是用来沟通交流的，如果彼此听不懂，或者一方听不懂另一方使用的语言，那么这种语言就不能实现沟通交流的功能。制约我国法庭语言功能表达的障碍不少，如方言问题，各地方言各异，听不懂方言是常有的事情。在庭审中各方主体听不懂彼此或者一方的方言，法庭的庭审就很难正常进行。实践中当事人、证人、律师、法官、检察官听不懂一方方言的事情经常发生。

当事人使用方言或者少数民族语言时要注意两点：一是诉讼一方只能讲方言的，应当准许；他方表示不通晓的，可以由法官或者书记员用普通话复述；二是使用少数民族语言陈述，他方表示不通晓的，应当为其配备翻译。

要防止法律语言过于专业化，不能适应目前当事人文化素质和法律素质参差不齐的现状。如有些当事人文化素质和法律素质相对较低，而法官仍然使用"答辩""回避"等法言法语，一定程度上影响了当事人行使诉讼权利。对于缺乏相应诉讼能力的当事人，法官在主持庭审时要尽量用通俗易懂的语言向其说明相关意思。

（三）审慎谦和庄重

法官最常用的语言句式是疑问句和祈使句。提问、反问的句式选择和使用"命令""禁止"的语气体现了言语的强势。该类句式和语气的选择虽然使得法官能够有效控制庭审的内容和时间，但无法将庭审建立在与当事人的共同理解的基础上，可能导致当事人丧失对于庭审的信心。因此庭审中要在注意言语的审慎庄重的基础上，尽量语气谦和。在询问案件时，更多地使用引导的话语引导当事人陈述事实。若要批评当事人的某些错误言行时，将语气上的指责变为关心，采用低姿态、唠家常的方式劝导当事人。切忌使用人身攻击的语言，切忌将粗话脏话带到庭审中。要坚决杜绝"官本位"思想，对待当事人态度生硬，当庭斥责当事人，随意打断当事人的陈述。如"我叫你说你再说""别说那些没用的""有完没完""别说了，行不行"等。

（四）音量、语速适中

音量和语速会对语言的受方产生影响。在庭审过程中，作为更为"权势"的主体，法官要控制庭审音量的大小、语速的适中，以避免给当事人造成不必要的困惑和遐想。告知有关事项时语气平稳、缓和，句间要停顿适中；运用警示性、命令性、指示性语言时，简短有力，指示明确；质证和对案情回叙时语言简明扼要、逻辑清晰；发问时内容明确，语气平缓。对于法律及其他文化知识相对欠缺的当事人及其代理人就相关法律语言及时予以释明。避免交代诉讼权利义务等内容时吐字不清、语速过快等情况的发生。

（五）注重仪容仪表

法庭庭审的过程是司法裁判权实现的重要载体，法官的仪容仪表在某种程度上也代表了国家审判机关的形象。试想如果一名法官在庭审的时候精神涣散、坐姿不端、衣冠不整，那么很容易给审判活动的参与者留下随意乃至轻浮的印象，进而影响司法的公信力。因此，在法庭庭审时要注意仪容仪表的庄重。具体要求如下：

（1）坐姿端正，杜绝各种不雅动作。关于人们的举止动作，古有"坐如钟，立如松，行如风""头容正，肩容平，胸容宽，背容直""颜色宜和、宜静、宜庄"等要求。法官在主持庭审中，要坐端正，抬头、挺胸、收腹，双腿并拢、双脚尖略分开、双肩平直、双手置于法台之上，双目平视前方。法官不可将头部仰靠在椅背上；不能架"二郎腿"，更不能反复抖动。

（2）集中精力，专注庭审，不做与庭审活动无关的事。庭审时法官要集中精力专注于案件的事实认定和法律适用，不要左顾右盼，看无关的书籍、做其他与庭审无关的事情。另外，庭审中，法官的举止动作要端庄、大气，尽量避免拘束之态，给人眼界不高、没见过世面的感觉。同时要避免不必要的小动作，如揉眼睛、掏耳朵、修指甲等不雅举动。

（3）不得使用通信工具、在审判席上吸烟、随意离开审判席等。庭审是庄重的活动，不得做和庭审无关和违反庭审规则的行为。法官应当举止恰当，要求法官庭审中的一切举止动作，都要尽可能地符合礼仪规范，使之适时、适事、适宜。超越或达不到"礼"的标准，同样都是失礼于人。

（4）礼貌示意当事人及其他诉讼参加人发言。一般情况下，在当事人发表意见的过程中，法官应以自己的举止动作对其暗示、鼓励、安抚。合乎规则的做法：双眼注视对方，聚精会神，并且适时点头或作出适当回应。此刻，法官如果心不在焉或频频摇头，则会给对方留下较差的印象。

（5）严格按照规定使用法槌，敲击法槌的轻重应当以旁听区能够听见为宜。法槌的使用要严格按照规范，一般情况下在宣布开庭和休庭时使用，如果当事人存在扰乱庭审秩序等需要使用法槌制止时，敲击不宜超过三下。

（6）规范着装。在进入法庭前必须更换好法官服或者法袍，并保持整洁和庄重，严禁着便装出庭；合议庭成员出庭的着装应当保持统一。着装反映一个人的形象，是其思想与情感的无言表白。作为法官，着装更应当体现出相应的尊严与礼仪。法官整理与修饰自己的仪容使之干净、整洁、卫生、简约、端庄。庭审着装应当符合应制原则，该原则最能够真切地反映出法官自身的教养，"此时无声胜有声"地强化着他人对法官的印象。应制原则主要包括三点：一是制度化。对于法官的着装，尤其是在其代表法院行使裁判权时的着装，要按照制服规定，正确穿着制服。二是系列化。在着装时，要树立全局思想，使衣、裤、裙、帽、鞋、袜、包等相互搭配，例如，穿法袍时，应穿深色袜子和皮鞋，不宜穿白色、浅色袜子或拖鞋、布鞋、凉鞋、旅游鞋等。三是标准化。要求在着装时，要按照各种服装的穿着标准来着装，切不可随便乱穿。例如，在穿法袍时，不允许敞怀。

四、法庭调查的主要任务及沟通策略

法庭调查的主要任务是法官通过双方当事人围绕诉讼请求和理由的当庭陈述、当庭举证质证来审查核实证据并查清案件事实。法庭调查阶段是庭审的核心，法官需要通过制定沟通策略，以完成查清事实的任务。

按照法庭调查的不同阶段，法官的沟通策略和技巧如下：

（一）当事人陈述阶段——倾听梳理审理重点

该阶段是由原告陈述起诉的事实理由和诉讼请求，被告发表答辩意见。该阶段，法官的主要沟通策略是耐心倾听，最好用一张白纸左侧2/3部分写当事人的陈述要点和对方答辩要点的回应，右侧1/3部分写明证据情况。无争议的事实证据，可以归纳清楚后向当事人阐明。

（二）事实查明阶段——归纳争议焦点及有效提问

（1）当庭向双方释明争议焦点。争议焦点是法庭调查的重点，确定好争议焦点，庭审就可以围绕焦点问题徐徐展开，如果争议焦点不固定会导致法庭调查不畅，审理程序反复，会导致多次开庭，难以判决。法官在向双方明确争议焦点时要注意语言简明易懂。如果有一方当事人不明白的，有必要给予简单的解释或重复说明。

针对案例情景，根据第一阶段当事人诉辩情况，可以明确王某是否有出卖人李某某的授权是关键事实。因此，法官应当释明各方围绕这一事实进行举证质证。

（2）正确分配举证责任。此处主要涉及对法律规定的理解，在此不做进一步的展开。针对案例情景的状况，应当由被告方刘某某对王某享有李某某的授权进行举证质证。

（3）围绕案件事实，进行举证质证。证据在诉讼过程中处于核心地位，当事人的主张和陈述的事实、理由，必须有充分的证据予以证明，庭审质证程序的主要任务是法官通过当事人举证、质证。法官审查认证证据材料以确定案件的基本事实情况。

法官在这个环节的主要沟通策略包括：用准确易懂的语言，归纳总结各方对证据的真实性、合法性、关联性和证明目的、意见观点，确定无争议证据，明确争议证据材料的争议点。根据证据类型和证明目的分组质证的情况分别进行总结。用语要求规范简洁通俗易懂，当事人不理解的地方可适当重复。法官尚不明确需要进一步考查的事实或证据应审慎发表意见。

（4）对证人进行询问的沟通策略。社会上存在各种利益关系以及缺乏诚实信用的环境，证人出庭作证往往存在偏袒一方当事人的情况，如何对证人进行询问以查明真实情况，需要一定的问话技巧。庭审中可以通过一些巧妙的方法询问证人与双方当事人的关系、证人所陈述事实是否系亲身经历，判断证人所作陈述是否前后逻辑矛盾，反复询问一些事实的细节等来充分确认证人证言是否可以采信，进而引导证人如实陈述。具体方法如下：

①细节探究法。可以使用封闭式提问以探究案件事实细节，要求证人提交书面证言，结合书面证言与其陈述内容进行比对，让证人陈述其要证明的事实情况，采取短问长答的方式，了解事实细节。

②疑点追问法。针对关键事实或争议事实。通过反复询问证人的方式，对疑点进行多层次、多角度的询问。一般可以让当事人交叉询问，法官可以针对关键问题进行反复询问。

③短问长答、长问短答相结合。短问长答是围绕相关事实采取开放式提问以查明真相。如果证人回避关键问题，可以迂回地对其进行提问，采取长问短答的方式问话，并适时采取追问。

④针对重点事实，有效询问。在很多情况下，对己不利的事实，当事人往往避而不谈，或者语焉不详或者以"不知道"应付。为此，法官应采用一系列的封闭式提问方式，将答案锁定在当事人只能直接回答的范围内，从而获得真实情况。

五、法庭辩论的任务和沟通策略

法庭辩论的主要任务是在法官主持下，通过当事人围绕争议的事实和适用的法律，进行口头方式的辩论，以查明案件事实和确定适用的法律。

（一）用简洁的语言指引双方围绕争议焦点展开辩论

要求各方表述准确清晰，以免使人困惑。对于争议点的问题，最好重复一遍，以便于让各方都清楚争议的焦点在哪里，可以要求各方记录争议的焦点问题，并围绕焦点问题展开辩论。通过明确焦点，较易引导当事人进行有逻辑的辩论。一般而言有律师代理的，可以实现辩论过程的逻辑性，但如果是当事人自行辩论的，容易出现情绪化的、主观化的认识，无法达到法院所需要的事实认定和法律适用要求。

在案例情景中，法官在法庭辩论时可以总结本案争议的焦点：王某以李某某的名义与刘某某签订房屋买卖合同及补充协议的行为是否构成表见代理，以及上述合同的效力是否及于李某某，并引导各方当事人围绕《民法典》第一百七十一条。进行辩论。

（二）谨防"跑题"并及时制止当事人情绪化的语言

法庭辩论的目标是让持不同意见的当事人讨论他们的观点和理由，并力图对事实和适用法律及法律后果取得共识或明确各方的观点和理由。要防止一个焦点问题未辩论完毕，就穿插进去其他的争议点。对于跑题的情况，法官可以说"我们首先对争议点 A 进行辩论，关于争议点 B，你可以在后续的辩论中展开"。如果当事人超出焦点问题喋喋不休或者带有人身攻击性的语言时，要及时制止，并告知其如果仍不服从法院的指导将会导致丧失辩论机会。

（三）主持法庭辩论要果断开明

要给当事人充分的机会阐述其观点和理由，但法官应当评估其表达的方式和观点论证的逻辑，适时进行平衡分歧点、归纳共识及确定论证的重点。运用"两分钟法则"避免当事人辩论被打断。"两分钟法则"是指当事人可以在两分钟内不受打扰地解释自己的观点，然后法官再插话表达自己的意见。这样可以确保每个当事人都有足够的时间去澄清、表达观点。

经过几轮辩论后，如果各方均没有新的辩论意见，法官应当征求各方意见，如无补充，可以宣布辩论结束。

（四）注意应对特殊情况

如果在辩论阶段有当事人提出了新的证据或事实，法官应当宣布辩论中止，恢复法庭调查进一步查明当事人主张的证据或事实情况，等法庭调查结束后，再恢复法庭辩论。

六、法庭宣判和判后答疑的沟通策略

庭审的最后结果是宣判案件的结果，法律上有当庭宣判和择期宣判两种形式。作为压轴戏的宣判程序，法官应充分做好准备，特别是应做好判后答疑工作。

（一）当庭宣判应注重声音吐字与肢体语言

（1）法官宣判时要举止自然。法官在遵守有关宣判规则的基础上，一切要从实际出发，不要过分死板，尤其是不要使自己的举止动作呆板、局促不安，或戏剧化、脸谱化。特别是在宣判时，要更加注重举止的庄重自然。

（2）要稳重。要求法官的行为要沉着稳健、泰然自若，不要毛手毛脚、风风火火。宣判时，不要做过大幅度的手势动作。宣判时，直立，抬头、挺胸、收腹，双腿并拢、双脚尖略分开、双肩平直、双手搭在小腹之前。

（3）声音要洪亮。宣判时的声音要洪亮，但不要尖刻，声调平稳，不得有嘲弄的语气。

（4）吐字清晰。使用普通话，吐字要清晰，语速要适当，注意宣判内容的繁简适当，避免长篇累牍。

（二）判后答疑应注重气氛和谐有回应

判后答疑是指诉讼案件在裁判文书宣告时及宣告后，当事人对裁判内容提出疑问的，由承办法官依照法律规定、司法解释等相关规定用通俗易懂的语言给予必要释明和析理，消除当事人疑惑和不解，促使其息诉服判的一项活动。判后答疑一般包括即时答疑和预约答疑两种答疑形式。对诉讼案件的当事人在宣判或送达裁判文书时，针对裁判内容当场口头提出疑问异议的，要求案件承办法官针对疑问异议即时进行答疑；对诉讼案件当事人在裁判文书宣判后，到有关信访部门信访，对裁判文书提出异议或疑问的，要求原案件承办法官接到通知后，与当事人预约答疑；答疑过程由书记员制作笔录，附入案卷。

（1）法官在判后答疑时须大方。法官的举止动作要端庄、大气，尽量避免拘束之态。举止动作上表现得落落大方是内心充实、视野开阔、襟怀坦荡的表现，它能够自然而然地表现出法官的丰富阅历以及自信心，因此将有助于自己获得当事人的尊重与信任。

当法官答疑时，为了表示对对方的尊重，应在适当的时候注视对方的眼睛，传达友好的信息。心理学实验证明：当两人相处时，一方注视对方眼睛的时间，只有超过了双方相处总时间的1/3，才会使对方感到他的全神贯注和对对方的重视。如果在与他人相处时，始终不敢正视他人的双眼，或是自己的双眼与对方的双眼稍一遭遇，便立刻闪避开来，则显得小家子气，更严重则显得目中无人、心怀鬼胎。不能正视他人的做法都是非常不礼貌的。

（2）法官判后答疑时需要尊重当事人。不管情绪有何变化，法官都不准盯视或斜视当事人，不能用自己的食指反复指向对方，否则就有可能被理解为侮辱或挑衅。特别要注意的是千万不要"指点"他人的头部、面孔。与当事人交谈时，不论情绪多么激动，讲话时都不要高声呐喊，特别要避免唾液飞溅。

（3）分步骤答疑。应当针对当事人提出的问题，分别就案件的事实认定、证据采信、裁判理由、法律适用、裁判主文的含义及程序等进行答疑；答疑时应注意文明接待，耐心听取意见，并运用通俗易懂的语言进行解释说明，不得泄露审判秘密。具体方法如下：

①完整说明审判思路。一般来说，判决书会对审理思路和裁判论理进行表述，但当事人的法律知识水平和理解能力各不相同，难免对审判思路不清楚、不理解。因此，法官有必要对相关法律法规的规定和案件处理的考量因素予以说明，如果当事人对法律法规的理解出现偏差，可以对立法本意进行说明。案例情境中的表见代理的法律规定就是法官需要重点答疑的内容，也是需要阐明的审判思路。

②重点解释争议焦点的认定依据和判断理由。法官在判后答疑工作中，要重点

地针对当事人争议的焦点问题进行答疑，特别是涉及案件关键证据的采信、重要事实的认定等，要着重阐述认定或者不予认定的理由、依据。针对案例情境的关键在于是授权代理行为还是无权代理行为，对现有的证据能否支持有权代理以及是否符合表见代理的规定进行重点解释和阐明。

③积极回答当事人的合理提问。当事人合理的提问，涉及判决的争议焦点和程序性问题都需要在判后答疑进行回应，将矛盾化解于未然。

④对不当行为进行纠正。判后答疑过程中，法官要格外注意当事人对审理的公正性、廉洁性提出的质疑，或者对案件背后的原因作出的揣测，要区分不同情况告知其法院的审判纪律和反映问题的渠道；对于表示要采取极端行为的当事人要做好情绪安抚工作。

⑤不对当事人提出的与案件无关的假设作回复。判后答疑过程中，有的当事人会提出种种假设要求答疑，法官要保持中立，不能对另案问题作出肯定或否定的答复，甚至指导当事人如何进行下一步诉讼。否则，一旦因各种原因导致当事人达不到其预期结果，判后答疑会成为当事人攻击法院的借口。

〖案例讨论〗

一起继承纠纷中，被继承人系高级领导干部，享受离休待遇，与被继承人一同居住的儿子主张尽了主要赡养义务，并提交了医院住院治疗的相关单据和凭证，要求法院认定其应多分遗产。

◇讨论问题：

（1）同住子女如何证明其尽了主要赡养义务？

（2）是否提交了医院住院治疗的相关单据和凭证即可以认为提交证据方支付了相关费用？

◇讨论提示：

法官根据生活经验可以发现此处证据存在漏洞：一是享受离休待遇的被继承人医疗费用一般由单位全额报销，不需要子女代为负担；二是与被继承人同住人员易于获得相应的票据；三是被继承人享有较高的离休金和医疗保障条件，并不需要子女代为负担。对于当事人隐瞒的事实真相，法官可以询问"被继承人的工资收入如何？由谁代为领取？""被继承人的工资卡由谁保管？""被继承人是否享受全额的医疗报销待遇？""被继承人的物品由谁保管？"等。

第二节　书记员辅助庭审的沟通策略

案例情境

在审理一起离婚纠纷中，原、被告对离婚都没有异议，但是对财产分割存在诸多争议，争执不下。李某系法院书记员，主要围绕原、被告关于财产的争议进行记录。经过漫长的庭审，法官走完了庭审程序，当事人均作了最后陈述。休庭后，法官离开了法庭，李某负责整理笔录，在整理笔录的过程中，李某发现法官忘记问孩子抚养权的问题了，李某该如何处理？

〖知识储备〗

一、开庭审理的主要程序

完整的庭审过程包括以下环节。

（一）开庭审理的权利义务告知

开庭审理时，由审判长宣布开庭，核对当事人，宣布案由，宣布审判人员、书记员名单，告知当事人有关的诉讼权利义务，询问当事人是否提出回避申请。

（二）法庭调查

告知权利义务后，进入法庭调查阶段，法庭调查按照下列顺序进行：当事人陈述、举证、质证与宣读相应证据文书；审判组织成员向双方发问并归纳案件争议焦点。

（三）法庭辩论

归纳辩论焦点，按顺序辩论，补充辩论。

（四）法庭调解及最后陈述阶段

法庭辩论终结，可以组织当事人进行调解，如果各方不同意调解或者无法达成调解方案，由审判长按照原告、被告、第三人的先后顺序征询各方最后意见。

（五）休庭评议或宣判

最后陈述结束后，如果当庭不宣判，则宣布休庭，如果当庭宣判，则宣布闭庭。

二、书记员辅助庭审的主要职责

（一）准备庭审提纲

开庭前应阅读案卷材料，熟悉了解案情，分析纠纷产生背景及案件主要争议焦点，并拟写庭审提纲，包括梳理并提炼争议焦点，案件事实审查，即对证据的合法性、真实性、关联性及证明力的分析，是否形成证据链足以支持或驳斥一方当事人的主张；法律依据梳理，是否穷尽法律依据，相关法律法规是否适用于本案，涉及政策的收集相关政策性文件，需要适用法律承认的习惯的，收集有关习惯的适用条件及相关习惯的基础性资料；特殊程序问题，案件是否涉及法律规定的特殊程序，是否涉及刑事或行政领域；参考材料收集，有无相关的典型案例、裁判文书或论文等参考资料，研究案件涉及的相关法律问题，尽可能做到同案同判，保证裁判尺度统一。

（二）检查法庭设备

书记员应至少提前十分钟到达法庭，检查电脑、打印机、话筒及庭审系统等硬件设备能否正常使用，检查审判区席位及诉讼参与人席位的标志牌摆设是否正确，导入庭审笔录首部。当事人提交视听资料、电子数据等证据的，检查电脑和音响设备是否正常。

如果庭审过程中出现设备故障，可以短时间内自行排除的，应在保持庭审连续性的前提下，自行排除故障。如果难以自行排除故障的，书记员应及时向法官示意休庭，向各方当事人简单说明情况，并及时联络设备维护人员处理。

（三）开庭前的核实手续

开庭审理前，书记员应当查明当事人和其他诉讼参与人是否到庭。

（1）核实当事人本人的身份。注意自然人和法定代表人的身份证、营业执照、组织机构代码证是否超过有效期，法人是否被吊销营业执照。

（2）核对诉讼代理人的代理手续和代理权限。授权委托书、身份证、律师证、律师事务所函及法人或员工的身份证明、关系证明。授权委托书有无委托人签字确认，单位出具的证明有无加盖公章。律师或基层法律服务工作者代理的，应审查律师事务所或法律服务所函，以及本人合法有效的律师证或法律服务工作者证；公民代理的，应审查当事人所在社区、单位的证明材料和推荐信；近亲属代理的，应审查近亲属的身份证及与委托人有近亲属关系的证明材料，如户口簿、结婚证、所在地派出所出具的亲属关系证明等。当事人所在单位的员工代理的，应审查其与当事人有合法劳动关系的证明，如劳动合同、社保缴纳证明等。授权委托书应载明委托事项和权限，属于一般授权还是特别授权。

上述材料欠缺或真实性存疑的，应及时向法官汇报。如果已到庭的诉讼代理人在庭审开始前未能提交齐全的代理手续，书记员应告知诉讼代理人缺少的代理手续，询问其未能提供原因并做好记录。之后，向法官汇报上述情况，请示法官是否需要延期审理。法官决定先行庭审的，书记员应将决定告知到庭当事人，并征求到庭当事人的意见，询问其可否先行开庭。先行开庭的，书记员告知代理手续欠缺的诉讼代理人休庭后补充提交相关手续材料，否则庭上发表的意见均没有法律效力。

（3）审查当事人是否具有行为能力。包括年龄、是否存在智力或精神疾病等，以及身体、情绪状况，是否身体不适、情绪激动、具有闹访倾向等。如果当事人为无民事行为能力人或限制行为能力人，应审查其法定代理人是否出庭，法定代理手续是否合法有效。如果当事人存有闹访倾向，应及时向法官报告，提请法官关注其情绪变化。

（4）审查必须到庭的当事人是否出庭。如离婚案件中的原、被告；具有抚养、赡养、扶养义务的当事人；给国家、集体或他人造成损害的未成年人的法定代理人；不到庭无法查清案情的被告。

（5）核查证人身份。证人出庭作证的，应签署《证人出庭作证承诺书》，书记员应审核证人身份，并留存证人身份证复印件、《证人出庭作证承诺书》入卷备查。书记员应告知证人有如实作证的义务及作伪证的相关法律后果，证人不能参加庭审的旁听，并安排证人在庭外等候。

（6）核查旁听人员的身份。书记员应询问旁听人员的身份情况，审查其是否已经换取旁听证，并告知其旁听席位和注意事项。旁听人员是证人或鉴定人的，核实其身份后，应要求其在庭外等候。未获法院批准的未成年人、拒绝接受安全检查的人、醉酒的人、精神病人或其他精神状态异常的人以及其他有可能危害法庭安全或妨害法庭秩序的人，不得旁听。依法不公开的庭审活动，除法律另有规定外，任何人不得旁听。如有记者或外国人旁听，应向承办法官及院内相关部门汇报。

（7）未到庭人员的相应处理。如果一方当事人或诉讼代理人未按约定时间到庭参加诉讼，书记员应电话联系当事人或其诉讼代理人，确认其是否已收到法院传票，是否在途或不能到庭的原因，并及时告知法官相关情况，请示法官是否等待当事人。如果需要等待未到庭的当事人或诉讼代理人，书记员应告知已到庭当事人延时庭审的决定，将已到庭当事人妥善安置在当事人休息区或法庭内进行等待。

如果当事人申请的证人等诉讼参与人未按约定时间到庭，书记员应确认未到庭人员的身份，及时告知法官，请示法官是否需要等待，并将决定告知当事人，做相应的处理。

如果当事人申请旁听的旁听人员未到庭，由于不影响案件的审理，可以准时开庭审理。

（四）宣读法庭纪律

宣读内容应完整准确，使用普通话，语速不宜过急，应当沉稳、匀速、响亮、吐字清晰。书记员应提醒当事人、其他诉讼参与人和旁听人员关闭手机或将手机调至静音或震动状态，并着重提醒旁听人员遵守法庭纪律，不得录音、录像、摄影，不得随意走动和进入审判区，不得发言、提问，不得鼓掌、喧哗、哄闹和实施其他妨害审判活动的行为；当事人及其他诉讼参与人发言、陈述和辩论，须经审判员许可。

对于不遵守法庭纪律的人，审判长或者独任审判员可以口头警告、训诫，也可以没收录音、录像和摄影器材，责令退出法庭或者经院长批准予以罚款、拘留。对哄闹、冲击法庭，侮辱、诽谤、威胁、殴打审判人员等严重扰乱法庭秩序的人，依法追究刑事责任；情节较轻的，予以罚款、拘留。

（五）请审判人员入庭

书记员宣布全体起立，请审判人员入庭，审判人员入庭后，审判长宣布"请坐下"，让站立人员入座。当庭向审判长报告开庭前的准备工作已经就绪。

（六）传递案件材料和传唤诉讼参与人

庭审过程中，需要交换证据的，交由书记员在诉讼参与人和审判人员之间传递查阅。案件庭审有证人、鉴定人、勘验人、翻译人员等人员出庭的，法官助理应在庭前与上述人员取得联系，确保上述人员在预定时间与地点出庭。庭审过程中请上述人员庭外等候，审判人员传唤时，书记员传唤上述人员入庭。

（七）庭审记录

庭审笔录是在法庭审理过程中，由书记员制作的同步反映全部审判活动的真实情况的文字记载，是案件审理整个过程的真实反映，是法院依法作出裁决的重要依据，也是日后进行审判监督的重要材料。

庭审笔录要求形式规范，格式完整，全面准确地记录当事人和代理人、证人、法官在庭审中所说的话，按照原意记录下来，表达的观点和目的不可遗漏，尤其是当事人的主张、法官的释明、庭审突发情况等，语义完整是笔录最核心的要求。

庭审时出现的特殊情况要注意并记录。如诉讼代理人的代理手续不齐全而无法作为委托诉讼代理人参加诉讼、当事人未经准许无故中途退庭、当事人对于法官的询问沉默不语或拒绝回答、法官就某一问题向当事人进行释明、当事人对于多起案件合并开庭分别审理是否提出异议、因当事人突发疾病中止审理等情况，书记员均应在庭审笔录中进行完整、准确记录。

庭后，当事人及其他诉讼参与人查阅笔录，认为庭审笔录记载的内容与其陈述内容不一致或与实际不符的，有权申请补正，阅笔录无误后签字。书记员应及时检查是否存在漏签、错误修正、随意修改笔录、用色笔或圆珠笔签写等情况，确保庭审笔录没有问题后方可让当事人离庭。如果当事人、诉讼代理人拒绝在庭审笔录上签字或盖章，书记员应及时报告承办法官，询问当事人、诉讼代理人不签字的原因，告知当事人、诉讼代理人拒绝签笔录的法律后果，如实记录当事人、诉讼代理人拒绝签字的具体情况，并将告知过程记入笔录。当事人拒绝签字，不会影响法院对案件的裁判。

（八）收集诉讼材料并整理卷宗

庭审结束后，审查当事人提交的诉讼材料，不完整或不准确的告知当事人及时补交、补正，同时当事人有未尽意见及代理意见应尽快提交，并将诉讼材料按照卷宗归档顺序立卷。

〖 操作策略 〗

三、庭前准备工作的沟通策略

（一）向法官和当事人了解案情与庭审思路

在庭审前，书记员要与主审法官和双方当事人进行沟通，为庭审记录做好准备。

在与法官沟通时，主要询问法官的开庭思路、庭审重点和关键证据，以及特别需要注意的环节等，书记员应提前准备相应的记录模板、梳理记录思路。

在与当事人沟通时，首先询问原告是否变更诉讼请求和事实与理由；其次询问被告是否有书面答辩状，在此基础上，可以要求当事人提供拟在庭审中发表意见的电子版，直接粘贴到笔录中，节省记录时间；最后询问是否有代理人，如果有代理人，提示在开庭时提交代理手续，否则无法参加庭审。

（二）检查核实出庭人员身份时的沟通

（1）注意观察当事人的精神与情绪是否有异常。书记员需要在开庭前询问并检查当事人、证人及其他诉讼参与人的出庭情况及当事人、代理人、证人、旁听人员等身份情况，包括姓名、性别、民族、出生年月、职业、居住地址及联系方式等。在检查当事人的身份情况、与当事人进行沟通交流时，还要注意观察当事人是否具有行为能力，包括年龄、是否存在智力或精神疾病、身体及情绪状况、是否具有闹访倾向等。

如果当事人存有闹访倾向，应及时向法官报告，提请法官关注其情绪变化。

当事人矛盾尖锐且情绪激动，可能采取过激行为的，书记员应及时报告法官，并在开庭前申请安排法警全程值庭，维护法庭秩序，同时开通电子监控系统，以对庭审进行实时监控，防患于未然。如果当事人在庭前发生自伤、自残行为，应先行劝阻，并及时联系法警进行制止，造成人身伤害的，应先联系法院内部医务室进行预先处理，同时拨打急救电话进行救助，并及时报告庭领导。

（2）引导证人及旁听人员遵守相应规定。如果有证人出庭作证的，应询问证人的身份情况，要求证人签署《证人出庭作证承诺书》，并告知证人有如实作证的义务及做伪证的相关法律后果。如果证人不能参加庭审的旁听，需安排证人在庭外等候。证人不配合签署承诺书或要求旁听庭审时，应耐心做好解释说明工作，证人仍不配合的，不能允许其出庭作证。

如果有旁听人员参加庭审，书记员应询问旁听人员的身份情况，审查其是否已经换取旁听证，并告知旁听席位及注意事项。发现有未获法院批准的、醉酒的人或其他精神状态异常的人应明确告知其不得旁听。如有记者旁听，应向承办法官及院内相关部门汇报。

（3）发现有提交的身份材料不符合规定者的沟通方法。在进行出庭人员的身份材料检查时，如发现相关材料欠缺或真实性存疑的，应及时向法官汇报并做好记录。请示法官是否需要延期审理。法官决定先行庭审的，书记员应将决定告知到庭当事人。先行开庭的，书记员告知代理手续欠缺的诉讼代理人休庭后及时补充提交相关手续材料，否则庭上发表的意见均没有法律效力。

（三）未到庭人员的相应处理

（1）及时联系未到庭当事人、证人或其代理人。如果一方当事人或诉讼代理人未按约定时间到庭参加诉讼，书记员应及时告知到庭当事人，"开庭时间已到，一方当事人尚未到庭，为了庭审顺利进行，需要联系一下，请稍等"，并马上电话联系未到庭当事人或其诉讼代理人，确认其是否已收到法院传票，是否在途、何时能够到庭或不能到庭的原因，并及时告知法官相关情况，请示法官是否等待当事人。

如果当事人申请的证人等诉讼参与人未按约定时间到庭，书记员应确认未到庭人员的身份，及时告知法官，请示法官是否需要等待，并将决定告知当事人，做相应的处理。如果旁听人员迟到，不允许其进入法庭。

（2）与已到庭一方进行沟通。如果需要等待未到庭的当事人或诉讼代理人，书记员应告知已到庭当事人延时庭审的决定，将已到庭当事人妥善安置在当事人休息区或法庭内进行等待。

如果已到庭当事人出现情绪不满等情况时，应耐心安抚到庭当事人的情绪，做好解释工作，告知对方当事人未按时到庭的理由和能够到庭的时间，以及法官的处理情况。如已到庭当事人强烈要求按时开庭，或因延时开庭造成时间安排冲突等强烈要求延期审理的，应及时请示法官，并将处理结果反馈告知各方当事人。

（3）开庭时间调整应及时通知当事人。如果法官因特殊情况需要更改开庭时间，应当提前通知当事人及其他诉讼参与人，因特殊原因无法通知当事人及其他诉讼参与人的，应当在原开庭时间、地点向其说明原因，并表示歉意。如果法官因特殊原因迟到，应当庭说明原因，并表示歉意。

（四）宣读法庭纪律时声音要洪亮

宣读法庭纪律时，应要求当事人和旁听人员保持安静，不需要全体起立；宣读内容应完整准确，使用普通话，语速不宜过急，应当沉稳、匀速、响亮、吐字清晰。请审判人员入庭时，书记员需高声宣布"全体起立"。

四、庭审期间的沟通策略

（一）无法准确记录当事人陈述时的沟通策略

在庭审中，有的当事人或代理人语速较快、使用方言或有生僻词、案外人姓名等，书记员难以准确完整记录。针对这种情况，书记员可以归纳总结记录的内容，或做好标记庭后询问当事人进行补充完善，还可以示意法官及时要求当事人或代理人放慢语速、清楚吐字，便于准确记录。

如果当事人明确表示以庭后书面意见为准，书记员可以直接在笔录中载明代理意见以庭后提交的书面意见为准。当前，部分法院启用庭审语音识别系统，为了提高语音转文字的准确率，开庭前需要提醒当事人或代理人对准话筒，放慢语速，清楚吐字。

（二）发现法庭调查遗漏重要问题时的沟通策略

庭审由法官或审判长主持并发问，书记员主要负责记录工作，同时也可以提示法官或审判长询问某些关键问题。在庭审调查中，如果发现法官遗漏了重要问题，可以及时提示法官询问当事人。关于提示的方式，既可以在电脑上直接提示法官要询问的内容，也可以在法官征求各方对案件事实是否有补充意见时提醒法官，尽量在法庭调查阶段提示法官。

若法官已经休庭，但书记员发现法官遗漏了重要问题，应当立即向法官请示，并区分遗漏问题的重要程度。遗漏审查主要事实或新证据的，可以恢复庭审或另行安排庭审；遗漏审查次要案件事实或当事人已经质证过的重要证据的，可以在笔录中补充记录该问题及当事人对该问题的意见，或请各方当事人庭后针对该问题提交书面意见。

五、庭审结束后的沟通策略

（一）出现当事人对庭审笔录提出异议的沟通策略

庭审笔录应当在庭审后当庭向当事人宣读，也可交由当事人阅读，经审判长或审判员同意后，也可告知当事人在庭审后五日内来院阅读。经宣读或阅读后，当事人及其他诉讼参与人认为没有遗漏、差错的，应在笔录上签名或盖章。

当事人及其他诉讼参与人提出修改笔录要求的，应分情况应对。一方当事人对庭审笔录中记载的对方当事人的陈述提出异议，认为与实际不符的，无权更改笔录内容，当事人只能修改补正庭审笔录中记载的己方陈述内容。当事人对庭审笔录中记载的己方陈述提出异议，书记员应询问何处不一致以及修改意见，条件允许的情况下可以查看庭审录音录像，在辨别当事人提出异议的原因的基础上，分情况处理：

（1）书记员记录不准确的。如果系书记员记录原因，庭审笔录记载内容与其当庭陈述内容不一致，或记录不完整、有漏字、错字、多字的，劝说当事人不要情绪激动，询问当事人何处不一致以及修改意见，允许当事人进行修改补正。书记员可以在庭审笔录电子版中直接修改后打印，也可让当事人在原处修改补正后，修改内容较多的，在庭审笔录最后注明改动之处并书写修改意见，补正后予以签字确认。

（2）当事人陈述前后不一致的。如果系当事人原因，书记员如实准确记录，而当事人存在陈述前后不一致、有语病引起歧义，或意图推翻陈述要求修改笔录的，能够查看庭审录音录像的，向当事人出示当时的陈述内容，告知其庭审笔录系如实记录，依据"禁止反言原则"当事人不得否定先前的陈述，故不允许当事人在原处修改或删除。当事人情绪激动，称当时陈述系口误或坚持修改的，告知当事人可以在该句附近或庭审笔录最后补充修改后的内容，或单独提交书面意见予以说明，法官在案件审理过程中会查看修改内容予以综合考虑和判断；当事人仍然不听劝阻坚持在原处修改或删除的，及时向法官汇报，通常情况下仍然不允许当事人在原处修改或删除，当事人最终拒绝签字的，告知当事人拒绝签字的法律后果，并如实记录当事人拒绝签字的情况，将告知过程记入笔录。如果当事人庭后对于庭审笔录的内容有补充意见，可以在该句附近补充，予以签字确认，或单独提交书面补充意见。

（二）拒绝签字的沟通策略

（1）拒绝当事人的反悔。如果当事人庭后反悔，对当庭陈述不认可，要求予以删除，不应允许，当事人可以在该句附近进行说明。

（2）应对当事人不满意情况。如果当事人对书记员记录不满意，认为没有做到有言必录，记录不全面、不准确，而未予记录内容系当事人提出的无理主张、与案件无关内容或情绪性语言、谩骂性言语等，不应对笔录进行修改，可以向当事人耐心做好解释工作，如庭审视频已经对庭审过程进行全面准确记录，当事人认为庭审记录不全面、不准确的，可以庭后提交详细的书面意见。

（3）避免争论。如果当事人、诉讼代理人拒绝在庭审笔录上签字或盖章，书记员应及时询问当事人、诉讼代理人不签字的原因，告知当事人、诉讼代理人拒绝签笔录的法律后果，劝说配合法院工作，签字确认笔录内容，拒绝签字不影响庭审笔录效力。当事人、诉讼代理人坚持拒绝在庭审笔录上签字或盖章的，书记员应及时将此情况报告承办法官，并如实记录当事人、诉讼代理人拒绝签字的具体情况，将告知过程记入笔录，避免在现场与当事人争论或教训当事人。

（三）拒绝签收裁判文书的沟通策略

（1）可及时报告承办法官进行判后答疑，并记明情况附卷。应耐心细致宣讲法律规定，释明相应的法律后果，进行说服教育。

（2）应注意安抚当事人的情绪。如果遇到当事人情绪激动的，应避免用语言刺激对方，应努力让当事人趋于平静，恢复理智，并向其解释不论是否签收裁判文书，一审判决已经作出，合议庭无法改变，建议签收判决书，认真考虑是否上诉。

（四）遗漏签字的沟通策略

在闭庭或休庭后，整个庭审活动结束了，书记员的庭审记录工作也随之结束，但有时可能会因为疏忽，导致笔录中出现遗漏当事人签字的情况，此时，书记员应要求当事人来法院补签笔录。有的当事人也许会说等领判决时再来补签笔录，书记员一定不能同意，而是要向当事人释明：如果不签笔录，法官无法据此作出判决，会导致判决延期作出，影响当事人利益。如果当事人仍然不同意来法院签笔录，需要向法官汇报，可以由法官以核实案件事实为由传唤当事人来法院并补签笔录。

【案例讨论】

李某为民一庭的书记员，负责记录一件法定继承纠纷案件。该案有一个原告和九个被告，案件审理从下午一点半持续到下午五点。原告的语速非常快，李某的记录速度无法跟上，也不能很好地归纳原告的陈述，李某提醒过原告要放慢语速，但原告说着说着就忘记了，李某就未再提醒原告。

休庭后，法官离开法庭，李某负责校对笔录。在校对笔录的过程中，李某与当事人发生了下列对话：

被告一：书记员，庭审中原告承认过未尽赡养义务，但是没记录。

李某：这是原告的话，与你无关。你关注自己笔录就可以了。

被告一：不是的，这跟案件结果有直接关系，您必须记录上。

原告：我没说过未尽到主要赡养义务的事情，被告一污蔑我。

被告一：你肯定说过，书记员必须记录上。

李某：原告也说自己没说过，我也没记得他说过，被告一别无理取闹。

被告一：什么叫无理取闹，你也太偏向原告了，收礼了吧。

李某：你说什么呢？我一个书记员能收什么礼呀？

被告一：没收礼就如实记录，否则就是收礼了。

李某：法院有法院的规矩，不用你指挥，我不会按照你的要求办的。

被告一：你不如实记录，我就不签笔录。

李某：你随便，如果你不签笔录，我就在笔录上写明你拒绝签字，也不影响笔录的效力。

被告一：你不公正，我去领导那里投诉你。

李某：投诉是你的权利，我尊重你的权利，但是我不记得原告承认过他未尽到主要赡养义务的陈述，所以没办法记录，要不咱们回看录像。

此时，因为时间已经到下午六点多，其他当事人不同意现场回看录像，李某不知道如何处理。

◇讨论问题：

（1）其他人不同意回看录像，李某应该如何处理？

（2）李某的沟通方式是否正确？

◇讨论提示：

（1）李某自行查看庭审录音录像，如原告未作出该陈述，向被告一出示录像；如原告作出该陈述，询问原告是否同意记入笔录，同意记入的记入笔录，不同意记入的被告一可在庭审笔录最后补充自己对于原告该陈述的意见，书记员告知各方当事人法院认定当事人是否尽到赡养义务的事实还需要审查相应的证据，当事人需要提供相应证据予以证明。此后将这一情况向法官汇报。

（2）李某称被告一"无理取闹""不用你指挥"等用词存在不当，存在否定性评价，容易激化当事人情绪，导致矛盾升级，书记员用语应规范、文明、中立。

第三节 律师参加庭审的沟通策略

案例情境

王律师是一名刚执业不久的律师，第一次独立参加庭审，在开庭前，王律师详细了解了庭审程序。在正式开庭中，可能是因为紧张，王律师时而用普通话，时而用方言，法官提醒了王律师要注意用普通话，但王律师反而更紧张，担心影响当事人对自己的评价，说话语速时快时慢，法官有时跟不上王律师的思路，于是再次打断王律师的发言，要求王律师说话慢一点，重新表达观点。因为发言被法官打断，王律师忘记说到哪里了，也不知道什么样的语速是合适的语速，急得满头汗。请问：王律师该掌握哪些开庭的沟通技巧呢？

开庭是最考验律师能力的阶段，律师在开庭前应当熟悉整个案件事实，做好充分的准备，同时还要掌握一定的庭审中的沟通策略。

〖知识储备〗

一、律师在庭审中的主要目的

律师在开庭审理阶段主要参与法庭调查、法庭辩论、法庭调解和最后陈述，在法庭审理中，证据固然重要，但最终都需要通过律师的语言说服法官，从而能够获得对自己委托人有利的结果，因此，律师需要掌握庭审沟通技巧，从而通过得体的表达方式，说服法官。

二、律师在庭审中的受众目标

在庭审中，律师沟通的主要受众目标是法官和书记员，但同时还包括委托人、对方当事人及代理人、旁听群众。

在庭审中，应当围绕主要受众目标进行表述，同时要兼顾其他受众目标，如能与旁听群众形成互动，旁听群众的反应可能会给法官较强的心理影响，所以律师在法庭中沟通的受众对象不应只是法官，还应包括旁听群众。

三、常规方法

（一）表达简明扼要，避免多层级

在法庭辩论阶段，律师一般都会提前准备书面的代理意见，为了详细阐述自己的观点，每个观点中又会多层次论述，经常出现一、（一）、1、（1）等多层级结构。针对这些层级结构，如果受众目标有律师提供的书面意见，则比较容易理解这些不同的层级，如果没有书面意见，只是通过听力理解，受众目标很难完整理解这么多层级。

因此，建议在口头表达的代理意见中减少层级，最多不超过三个层级；语言表达以简洁明了为原则，在论述时要尽量使用短句，少用长句，适当使用口语表达语，便于受众理解代理意见。

（二）观点明确、重点突出

在每个层级的标题中要释明观点，吸引受众目标的注意力，然后再展开适当的阐述，不要长篇大论。大量阐述只会让法官失去耐心倾听，也会浪费有限的庭审时间，被法官打断，因此，观点明确、提纲性的阐述发言即可，如果需要详尽阐述，可以留给书面代理意见完成。

（三）保持适当语速

律师的发言要注意语速，不能过快，语速过快是很多律师的通病，律师的语速需要根据受众目标，特别是法官的理解速度、书记员的记录速度而定，并没有固定的标准。律师在发表意见时，主要观察法官的表情，同时还要兼顾书记员的记录速度，如果发现二者中有跟不上语速的，则要注意放慢语速。

（四）律师在发言时尽量脱稿

律师在发言时尽量脱稿，目的有两个：一是证明自己对案件非常熟悉，有信心能够取得理想的结果，既能够给对方当事人以威慑，而且还能在一定程度上赢得法官的好感；二是根据法官的反应调整发言方式，如果发现法官未听取律师的代理意见，则可以及时适当提高音量，并使用"代理人提醒法官注意"的表达，从而提醒法官要注意律师即将发表的代理意见。

（五）律师发言既要合法有据，又要声情并茂

律师的发言首先要以事实为依据，以法律为准绳，切忌空谈，否则会给法官留

下不好的印象，影响律师发言的效果。律师发言还要融入适当的感情，结合案件具体情况，阐明委托人因为案件遭受的物质损失、精神创伤等，通过融入适当的感情打动法官。

（六）使用肢体语言配合

（1）目光的使用。在律师发言中，目光应当朝向法官和书记员，但也要适当调整，当阐述对方给我方造成的损失或者损害时，目光要朝向对方，以此向对方表达律师所代表的当事人的不满；当希望法官主持公道时，目光应当转向法官，让法官感受到这份期待；当律师表达对方当事人的行为不符合普通人的标准时，可以将目光转向旁听席，让旁听观众感受到律师的意图。

（2）发言的动作。律师在发言时可以配合一定的动作，适当的动作可以让受众感受到律师必胜的信心，但切忌用手指向对方，这是一种不礼貌的行为，会被法官阻止。动作不宜过于频繁、变换过多手势，以免给人不严肃之感或影响对观点的关注。

（七）律师要善于控制情绪

在辩论时，要保持有理有节的表达节奏，语气重在讲理，分析证据和己方优势，不应把辩论变成吵架，切忌代入感太深。在诉讼中，律师不是当事人本人，不要被情绪所左右，遇到对方挑衅时，更不要上当，要控制住情绪。

四、庭审中特殊情况的沟通策略

（一）法庭调查中出现未掌握事实时的沟通策略

虽然律师在庭审前做了很多准备，但是庭审中还是会出现一些律师不知道的事实，当法官询问律师是否知道这些事实时，律师不应当直接否认或承认，而是应当如实向法庭陈述自己目前不知道，需要庭后与当事人核实，核实后书面回复法院。这样既符合实际，又能给法官展示律师实事求是的态度。

庭审结束后，律师需要及时与当事人联系核实相关事实，建议由当事人直接出具书面意见给法院，这种方式可以规避律师的执业风险。

（二）法庭调查中遗漏重要事实时的沟通策略

在法庭调查中，有时会漏查重要事实，但该事实对一方当事人非常重要，可能影响案件走向，律师应当适时提醒法官查明该事实，需要根据每个法官的审判风格决定在法庭调查的哪个时间段提出。应当在法庭调查结束前提醒法官查明，有的法官允许当事人或律师交叉询问，有的法官会在法庭调查时询问当事人对事实是否有补充，在这两个时间段都可以提醒法官漏查的重要事实。

（三）法庭调查中质证的策略

质证也是非常考验律师能力的工作，证据的质证一般从合法性、真实性、关联性以及能否实现证明目的等方面进行质证，原则上，所有的证据都要从这几个方面进行质证，而不能只质证某个方面，其他方面不质证。

如果是对方在开庭时临时提交的证据，律师既可以要求庭后提交书面质证意见，也可以当庭发表简单质证意见，要求书记员记录，以庭后提交的详细质证意见为准。

（四）法庭辩论中对方无理取闹时的沟通策略

在法庭辩论中，有的当事人无理取闹，其代理意见没有法律依据，只是胡搅蛮缠，律师要果断要求对方明确其观点的法律依据，对方很难找出明确的法律依据，这样既可以打击对方的嚣张气焰，也能够提醒法官对方没有法律依据。

（五）法庭辩论中无法反驳对方代理意见的沟通策略

律师不是万能的，不可能了解所有的法律规定。因此，在庭审中一旦无法明确反驳对方代理意见时，建议不要为了不在气势上输给对方而发表没有法律或事实依据的辩论意见，可以暂时不回应，而是庭后提交书面代理意见，在书面代理意见中全面反驳对方的代理意见。

〖 **案例讨论** 〗

李律师代理了一件买卖合同案件，李律师代理买方起诉卖方，部分庭审内容如下：

……

李律师（低头念代理意见）：……

法官：李律师，你的语速过快，麻烦说慢一点，方便书记员记录以及合议庭准确理解你的陈述。

李律师：好的。

……

李律师：针对货物数量不符合合同约定的问题，刚才已经陈述了两个观点，我再补充两个观点：……

卖方：我不同意李律师的观点，他不了解案情，没有说实话，这不是一个律师应该做的。

李律师：我向买方了解过案情，并不是卖方所说的那样。

法官：双方还有其他要补充的吗？

李律师：关于货物数量不符合合同约定的问题，我再补充两个观点：……

法官：还有需要补充的吗？

李律师：关于货物质量问题，我再补充三个观点：……

卖方：法官，对方代理人逻辑混乱，没有针对性，观点根本不能成立，完全不是一个律师该有的水平，我怀疑他到底是不是律师。

李律师：我当然是律师了，法官，对方这是在侮辱我，请求法庭予以处罚。

法官：李律师，卖方只是对你的业务能力进行评判，法庭不认为是侮辱你。另外，卖方不要再发表与案件无关的内容。

李律师：法官，关于货物数量不符合合同约定的问题，我再总结一下观点。

法官：李律师，如果没有新观点，就不要再重复了。

李律师：之前是分几次说的，我再总结一遍。

法官：李律师，不用当庭总结了，你庭后提交书面代理意见。

……

◇讨论问题：

李律师为什么反复被打断？他的发言有什么问题吗？

◇讨论提示：

（1）法官提醒李律师语速过快。

（2）李律师发言没有逻辑性。

第十章　民事执行

本章要点
◇ 掌握法官在执行工作中的沟通策略和技巧
◇ 掌握书记员在执行工作中的沟通策略和技巧

第一节　法官执行工作的沟通策略

案例情境

　　佟某与某公司仲裁一案，经仲裁委员会审理，作出仲裁裁决书，要求某公司偿还佟某人民币一百万元。裁决生效后，佟某向法院申请执行，法院立案受理后，作出执行通知书、报告财产令。此后，法院向最高人民法院网络查控系统提起查询被执行人名下财产情况的申请，根据系统反馈，被执行人无车辆、无银行存款、无房产可供执行。随后，法院向工商局送达协助执行通知书，轮候冻结被执行人持有的其他公司的股权，但因是轮候冻结，无法进行处置工作。法院执行工作人员多次前往被执行人在工商局注册的住所地，均未发现被执行人。法院将被执行人纳入失信被执行人名单，并作出限制消费令，对被执行人法定代表人进行限制消费措施。在上述工作完成后，法院欲对案件进行终结本次执行程序，但在与佟某的谈话中，佟某拒不同意法院进行终结本次执行程序。作为执行法官，你将如何与佟某沟通，使其了解法院执行工作，理解法院的执行行为？

〖**知识储备**〗

一、强制执行的定义和执行依据的种类

（一）强制执行的定义

强制执行是指人民法院按照法定程序，运用国家强制力量，根据发生法律效力的裁判文书所明确的具体执行内容，强制义务人完成其所承担的义务，以保证权利人的权利得以实现。具有可执行效力的裁判文书生效后，义务人应在规定期间自觉履行，如拒不履行裁判文书确定的义务，权利人可申请人民法院进行强制执行。提出申请的权利人称为申请执行人，被指定履行义务的人称为被执行人。

（二）强制执行主体

强制执行主体是指在执行法律关系中，依照执行法律规范规定，享有权利和承担义务，并能够引起执行程序发生、发展或终结的组织和个人。它不仅包括在执行程序中起主导作用的人民法院，而且还包括执行当事人以及参加执行任务的其他参与人。在执行程序中的其他参与人主要是协助执行人及利害关系人。

执行当事人包括申请执行人和被执行人。申请执行人是指依据生效法律文书，向法院提出申请，要求对生效法律文书所确定的义务履行人采取执行措施，以实现生效法律文书所确定的权利的当事人，其中的义务履行人即为被执行人。

协助执行人是指根据法律规定或者执行机构的要求，协同、辅助执行机构采取执行行为，使被执行人履行其义务的组织或个人。

利害关系人是指在执行程序中，除执行当事人以外的，与执行事项有法律上的利害关系的个人或组织。

（三）执行依据的种类

申请执行人据以申请执行的法律文书被称为执行依据，执行依据包括但不限于以下几种：民事判决书、民事调解书、仲裁裁决书、具有强制执行效力的公证债权文书、实现担保物权的裁定、确认调解协议裁定、支付令等。

二、强制执行的主要措施

（一）财产报告

法院可要求被执行人报告当前以及收到执行通知之日前一年的财产情况，如果被执行人拒绝报告或虚假报告的，法院可以根据情节轻重对被执行人或其法定代表

人、有关单位的主要负责人或直接责任人予以罚款、拘留。

（二）财产查询

法院向有关单位查询被执行人的存款、债券、股票、基金份额等财产情况，并有权根据不同情况采取相应的执行措施。

（三）措施实施原则

（1）法院可在保留被执行人及其所扶养家属的生活必需费用的情况下，扣留、提取被执行人应当履行义务部分的收入。

（2）法院可查封、扣押、冻结、拍卖、变卖被执行人应当履行义务部分的财产，但应当保留被执行人及其所抚养家属的生活必需品。

（3）法院可对被执行人及其住所或者财产隐藏地进行搜查。

（4）法院可强制被执行人交付法律文书指定交付的财物或票证。

（5）法院可强制被执行人迁出房屋或者退出土地。

三、法官在执行阶段的主要任务及沟通需求

（一）法院内工作

（1）组织进行谈话、听证会。执行过程中，执行法官往往需要对执行案件的审判过程、申请执行人的具体要求、被执行人履行能力等情况进行了解。同时也应将执行情况、法院的执行措施等内容告知申请执行人和被执行人。执行法官需要与案件的当事人等人员进行谈话或召开听证会。

（2）制定、调整执行方案。执行案件立案后，执行法官应当根据执行依据的内容、被执行人的财产情况等因素制定执行方案。随着执行案件的推进，各类因素也可能会发生变化，这需要执行法官及时调整执行方案，以保证案件能够得以顺利执行。

（3）撰写法律文书。执行过程中，书记员可以撰写一些简略法律文书的初稿，对于初稿，法官需要进行审核、修改，对于复杂的法律文书，执行法官需亲自撰写。

（4）参与合议庭合议。执行案件中，面对一些重大的执行措施，比如拘留、罚款等，需要合议庭做出合议后，执行法官才能实施，因此执行法官需参与合议庭的讨论，发表自己的意见。

（二）法院外工作

（1）确定出差期间的行程。执行案件中，执行法官时常会需要前往异地出差办案，出差的行程一般由书记员制定，但法官需要对该行程进行确定，对于不合理

之处应当进行修改、补充。

（2）进行查封、扣押、冻结等执行措施。案件办理过程中，执行法官时常会前往银行、车辆管理所等机构对涉案的银行账号、车辆采取查封、扣押、冻结等执行控制措施。

（3）对被执行人进行执行惩戒措施。被执行人或其他人员若拒不履行执行依据确定的义务或拒不协助法院执行工作，执行法官可以根据法律规定，对其采取拘留、罚款等执行惩戒措施。此外，在被执行人或其他人员拒不腾退涉案房屋情况下，执行法官需要组织强制腾退房屋的行动。

【操作策略】

四、执行程序中谈话的通用技巧

（一）通过坐姿增强自身的说服能力

执行法官坐在法台之上，在谈话中可以采用乐于交流的坐姿，这种坐姿的要领在于，身体前倾，坐于座椅的前半侧，双手放在法台的桌子上，在这种坐姿下，可以增强自己与当事人谈话的亲近感，给当事人形成执行法官乐于与其进行谈话的心理暗示，从而有利于谈话的进行。

（二）用眼神来传达心声

执行法官的眼睛可以表达出很多信息，给予被谈话人很多的心理暗示，因此法官的眼神应当根据谈话内容的变化而变化。在谈话顺畅、沟通达到预期效果的情况下，可以向被谈话人传递鼓励的眼神。而在谈话人不配合谈话的时候，眉头可以微微皱起，以此增添眼神中的威严感。

另外值得注意的是，在谈话的过程中，法台的地面高于法庭的地面，因此法官在看当事人的时候，视线是俯视的，在这种情况下，眼神会更加具有压迫性，在眼神交流时应将这一情况考虑在内。

（三）从被谈话人的表情中观察其心境

每个人的情绪都会不经意地在自己的表情中予以展示，读懂这些表情可以让执行法官更好地驾驭谈话，达到更好的沟通效果。具体方法详见本书第四章。

五、执行工作中与申请执行人的谈话策略

在执行案件立案之后，执行法官通常应与案件的申请执行人进行一次谈话，此次谈话会为制定符合案件情况的执行策略提供帮助。有的放矢事易成，在谈话之前要确定好谈话的目的，才能在谈话中事半功倍，高效地完成沟通。

（一）谈话需要了解的信息

一般而言，执行工作开展前的谈话目的主要有以下三点。

（1）了解案件情况。执行法官虽然可以通过裁判文书了解案件在审理阶段的情况，但是纸面的裁判文书难以还原整个案件的具体细节，而这些细节在执行阶段，有时会影响整个执行的效果。比如，如果双方当事人一直是熟人，在审理过程中还进行过有利于达成执行和解的交流，这就说明当事人彼此之间还存有信任的基础，那么在执行阶段达成和解的可能性就会大大提高。

（2）了解申请执行人情况。世界上没有两片完全相同的叶子，也不会有两个完全相同的人，申请执行人的年龄、性别、教育背景、经济状况等都会有所差异，对于不同的当事人，执行过程中的沟通方式上也会有所区别。比如，通常来说向一个法学毕业、从事法律工作的人与向一个没有接受过义务教育的人解释法律术语与法律法规，前者的难度往往要低于后者。

（3）了解被执行人的情况。人与人之间纠纷的产生，经常发生在两者交往的过程中，对于两个任何交集都没有的人，他们之间产生纠纷的概率并不高。申请执行人一般对于被执行人的情况会有一定的了解，有时甚至可以为执行法官提供重要的财产线索。

（二）谈话注意事项

在执行工作中，执行法官在与申请执行人沟通时，有一些注意事项应当牢记，虽然沟通技巧的运用，不一定会让每一次沟通都变得特别成功，但如果没有注意到应注意的事项，沟通常常会失败。

（1）事前充分准备。在谈话前，需要了解的问题要心中有数，在谈话中紧紧围绕这些问题来谈。执行法官应当牢记提出的问题，如果担心在谈话中遗漏需要询问的事项，可以事先准备一张纸，纸不宜过大，可以是一个小的便签，将问题的一些提示词记录在纸上，在谈话过程中逐一发问。对于重要的问题，可以稍微暂停，让当事人重复回答一下，这样不仅便于书记员着重记录，同时也便于执行法官在谈话后可以随时查阅。

（2）避免争执。在谈话中应当注意不要与申请执行人发生口角。例如，D型申请执行人脾气较为火爆，应当抱以理解的心态。毕竟在执行前，申请执行人往往经历了较长时间的一审、二审乃至再审环节，或者是在仲裁程序中支付了大量的费用，此时的申请执行人已经因为案件而耗尽精力，有时会对被执行人产生极大的怨气，这种怨气也许就会投放到与执行法官的谈话中。对于申请执行人的坏脾气，执行法官应当抱以适当理解，用礼貌舒缓的语气提示申请执行人态度已经过激。同时要降低自己的语速，这样不仅可以保证自己的情绪不会太激动，同时也可以让申请执行人有信服感，缓解自己的情绪。

（3）注意把控谈话节奏。在与申请执行人谈话时，申请执行人往往愿意将事情的前因后果、案件审理的各个环节事无巨细地讲给执行法官，这就会造成谈话过于冗长。对于执行法官来讲，执行工作无需了解所有的案件细节，把握谈话节奏尤为重要。在谈话开始前，可以告知申请执行人在与其谈话之后还有其他谈话或办案工作，需要将时间控制好，以此获得申请执行人的理解。

在谈话过程中，应当多采取封闭式问题的发问形式，直接向申请执行人询问，在申请执行人的回答偏离时，应当及时告知申请执行人。在谈话时间过长的情况下，应当礼貌地提示申请执行人，自己已经知道他介绍的情况，可以结束谈话。

（三）谈话技巧

在把握好应注意的事项之后，如果能增加一些谈话的技巧，会让谈话变得更加顺畅，为接下来的执行工作打下一个良好的基础，在此简单地介绍几个谈话技巧。

（1）适时表达尊重。如果是与申请执行人一同进入法庭，执行法官可主动地为申请执行人打开法庭的门，请申请执行人进入法庭，这样可以让申请执行人感受到执行法官帮助他的意愿和尊重他的态度，从而更加配合执行法官的工作。

（2）调整语气。在谈话过程中，应当注意根据不同当事人的年龄，采用不同的语音语调。对于比较年轻的申请执行人，可以使用较为轻松的语调，在与年纪较大的申请执行人谈话时，应当多用尊称、敬语，并且应适当加重音调，让申请执行人感受到执行法官对其的尊重。

（3）倾听为主。对于申请执行人而言，因为其是利益受损的一方，他们在心理上更加希望有人能够倾听他们的话，而且在申请执行人的倾诉中，有些不经意的话会提示执行法官寻找到解决案件的关键点。

（4）寻找共同话题。在谈话时可以留心与申请执行人的共同点，比如是否有共同的兴趣爱好，是否是同一地域的人，在谈话结束后，可以简单与申请执行人就所发现的共同点聊几句，这样可以增加申请执行人的亲近感。

六、执行过程中与被执行人的谈话策略

被执行人一般可以分为两种，一种是有意愿履行法律文书确定的义务，但是因为客观原因，无法履行；另一种是恶意地不履行自己的义务，拖延执行甚至逃避执行。对于不同的被执行人，执行法官应有不同的谈话策略与技巧。

（一）对有意愿履行义务的被执行人的谈话策略

（1）了解原因。对于有意愿履行自己义务的被执行人，应当首先了解其不能履行的具体原因，比如是因自己不动产难以变现而资金短缺，还是自己的财产在理财产品中无法快速提取等，在了解情况后，确定自己的沟通策略。

（2）表达尊重。有履行意愿的被执行人会有较强的自尊心与诚信感，执行法官如果在沟通中体现出信任与尊重，则会增加被执行人的履行义务的意愿。在沟通中尽量采用温和的话语，避免使被执行人产生畏惧心理，从而不配合法院工作，甚至逃避执行。

（3）换位思考。在沟通的过程中，应当多采用换位思考的语言，设身处地站在被执行人的角度来思考问题。在语言的具体运用上，可以采用"如果我是您"这类语言模式，比如"您的情况我是很了解的，如果我是您，我将会……"

（4）谈话重点放在少询问多说明上。相较于与申请执行人的沟通，在与此类被执行人沟通过程中，应当增加说话的次数与每个单句的长度。因为他们不还款的理由一般都比较简单，倾诉的意愿也没有申请执行人强烈，更需要的是执行法官帮助其寻找履行义务的方法，因而在整体的沟通过程中，应当以陈述句为主，减少问句的使用。

在向被执行人解释法院执行工作的具体措施时，可以先介绍采取该类措施的优点，然后再介绍具体的实施细节。从心理角度上看，每个人的有效注意时间都是比较短的，因此在谈话中，应在第一时间尽可能地抓住对方的关注点。对于有还款意愿的被执行人而言，他们热切希望得到无债一身轻的感觉。因此在与这类被执行人沟通的过程中，应当首先使其感受到法院的执行措施可以获得良好的效果，引起他们对法院执行措施所达成效果的期待，然后向他们解释说明执行措施的细节与可行性，使被执行人更乐于配合法院工作。

（二）对恶意规避执行的被执行人的谈话策略

在被执行人恶意规避执行的情况下，执行法官与被执行人的沟通会较为困难，采用的沟通策略应当更加注重整体性，尽可能地保证与被执行人的持续沟通，防止

出现无法与被执行人取得联系的情况。

（1）电话沟通避免给对方压力。执行法官应注意与此类被执行人在电话中进行沟通的方法。因为此类被执行人具有规避执行的心理，故其不愿意来到法院与执行法官进行谈话。在这种情况下，如果与其在电话中进行沟通，会面临两个问题，其一是很难通过面部表情、肢体语言等途径判断被执行人的心态，同时也难以通过这些技巧来辅助自己的沟通；其二是被执行人可以挂断电话，这样就无法掌握沟通的主动权，沟通时间无法保障。因此，在与此类被执行人进行电话沟通时要尽可能地让其产生来到法院进行谈话的想法，使其不过分恐惧来法院谈话，建议在沟通过程中采用较为轻松的语调、口语化的表达，同时淡化问题的严重性，比如在电话接通后的首句可以采用"您好，我是某法院的，有一个小事想和您当面沟通一下情况，您在 × 天是否有时间过来一下，咱们简单谈几句"。

（2）面谈时要让对方深知规避执行的后果。在与被执行人面对面的谈话中，应采取与电话沟通相反的策略，此时，应让被执行人意识到如果被法院采取强制执行措施，后果将非常严重，因而在谈话过程中，执行法官的语气应以严厉为主，但不应有咄咄逼人的架势。

第一阶段，在进入法庭后，刚开始与被执行人谈话时，执行法官可以面色微有凝重，表示出威严的气势；第二阶段，在谈话开始后，可以让被执行人先进行陈述，寻找其话语中的漏洞；第三阶段，在让被执行人比较充分地进行表达之后，执行法官可以进行发问，比如"你名下是否还有财产？""你银行账户存款转移到何处？""你是否具有偿还债务的意愿？""你的还款方案是什么？""能否提供担保？"等，发问的频率可以密集一些，发问的语速可以稍快，如果在被执行人的话语中发现了漏洞，可以就该漏洞进行连环式的发问。执行法官在这一阶段可以给被执行人形成适度的压迫感；第四阶段，在发问结束以后，可以向被执行人介绍法院执行措施的严厉性，并可以举出其他被执行人被法院强制执行的案例。在这一阶段需要注意的是，虽然所述的事情是比较严重的，但话语不应过于严肃，以免被执行人产生过于恐惧的心理，坚定其逃避法院执行的决心。比如和当事人介绍拘留措施时，可以说"我和您说一个我办理过的案件，有一个被执行人故意规避执行，结果法院对他进行了拘留，在拘留所里待了两周，您说为了一点小事，留下这种人生经历，是不是挺不好的，所以对于能配合法院工作的被执行人，我一般不进行拘留"；第五阶段，在谈话的最后，要让被执行人感受到如果他愿意履行义务，法院可以提供一定的帮助，同时也尽可能地唤起其自尊心、诚信感，比如"我看您就不是赖账的人，和您这次谈话，我觉得您是一个诚信的人，能给您家人和孩子树立一个好榜样，我也和申请执行人再商量商量，多给您一点时间，别让这个案子对您的生活产生什么影响"。

七、执行过程中常见场景的沟通策略

（一）与申请执行人及被执行人同时进行谈话的沟通策略

（1）坚持中立立场。申请执行人与被执行人在执行阶段，往往怨气都达到了比较重的程度，在这种情况下，如果执行法官与双方同时进行沟通，应以解决纠纷为原则，推进执行为目的，坚持中立立场。

（2）明确谈话目的。谈话开始前，首先要告知双方当事人谈话的目的，并叮嘱当事人一切的沟通都应围绕该目的进行，不可以翻旧账、说过往，不可以攻击对方。比如"今天我们谈话的目的是×××，我知道双方对于对方都有一定的火气，但人需要向前看，不能总是往后瞧，今天既然双方能来谈话，就要心平气和地说，如果有谁违反法庭纪律，攻击对方，谈话会立刻终止，这样对大家都没有好处"。

（3）坚持就事论事。在谈话中，需要尤为注意话语不能有偏向性，凡事就事论事，尽量由双方当事人进行交流，执行法官应当以引导性话语为主，在双方出现过激的态度或者谈话偏离主题时进行制止，确保谈话一直在解决问题的轨道上进行。

（4）为双方提出可行方案。在谈话进入后期，执行法官可以对谈话进行总结，为双方提出可行的解决方案，口气应以劝导为主，让申请执行人和被执行人意识到双方相互僵持的危害和各退一步所能带来的良好效果。同时执行法官应对双方的神态、动作等进行观察，如果发现某一方有所松动，可以与其单独进行沟通，劝导其先退让，以促进案件的顺利执行。

（二）与申请执行人进行终结本次执行程序谈话的沟通策略

出现执行不能的情况，执行案件一般以终结本次执行程序的方式结案，在结案之前，根据法律规定，执行法官需要与申请执行人进行谈话，告知其执行结果。

（1）详细说明原因。此时，申请执行人已经经过了诉讼程序与执行程序，对于法院告知的执行不能的结果，心理上难免产生失落的情绪，甚至会对法院产生抵触、怨恨的情绪，因而这次沟通的主要原则是对问题进行详细说明。

（2）注意语气谦和态度真诚。对申请执行人语气谦和，对结果表示歉意，此时的语速应当平缓，不能急躁，同时眼神应当直视申请执行人，不能有所回避，应让申请执行人感受到执行法官的真诚。

【案例讨论】

张法官系某法院执行法官，申请执行人于某是一位老年人，也是一位"法盲"。一天，张法官与于某就对终结本次执行程序进行谈话，对话如下。

张法官：您的案件，我们已经对被执行人的财产进行了查询，通过对被执行人名下房产、车辆、股权以及银行账户的查询，并没有发现可供执行的财产，您的案件我们将终结本次执行程序。

于某：那我的案子你们是不是就不管了，法院作出的判决不就是白判了！你们这是枉法裁判！我要去投诉你们！

张法官：你愿意投诉就投诉吧。（不耐烦的表情）

于某：你这个人怎么这样，你绝对是和被执行人串通了，我要去你们上级法院、去检察院投诉你们！（非常生气的表情）

张法官：你想怎么做随便你。（无奈的表情）

◇讨论问题：

根据以上对话，请分析张法官存在哪些应对失误？他应该如何做好与于某的沟通工作。

◇讨论提示：

（1）于某是一位"法盲"，其对法律程序并不了解，张法官对终结本次执行程序这一法律概念的解释过于简单，对于法院的执行工作介绍的也过于简略，这样容易引发某的误解与不满。

（2）在于某已经表示要投诉法院，投诉法官的情况下，张法官可以从于某的语气、神态中判断出于某的情绪已经较为激动，此时应该安抚于某的情绪，向其进行进一步的解释工作，而不应语言轻浮、语气不耐烦。

第二节　书记员执行工作的沟通策略

案例情境

法院在申某申请执行周某一案的过程中，需要与周某进行联系，向其询问其名下房产的相关情况，而此时周某已因刑事犯罪在监狱中服刑。法官不知道关押周某的监狱名称，而且一般情况下，地图也不标注监狱的具体位置。作为书记员，你应当如何与相关部门的工作人员沟通，找到关押周某的监狱，并询问监狱地址，又应如何与法官沟通此次外出执行的具体事宜？以配合法官完成好此次外出执行工作。

一、法院采取强制执行的程序

（一）调查被执行人的财产

法院可以利用法院的财产调查系统来查询被执行人的财产情况，也可以采取其他途径调查被执行人的财产，比如，申请执行人提供被执行人财产线索，责令被执行人报告财产，强制搜查被执行人住所、发布悬赏公告等方式获得被执行人财产线索。

（二）对被执行人的财产进行控制

（1）冻结。冻结是指法院对被执行人在银行、信用合作社、证券公司等单位的存款、股权等财产所采取的禁止其提取、转让的一种强制性措施。冻结主要用于控制被执行人银行存款、股权、到期债权等财产。

（2）查封。查封是指法院对被执行人的有关财产贴上封条，在查封土地、房产等财产时需在相关机关进行查封登记，不准任何人转移和处理的执行措施。查封主要用于控制被执行人的不动产或者难以移动的动产。

（3）扣押。扣押是指法院将被执行人的财产从原存放地移走并由执行法院或者其他人占有从而限制被执行人或其他人处分。扣押主要用于控制被执行人的便于移动的动产。

（三）对被执行人的财产进行处置

（1）划拨。划拨是指法院通过银行或者信用合作社等单位，将被执行人的存款，按照法院协助执行通知书规定的数额划入法院指定的账户内的执行措施。划拨存款可以在冻结的基础上进行，也可以不经冻结而直接划拨。

（2）拍卖。拍卖是指法院以公开的形式、竞争的方式，按最高的价格当场成交，出售被执行人的财产。

（3）变卖。变卖是指法院强制出卖被执行人的财产，以所得价款清偿债务的措施。

（4）以物抵债。以物抵债一是指在拍卖流拍或变卖不成时，以拍卖的保留价或者变卖的约定价格、市价或者评估价交由申请执行人或者其他债权人以抵偿债务；二是指申请执行人、被执行人通过达成执行和解协议，将查封、扣押的财产以一定的价格抵偿全部或者部分债务。

为使执行程序能够更为清晰、明了的展现，本书绘制了以民事强制执行程序为代表的强制执行程序流程图，以供读者参考。

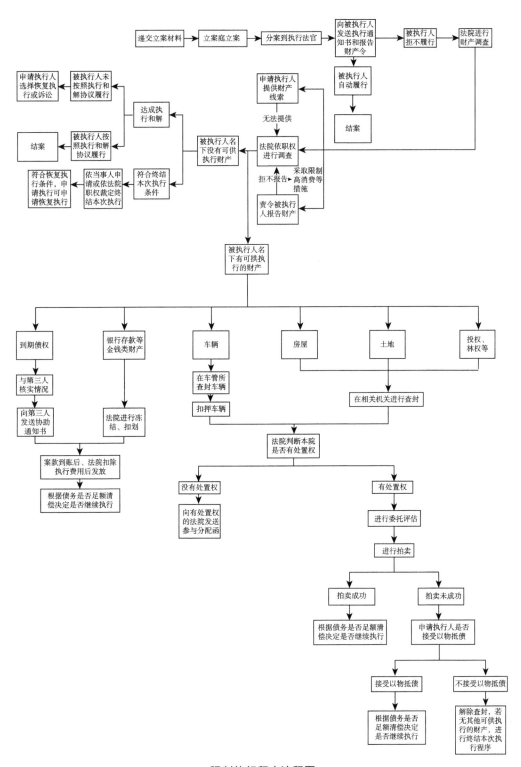

强制执行程序流程图

二、书记员在执行工作中的主要任务及沟通需求

（一）法院内工作

（1）安排谈话、听证会时间。执行过程中，执行法官为了更好地了解执行案件的案情，往往需要与当事人进行谈话或举行听证会。书记员的工作内容之一就是根据法官的工作安排，安排谈话时间，并通过电话联系、传票传唤等方式，通知当事人到法院进行谈话或参加听证会。

（2）进行法庭记录。在谈话或听证会过程中，书记员需要当庭进行记录。记录的方式可以根据法庭的设施及自身的工作习惯，选择使用纸笔、电脑或者速录机。在记录结束后，接受谈话的当事人及法官、书记员需要核验笔录，核验无误后，各方应在笔录上签字。

（3）撰写简略法律文书初稿。执行过程中，书记员可以撰写一些法律文书的初稿，在完成撰写后，应将文书交给法官修改、审核。

（4）校对法律文书及进行卷宗整理。法律文书在向当事人发送之前，书记员应进行校核，检查文书中是否有字词、语句、格式等方面的错误。审判工作中的卷宗材料多是因当事人提交而产生，与审判工作不同，在执行案件中，随着执行工作的推进，会逐渐产生大量的涉案材料，执行卷宗的材料变得较为杂乱、零散，需要书记员及时加以整理，以免出现材料遗失的情况。

（二）法院外工作

（1）制定出差期间的行程。执行案件中，书记员经常会遇到需要去异地进行执行的情况，在出差前，书记员需要综合考虑到达时间、交通线路、天气状况等因素，制定好出差期间的具体行程，遇到无法确定地点名称等问题时，应当积极地寻找解决途径。在行程制定完成后，应向法官进行汇报。

（2）协助法官进行查封、扣押、冻结等执行措施。书记员在参与执行案件办理的过程中，往往要随法官前往银行、不动产登记中心、工商行政管理局等单位对涉案的银行账号、房屋、车辆、投资权益等被执行人财产采取查封、扣押、冻结等执行措施。

（3）参与腾退房屋、拘留被执行人等执行活动。执行过程中，在出现被执行人或其他人员拒不腾退涉案房屋、暴力抗拒法院执行活动等情况下，往往会涉及强制腾退或强制拘留等措施。在这类的执行活动中，同样需要书记员的参与。

〖 **操作策略** 〗

书记员在执行工作中，主要起到辅助法官办案的作用，故书记员与当事人的沟通的目的是给法官提供便利，以便法官可以更好地办理执行案件。

三、书记员与申请执行人的沟通策略

在执行案件的办理过程中，因为书记员需要与申请执行人联系，告知其来法院谈话的时间、地点，书记员往往早于法官与申请执行人联系。在联系中，书记员如果沟通方法得当，可以给执行工作创造良好的开端。

（一）电话通知的沟通策略

书记员第一次与申请执行人沟通，一般是通过电话告知申请执行人来法院谈话的时间、地点。

（1）先确定对方身份。在沟通的第一阶段，书记员的主要任务是核对对方身份与表明自己身份。一般来说，接通电话的第一句应是确定对方身份，比如"您好，请问您是某某吗？"这样的沟通方式可以确定对方的身份，避免因拨错电话而造成进一步的错误。并且可以借由这句话，从申请执行人的语调、语气上对其性格、情绪等方面进行一个初步的判断。比如，如果申请执行人语调较高，嗓门较大，语速较快，语言较为干脆，声音显得较为热情，那么此人应属于 D 型性格。

确定对方身份之后，应该立刻表明自己的身份，告知对方自己是哪个法院哪个法庭的书记员，在此处可以用"您案件的书记员"这个词语，这一词语的运用往往可以拉近与申请执行人之间的关系，让申请执行人在心理上感觉到双方已经通过案件架起了彼此之间的桥梁。

（2）告知谈话的时间、地点。在沟通的第二阶段，是要告知申请执行人与法官谈话的时间和地点。在确定时间的问题上，一般应要求申请执行人按照法官确定的时间，来法院进行谈话。

有时会出现申请执行人无法按照要求的时间到法院进行谈话的情况。这时首先要问清当事人无法进行谈话的原因，判断其原因是否合理以及需要更改到哪一日进行谈话。如果当事人的理由合理、变更的日期与原定日期间隔并不长，则应告知当事人自己需要与法官沟通后，再确定时间，可以回应"您的情况我已经了解，但是法官的案件确实比较多，时间是不能随意更改的，如果您坚持要求变更谈话时间，那么我和法官沟通后，再和您联系"。如果当事人的理由不合理，则应用严肃的语气告知当事人，其理由并不合理，应按要求来法院谈话，假若当事人说"我平时没有时间去法院，我只能在周日来法院"。书记员可以说"您的理由并不合理，我们

不能迁就这样的理由，请您准时到我院进行谈话"。

在确定时间后，应当告知当事人谈话的地点。在告知地点时，书记员应将可以参考的地点，比如在哪一层，是否靠近楼梯，是否在走廊尽头等，予以着重说明，音量应当适当增大。特别是对老年人，可以重复几次，甚至叮嘱他们拿笔记一下，这种细节如果把握得好，可以极大地增加申请执行人对执行法官与书记员的好感度，有助于执行工作的开展。

（二）与申请执行人沟通的技巧

（1）多用礼貌用语。书记员在执行工作中，经常需要与申请执行人做简单的沟通，比如申请执行人发现被执行人的财产线索需要向法院报告，申请执行人想要找法官进行沟通谈话等。在这些沟通中，书记员的语速不宜过快，但是语调应当平稳，给人一种信任的感觉，应当多用"您好""谢谢""请"等礼貌用语。礼貌用语的运用，可以表现出一个书记员的文化修养，有助于体现自己对申请执行人的尊重，树立法院工作人员的良好形象，起到联络和增进情感的作用。

在运用礼貌用语的时候要注意两点，一是要发自内心，语言中应当透露着真诚；二是要看对象适时适度、恰到好处的用，对待与自己年龄相仿的申请执行人，虽然也要使用礼貌用语，但不应使用过多过重，以免造成过犹不及、令人尴尬的场面。

（2）注意安抚情绪。在申请执行人情绪激动的时候，书记员也应承担起帮助法官安抚当事人的职责。申请执行人如果在谈话沟通中，情绪过于激动，书记员应当保持礼貌，并寻找让申请执行人冷静下来的途径，比如给申请执行人递上一杯水，这样既可以让申请执行人感受到法院帮助他的诚意，同时也可以使申请执行人在喝水这一短暂的休息中，对自己的行为举止进行思考。申请执行人喝水的时间虽然比较短，依然可以起到中断其讲话的作用，以此减轻申请执行人的激动情绪，有利于法官安抚申请执行人，对其进行释法明理。

四、书记员与被执行人的沟通策略

在执行程序中，书记员与被执行人直接进行沟通的次数相较于法官是比较少的，不过书记员如果在沟通中说话得体，良好地运用沟通技巧，有时会起到四两拨千斤的效果。

在书记员与被执行人进行面对面的沟通时，应通过自己的有效表达，达到沟通的目的。最主要的方式是运用语言，同时还要运用动作、语气、神态等，把这些融合为一个统一的体系，沟通往往更容易成功。

（一）与被执行人当面沟通的策略

（1）获得被执行人的准确信息。在谈话中，书记员与被执行人沟通的主要目的是获得被执行人的信息，如联系方式、居住地址等。如果被执行人存在规避执行的心理，那么获取被执行人的信息就是比较困难的任务，在这种情况下，书记员可以适当采取一些沟通技巧，引导被执行人回答自己的问题。

告知被执行人，其在执行阶段仍有一定的权利，而如果想保证自己可以在执行阶段能够及时地获知这些权利，必须向法院提供有效的联系方式、送达地址等信息，在这一阶段的语气要适当缓和，让被执行人感受到书记员是在为其利益进行考虑。

（2）适时给予被执行人肯定。在与被执行人沟通的过程中，书记员应当注意说话的一个大原则，即在谈话中不应给被执行人造成过分的压力，有时甚至应适当赞许对方的一些事物，比如他的衣服、配饰、家庭、性格等，比如，"您今天这身衣服显得您蛮精神的""您性格挺爽朗的，为人应该挺真诚的"。因为被执行人没有履行其义务，作为法院工作人员，心底的正义感容易使书记员在言语中对被执行人产生少许的不敬，但每个人在心底都渴望得到别人和社会的肯定和认可，即便是被执行人也不例外。

肯定、赞许别人实质上是对别人的尊重和评价，表达的是讲话者的善心和好意，传递的是讲话者的信任和情感。没有人打心眼里喜欢别人来指责他，一些被执行人并不是没有履行义务的意愿，有时他们也是因客观条件所限而不能履行义务。当然，也有一些被执行人是为了逃避其义务，但无论对哪一种被执行人，对其进行赞美，都有助于激发或增强其履行义务的意愿。

（3）寻找能够说服被执行人的关键点。让被沟通者感觉是在为其考虑，是说服被沟通者的一个重要策略与技巧。

三国时期，邓芝出使吴国，孙权不立即召见他，于是邓芝给孙权上表，写道"臣今来，亦欲为吴，非但为蜀也"，结果引起了孙权的兴趣，很快召见了邓芝。这一策略在《烛之武退秦师》中体现得更为明显，郑伯劝烛之武出使秦军的时候说"然郑亡，子亦有不利焉"，烛之武劝秦国退兵的时候说"秦、晋围郑，郑既知亡矣。若亡郑而有益于君，敢以烦执事"，这些都是站在对方角度，以为对方谋取利益的名义说服对方。如果书记员在谈话中，可以灵活地运用这种策略，将极大地增强说服被执行人配合法院执行工作的可能性。

运用这种策略的关键在于要抓住对方在乎的点，如果对方在乎名声，可以将其纳入被执行人名单会使其名誉受损为切入点；如果被执行人关心家庭，则可用如果对其采取执行措施后，将会对其家庭成员产生的影响作为突破口。俗话说"打蛇打七寸"，在与被执行人沟通的过程中也同样要找准被执行人的"七寸"。找到被执行人的"七寸"，需要书记员采取话语引导，神态观察等方法，比如在谈话开始前问一句"您家人都在当地吗？"，通过这一个问题逐渐展开话题，寻找能够说服被执行人的关键点。

（二）与被执行人沟通的技巧

（1）肢体语言的使用。在与被执行人进行交谈的过程中，书记员可以让自己的眼神稍微强硬一些，双眉可以微皱，目光直视被执行人。如果是站立的姿势，双腿并拢，双手自然下垂。如果手中有卷宗等材料，可以将其捧于胸口的位置，这样的姿势可以给自己以积极的心理暗示，使自己的话语更具有底气。如果是坐着的姿势，书记员应当首先要保证自己的坐姿端正，如果被执行人的态度生硬，甚至比较蛮横，那么书记员的姿势应该从心理上给被执行人传递一种强势感。例如书记员可以让自己双手呈十字并拢状，搭在桌子上，身体向前倾斜，这种姿态在动物界一般是发起攻击前的示威姿态，会让被执行人有一定的压迫感。

（2）语言语气应带有一定的严厉、严肃性。书记员在谈话中可以营造一定的严肃气氛，比如简略介绍一下法院执行措施的严厉性，让被执行人感受到被法院强制执行的后果。在介绍的时候，语气中可以透露出严厉，语调应当加重；在介绍强制措施种类的时候，可以加快语速，形成密集感；在介绍具体的强制执行措施时，语速可以适当放慢，同时加重语音，增强语句中所传递出的压迫感。

五、书记员与执行法官的沟通策略

在案件的办理过程中，书记员是法官的重要助手，法官与书记员配合默契，才能使案件办理得有条不紊。

（一）法院内工作中书记员与法官的沟通方法

（1）谈及被谈话对象的情况时语言要简练。书记员在辅助法官准备谈话的过程中，书记员应当与法官就谈话对象进行初步的沟通。一般情况下，在谈话之前，书记员已经与被谈话者在电话中有过初步的交流，对其有第一印象。书记员可以将其对被谈话者的第一印象告知法官，所用词汇应当简洁。比如"通过我与被谈话人的联系，他给我的感觉是很开朗的一个人"，所用的形容词不宜过多或过于抽象，因为书记员的叙述只是给法官一个参考，以帮助法官确定大体的谈话策略。如果用词过于模糊或繁杂，则容易给法官造成比较混乱的感觉，不利于法官的谈话工作。对于 D 型法官，书记员的语言更应简洁明了。

（2）交流谈话重点并做归纳。在谈话前，书记员还需与法官就谈话重点进行简单的交流，这样书记员可以对整场谈话有初步的认识，对于这些重点，书记员在与法官的沟通中可用简练的语言向法官进行复述，以确定书记员的理解与法官的理解是同步的，双方没有歧义。

（3）多观察、多学习、多思考、多追问。书记员在进行法庭记录的时候，在做好记录的同时，应当做到多看、多听、多想。观察法官是如何与当事人进行沟通的，他们的神态、语气、语速、姿势都是怎样的，不仅要将这些看在眼里，更要在头脑里进行琢磨，从而使这些技巧内化于心。

在撰写文书的过程中，书记员应当多向法官请教，语气应当谦虚，遇到不懂的问题应当追问，保持好学的态度，执行法官一般都有多年的执行经验，这些经验是宝贵的财富。

（4）态度谦逊、择机表达观点。书记员在日常工作中，有时会与法官产生分歧，对于自己的意见，应当选择恰当的时机告知法官，如果不是特别紧急的事情，不要在法官处理案件，尤其是在撰写法律文书的过程中，试图与法官讨论其他案件的问题，这会极大地干扰法官的思路，降低法官的工作效率。

在向法官阐述自己观点的时候，态度要谦逊、诚恳，语速不应过快，姿势应尽量保持站立，双手自然垂下，显示出虚心求教的态度。表述自己观点的话语要在讨论前组织好，尽可能使自己的语言具有逻辑性，可以使用罗列要点式或三段论的语言模式，使自己的表述更有条理，以便法官可以更好地理解。

对于罗列要点或三段论两种语言模式，书记员应当结合现实场景，进行灵活地运用。所谓要点式的讲话方式是指将自己的话语进行归纳后划分为几点，通过类似于"第一，第二，第三"排序表述自己的想法，这种方式的优点是可以使自己的想法变得有条理，让自己所讲的内容清晰明了。三段论式的表达方式，简言之即是将自己所要表达的内容按照"大前提→小前提→结论"这个模式来表达，这种方式的好处是可以使自己所表达的内容中的逻辑得以清晰展现。

在这里举两个例子予以说明，比如，在一个执行案件中，初步确定的执行方案是先处置被执行人的股权，后处置被执行人的房产，而作为书记员，你认为经过综合考虑，应当先处置房产，这时你在向法官阐述自己观点的时候，可以这样进行表述："某法官，对于目前的执行方案，我有一些不同的看法，想向您汇报一下，如果有不成熟的地方，还请您多指导。我认为处置股权和房产的顺序应当进行调换，理由有三点：第一，目前房产虽未进行评估，但参考其周边房产的市场价格，该房产的价值应该高于本案的债权；第二，被执行人的该套房产是其婚前财产，而其名下的股权是其婚后财产，在处置股权的时候会涉及财产分割，这样会增加执行的难度；第三，被执行人对于公司的出资并未完全实缴，而且认缴期限没有届满。综合以上三点，我认为应当将处置房产和股权的顺序进行调换，这样更有利于执行。"

又如，在一个执行案件立案后，作为书记员的你认为应当驳回申请执行人的执行申请，如果运用三段论可以这样表述："某法官，对于这个执行案件，我认为应当驳回申请执行人的申请。首先，根据法律规定，申请强制执行需要具备有可执行内容的执行依据；其次，本案中申请执行人所提交的执行依据是确认其抚养关系的判决书，并没有可执行的内容。因此，我认为应该驳回申请执行人的执行申请。"

（二）外出执行工作中书记员与法官的沟通方法

（1）外出前应当先交流出行的细节。在开始工作前，书记员要与法官进行沟通，对出行的事项进行规划。在这一工作中，首先要准备好记录工具，可以是手机的备忘录，也可以是纸笔，在不涉密的情况下，建议使用手机等工具，并可以上传到云端，这样可以避免因遗漏或遗失记录载体而导致工作不便。在沟通中，应当有次序的进行沟通，不可东一项、西一项混着讨论，这样容易导致遗漏事项。比如，在讨论中可以按照所带材料、行车路线、所到地点、所见人员、注意事项等逐项进行沟通。如果出差，则需要将衣食住行等纳入讨论的事项内，制定好详细的时间表与路线图，并要根据不同的个案情况进行调整。

（2）外出后及时汇报情况。出行之后，如果遇到突发情况，书记员应当及时向执行法官进行汇报，汇报时同样要把握简练的原则。因为是出行在外，有时时间紧张，过于繁琐的语言不但难以让法官掌握问题的重点，也会浪费大量时间。在这种情况下，应简略介绍问题发生的背景，如时间、地点、所遇人员等，接下来将主要问题告知法官，在与法官讨论问题解决方案的过程中，之前如果有遗漏的关键问题，应当及时告知法官。

六、书记员与其他单位工作人员的沟通策略

书记员在执行工作中，需要与许多其他单位的工作人员打交道，这些人往往掌握着被执行人的关键信息，比如在查询被执行人的工商信息时需要与工商行政管理局的工作人员进行沟通，在查封被执行人的银行账号的时候需要与银行的工作人员进行沟通，在查询被执行人居住情况或者实际经营地时需要与物业公司的人员进行沟通等。在这些沟通中，如果沟通顺畅，对于执行工作的顺利进行大有裨益。

（一）外出执行沟通的策略

（1）先做自我介绍。在与其他单位工作人员的沟通的过程中，应当先进行自我介绍，同时确认对方的身份，比如"您好，我是某法院的书记员，您是某单位的工作人员吗？"在对方回应后，说明自己的任务。

（2）表达感谢。在介绍任务时应当对对方的协助予以感谢，增强对方的好感，

比如"打扰您了，有个事情需要您予以协助，谢谢您，事情是这样的……"。

（3）态度谦虚、语言简练。在介绍任务时，语言要简练，态度应当谦虚，如果是面对面交流，眼神应当直视对方，需要注意的是直视对方不是要直直地盯着对方，而是应表现得自然亲切，否则容易给对方造成紧张感，自己也会不自觉地陷入紧张的状态，导致双方之间的沟通变得不顺畅。在对方协助自己完成工作后，书记员应当再次表示感谢。

（二）对不配合的工作人员的沟通策略

在大多数情况下，其他单位的工作人员会积极配合法院的工作，但也有少部分的人员会不配合甚至抵触法院的执行工作。在这种情况下，首先应当向其说明法院执行工作的性质，相关机关应当予以配合。在解释过程中语气应严肃，但仍应保持尊重与礼貌，尽可能通过解释工作使对方了解执行工作的意义及其应予配合的义务。

如果在书记员说明之后，对方仍不配合，拒绝协助法院工作，则应向其说明其行为后果，语气可以转为严厉，目光具有威慑感，尝试以严厉的态度给对方造成心理上的压迫感，从而使其配合法院的工作。

【案例讨论】

孙某系某法院执行法官赵某的书记员，一天，孙某与赵某前往某银行查封被执行人王某的账户，孙某与银行的工作人员彭某，发生下列对话。

孙某：你好，我们这有个案子，你协助冻结一下。

彭某：您是哪个法院的工作人员？

孙某：协助执行通知书上写着呢。

彭某：那你们要办理什么事项？

孙某：刚才不是说了要冻结账户吗？而且协助执行通知书上写得很明白，你自己好好看看。

彭某：这上面的字写得太潦草了，有些看不清。

孙某：哪里潦草了？你是不是要阻碍执行，小心我拘留你。

彭某：你这位同志怎么这样说话，太过分了。

◇讨论问题：

根据以上对话，请分析孙某在沟通中存在哪些问题，他应该如何做好与彭某的沟通工作。

◇讨论提示：

（1）彭某可能是银行中刚刚入职的工作人员，也可能之前没有配合法院做过冻结账户的工作。孙某直接要求彭某进行冻结被执行人银行账户的工作，而彭某可能对这项工作并不了解，故多问了一些，孙某在这种情况下应耐心与彭某进行交流，回答其问题。

（2）彭某并没有表示不配合法院的工作，而且之所以难以进行工作，是因为孙某在协助执行通知书上的字迹潦草造成的，孙某指责彭某阻碍执行工作有失偏颇，孙某应向彭某承认错误。

附　录

中华人民共和国主席令

第二十七号

《中华人民共和国法官法》已由中华人民共和国第十三届全国人民代表大会常务委员会第十次会议于 2019 年 4 月 23 日修订通过，现将修订后的《中华人民共和国法官法》公布，自 2019 年 10 月 1 日起施行。

中华人民共和国主席　习近平

2019 年 4 月 23 日

中华人民共和国法官法

（1995 年 2 月 28 日第八届全国人民代表大会常务委员会第十二次会议通过　根据 2001 年 6 月 30 日第九届全国人民代表大会常务委员会第二十二次会议《关于修改〈中华人民共和国法官法〉的决定》第一次修正　根据 2017 年 9 月 1 日第十二届全国人民代表大会常务委员会第二十九次会议《关于修改〈中华人民共和国法官法〉等八部法律的决定》第二次修正　2019 年 4 月 23 日第十三届全国人民代表大会常务委员会第十次会议修订）

目　录

第一章　总　则

第一条　为了全面推进高素质法官队伍建设，加强对法官的管理和监督，维护法官合法权益，保障人民法院依法独立行使审判权，保障法官依法履行职责，保障司法公正，根据宪法，制定本法。

第二条　法官是依法行使国家审判权的审判人员，包括最高人民法院、地方各级人民法院和军事法院等专门人民法院的院长、副院长、审判委员会委员、庭长、副庭长和审判员。

第三条　法官必须忠实执行宪法和法律，维护社会公平正义，全心全意为人民服务。

第四条　法官应当公正对待当事人和其他诉讼参与人，对一切个人和组织在适用法律上一律平等。

第五条　法官应当勤勉尽责，清正廉明，恪守职业道德。

第六条　法官审判案件，应当以事实为根据，以法律为准绳，秉持客观公正的立场。

第七条　法官依法履行职责，受法律保护，不受行政机关、社会团体和个人的干涉。

第二章　法官的职责、义务和权利

第八条　法官的职责：

（一）依法参加合议庭审判或者独任审判刑事、民事、行政诉讼以及国家赔偿等案件；

（二）依法办理引渡、司法协助等案件；

（三）法律规定的其他职责。

法官在职权范围内对所办理的案件负责。

第九条　人民法院院长、副院长、审判委员会委员、庭长、副庭长除履行审判职责外，还应当履行与其职务相适应的职责。

第十条　法官应当履行下列义务：

（一）严格遵守宪法和法律；

（二）秉公办案，不得徇私枉法；

（三）依法保障当事人和其他诉讼参与人的诉讼权利；

（四）维护国家利益、社会公共利益，维护个人和组织的合法权益；

（五）保守国家秘密和审判工作秘密，对履行职责中知悉的商业秘密和个人隐私予以保密；

（六）依法接受法律监督和人民群众监督；

（七）通过依法办理案件以案释法，增强全民法治观念，推进法治社会建设；

（八）法律规定的其他义务。

第十一条　法官享有下列权利：

（一）履行法官职责应当具有的职权和工作条件；

（二）非因法定事由、非经法定程序，不被调离、免职、降职、辞退或者处分；

（三）履行法官职责应当享有的职业保障和福利待遇；

（四）人身、财产和住所安全受法律保护；

（五）提出申诉或者控告；

（六）法律规定的其他权利。

第三章　法官的条件和遴选

第十二条　担任法官必须具备下列条件：

（一）具有中华人民共和国国籍；

（二）拥护中华人民共和国宪法，拥护中国共产党领导和社会主义制度；

（三）具有良好的政治、业务素质和道德品行；

（四）具有正常履行职责的身体条件；

（五）具备普通高等学校法学类本科学历并获得学士及以上学位；或者普通高等学校非法学类本科及以上学历并获得法律硕士、法学硕士及以上学位；或者普通高等学校非法学类本科及以上学历，获得其他相应学位，并具有法律专业知识；

（六）从事法律工作满五年。其中获得法律硕士、法学硕士学位，或者获得法学博士学位的，从事法律工作的年限可以分别放宽至四年、三年；

（七）初任法官应当通过国家统一法律职业资格考试取得法律职业资格。

适用前款第五项规定的学历条件确有困难的地方，经最高人民法院审核确定，在一定期限内，可以将担任法官的学历条件放宽为高等学校本科毕业。

第十三条 下列人员不得担任法官：

（一）因犯罪受过刑事处罚的；

（二）被开除公职的；

（三）被吊销律师、公证员执业证书或者被仲裁委员会除名的；

（四）有法律规定的其他情形的。

第十四条 初任法官采用考试、考核的办法，按照德才兼备的标准，从具备法官条件的人员中择优提出人选。

人民法院的院长应当具有法学专业知识和法律职业经历。副院长、审判委员会委员应当从法官、检察官或者其他具备法官条件的人员中产生。

第十五条 人民法院可以根据审判工作需要，从律师或者法学教学、研究人员等从事法律职业的人员中公开选拔法官。

除应当具备法官任职条件外，参加公开选拔的律师应当实际执业不少于五年，执业经验丰富，从业声誉良好，参加公开选拔的法学教学、研究人员应当具有中级以上职称，从事教学、研究工作五年以上，有突出研究能力和相应研究成果。

第十六条 省、自治区、直辖市设立法官遴选委员会，负责初任法官人选专业能力的审核。

省级法官遴选委员会的组成人员应当包括地方各级人民法院法官代表、其他从事法律职业的人员和有关方面代表，其中法官代表不少于三分之一。

省级法官遴选委员会的日常工作由高级人民法院的内设职能部门承担。

遴选最高人民法院法官应当设立最高人民法院法官遴选委员会，负责法官人选专业能力的审核。

第十七条 初任法官一般到基层人民法院任职。上级人民法院法官一般逐级遴选；最高人民法院和高级人民法院法官可以从下两级人民法院遴选。参加上级人民法院遴选的法官应当在下级人民法院担任法官一定年限，并具有遴选职位相关工作经历。

第四章 法官的任免

第十八条 法官的任免，依照宪法和法律规定的任免权限和程序办理。

最高人民法院院长由全国人民代表大会选举和罢免，副院长、审判委员会委员、庭长、副庭长和审判员，由院长提请全国人民代表大会常务委员会任免。

最高人民法院巡回法庭庭长、副庭长，由院长提请全国人民代表大会常务委员会任免。

地方各级人民法院院长由本级人民代表大会选举和罢免，副院长、审判委员会委员、庭长、副庭长和审判员，由院长提请本级人民代表大会常务委员会任免。

在省、自治区内按地区设立的和在直辖市内设立的中级人民法院的院长，由省、自治区、直辖市人民代表大会常务委员会根据主任会议的提名决定任免，副院长、审判委员会委员、庭长、副庭长和审判员，由高级人民法院院长提请省、自治区、直辖市人民代表大会常务委员会任免。

新疆生产建设兵团各级人民法院、专门人民法院的院长、副院长、审判委员会委员、庭长、副庭长和审判员，依照全国人民代表大会常务委员会的有关规定任免。

第十九条　法官在依照法定程序产生后，在就职时应当公开进行宪法宣誓。

第二十条　法官有下列情形之一的，应当依法提请免除其法官职务：

（一）丧失中华人民共和国国籍的；

（二）调出所任职人民法院的；

（三）职务变动不需要保留法官职务的，或者本人申请免除法官职务经批准的；

（四）经考核不能胜任法官职务的；

（五）因健康原因长期不能履行职务的；

（六）退休的；

（七）辞职或者依法应当予以辞退的；

（八）因违纪违法不宜继续任职的。

第二十一条　发现违反本法规定的条件任命法官的，任命机关应当撤销该项任命；上级人民法院发现下级人民法院法官的任命违反本法规定的条件的，应当建议下级人民法院依法提请任命机关撤销该项任命。

第二十二条　法官不得兼任人民代表大会常务委员会的组成人员，不得兼任行政机关、监察机关、检察机关的职务，不得兼任企业或者其他营利性组织、事业单位的职务，不得兼任律师、仲裁员和公证员。

第二十三条　法官之间有夫妻关系、直系血亲关系、三代以内旁系血亲以及近姻亲关系的，不得同时担任下列职务：

（一）同一人民法院的院长、副院长、审判委员会委员、庭长、副庭长；

（二）同一人民法院的院长、副院长和审判员；

（三）同一审判庭的庭长、副庭长、审判员；

（四）上下相邻两级人民法院的院长、副院长。

第二十四条　法官的配偶、父母、子女有下列情形之一的，法官应当实行任职回避：

（一）担任该法官所任职人民法院辖区内律师事务所的合伙人或者设立人的；

（二）在该法官所任职人民法院辖区内以律师身份担任诉讼代理人、辩护人，或者为诉讼案件当事人提供其他有偿法律服务的。

第五章 法官的管理

第二十五条 法官实行员额制管理。法官员额根据案件数量、经济社会发展情况、人口数量和人民法院审级等因素确定，在省、自治区、直辖市内实行总量控制、动态管理，优先考虑基层人民法院和案件数量多的人民法院办案需要。

法官员额出现空缺的，应当按照程序及时补充。

最高人民法院法官员额由最高人民法院商有关部门确定。

第二十六条 法官实行单独职务序列管理。

法官等级分为十二级，依次为首席大法官、一级大法官、二级大法官、一级高级法官、二级高级法官、三级高级法官、四级高级法官、一级法官、二级法官、三级法官、四级法官、五级法官。

第二十七条 最高人民法院院长为首席大法官。

第二十八条 法官等级的确定，以法官德才表现、业务水平、审判工作实绩和工作年限等为依据。

法官等级晋升采取按期晋升和择优选升相结合的方式，特别优秀或者工作特殊需要的一线办案岗位法官可以特别选升。

第二十九条 法官的等级设置、确定和晋升的具体办法，由国家另行规定。

第三十条 初任法官实行统一职前培训制度。

第三十一条 对法官应当有计划地进行政治、理论和业务培训。

法官的培训应当理论联系实际、按需施教、讲求实效。

第三十二条 法官培训情况，作为法官任职、等级晋升的依据之一。

第三十三条 法官培训机构按照有关规定承担培训法官的任务。

第三十四条 法官申请辞职，应当由本人书面提出，经批准后，依照法律规定的程序免除其职务。

第三十五条 辞退法官应当依照法律规定的程序免除其职务。

辞退法官应当按照管理权限决定。辞退决定应当以书面形式通知被辞退的法官，并列明作出决定的理由和依据。

第三十六条 法官从人民法院离任后两年内，不得以律师身份担任诉讼代理人或者辩护人。

法官从人民法院离任后，不得担任原任职法院办理案件的诉讼代理人或者辩护人，但是作为当事人的监护人或者近亲属代理诉讼或者进行辩护的除外。

法官被开除后，不得担任诉讼代理人或者辩护人，但是作为当事人的监护人或者近亲属代理诉讼或者进行辩护的除外。

第三十七条　法官因工作需要，经单位选派或者批准，可以在高等学校、科研院所协助开展实践性教学、研究工作，并遵守国家有关规定。

第六章　法官的考核、奖励和惩戒

第三十八条　人民法院设立法官考评委员会，负责对本院法官的考核工作。

第三十九条　法官考评委员会的组成人员为五至九人。

法官考评委员会主任由本院院长担任。

第四十条　对法官的考核，应当全面、客观、公正，实行平时考核和年度考核相结合。

第四十一条　对法官的考核内容包括：审判工作实绩、职业道德、专业水平、工作能力、审判作风。重点考核审判工作实绩。

第四十二条　年度考核结果分为优秀、称职、基本称职和不称职四个等次。

考核结果作为调整法官等级、工资以及法官奖惩、免职、降职、辞退的依据。

第四十三条　考核结果以书面形式通知法官本人。法官对考核结果如果有异议，可以申请复核。

第四十四条　法官在审判工作中有显着成绩和贡献的，或者有其他突出事迹的，应当给予奖励。

第四十五条　法官有下列表现之一的，应当给予奖励：

（一）公正司法，成绩显著的；

（二）总结审判实践经验成果突出，对审判工作有指导作用的；

（三）在办理重大案件、处理突发事件和承担专项重要工作中，做出显著成绩和贡献的；

（四）对审判工作提出改革建议被采纳，效果显著的；

（五）提出司法建议被采纳或者开展法治宣传、指导调解组织调解各类纠纷，效果显著的；

（六）有其他功绩的。

法官的奖励按照有关规定办理。

第四十六条　法官有下列行为之一的，应当给予处分；构成犯罪的，依法追究刑事责任：

（一）贪污受贿、徇私舞弊、枉法裁判的；

（二）隐瞒、伪造、变造、故意损毁证据、案件材料的；

（三）泄露国家秘密、审判工作秘密、商业秘密或者个人隐私的；

（四）故意违反法律法规办理案件的；

（五）因重大过失导致裁判结果错误并造成严重后果的；

（六）拖延办案，贻误工作的；

（七）利用职权为自己或者他人谋取私利的；

（八）接受当事人及其代理人利益输送，或者违反有关规定会见当事人及其代理人的；

（九）违反有关规定从事或者参与营利性活动，在企业或者其他营利性组织中兼任职务的；

（十）有其他违纪违法行为的。

法官的处分按照有关规定办理。

第四十七条 法官涉嫌违纪违法，已经被立案调查、侦查，不宜继续履行职责的，按照管理权限和规定的程序暂时停止其履行职务。

第四十八条 最高人民法院和省、自治区、直辖市设立法官惩戒委员会，负责从专业角度审查认定法官是否存在本法第四十六条第四项、第五项规定的违反审判职责的行为，提出构成故意违反职责、存在重大过失、存在一般过失或者没有违反职责等审查意见。法官惩戒委员会提出审查意见后，人民法院依照有关规定作出是否予以惩戒的决定，并给予相应处理。

法官惩戒委员会由法官代表、其他从事法律职业的人员和有关方面代表组成，其中法官代表不少于半数。

最高人民法院法官惩戒委员会、省级法官惩戒委员会的日常工作，由相关人民法院的内设职能部门承担。

第四十九条 法官惩戒委员会审议惩戒事项时，当事法官有权申请有关人员回避，有权进行陈述、举证、辩解。

第五十条 法官惩戒委员会作出的审查意见应当送达当事法官。当事法官对审查意见有异议的，可以向惩戒委员会提出，惩戒委员会应当对异议及其理由进行审查，作出决定。

第五十一条 法官惩戒委员会审议惩戒事项的具体程序，由最高人民法院商有关部门确定。

第七章　法官的职业保障

第五十二条 人民法院设立法官权益保障委员会，维护法官合法权益，保障法官依法履行职责。

第五十三条 除下列情形外，不得将法官调离审判岗位：

（一）按规定需要任职回避的；

（二）按规定实行任职交流的；

（三）因机构调整、撤销、合并或者缩减编制员额需要调整工作的；

（四）因违纪违法不适合在审判岗位工作的；

（五）法律规定的其他情形。

第五十四条　任何单位或者个人不得要求法官从事超出法定职责范围的事务。

对任何干涉法官办理案件的行为，法官有权拒绝并予以全面如实记录和报告；有违纪违法情形的，由有关机关根据情节轻重追究有关责任人员、行为人的责任。

第五十五条　法官的职业尊严和人身安全受法律保护。

任何单位和个人不得对法官及其近亲属打击报复。

对法官及其近亲属实施报复陷害、侮辱诽谤、暴力侵害、威胁恐吓、滋事骚扰等违法犯罪行为的，应当依法从严惩治。

第五十六条　法官因依法履行职责遭受不实举报、诬告陷害、侮辱诽谤，致使名誉受到损害的，人民法院应当会同有关部门及时澄清事实，消除不良影响，并依法追究相关单位或者个人的责任。

第五十七条　法官因依法履行职责，本人及其近亲属人身安全面临危险的，人民法院、公安机关应当对法官及其近亲属采取人身保护、禁止特定人员接触等必要保护措施。

第五十八条　法官实行与其职责相适应的工资制度，按照法官等级享有国家规定的工资待遇，并建立与公务员工资同步调整机制。

法官的工资制度，根据审判工作特点，由国家另行规定。

第五十九条　法官实行定期增资制度。

经年度考核确定为优秀、称职的，可以按照规定晋升工资档次。

第六十条　法官享受国家规定的津贴、补贴、奖金、保险和福利待遇。

第六十一条　法官因公致残的，享受国家规定的伤残待遇。法官因公牺牲、因公死亡或者病故的，其亲属享受国家规定的抚恤和优待。

第六十二条　法官的退休制度，根据审判工作特点，由国家另行规定。

第六十三条　法官退休后，享受国家规定的养老金和其他待遇。

第六十四条　对于国家机关及其工作人员侵犯本法第十一条规定的法官权利的行为，法官有权提出控告。

第六十五条　对法官处分或者人事处理错误的，应当及时予以纠正；造成名誉损害的，应当恢复名誉、消除影响、赔礼道歉；造成经济损失的，应当赔偿。对打击报复的直接责任人员，应当依法追究其责任。

第八章　附　则

第六十六条　国家对初任法官实行统一法律职业资格考试制度，由国务院司法行政部门商最高人民法院等有关部门组织实施。

第六十七条　人民法院的法官助理在法官指导下负责审查案件材料、草拟法律文书等审判辅助事务。

人民法院应当加强法官助理队伍建设，为法官遴选储备人才。

第六十八条　有关法官的权利、义务和管理制度，本法已有规定的，适用本法的规定；本法未作规定的，适用公务员管理的相关法律法规。

第六十九条　本法自 2019 年 10 月 1 日起施行。

人民法院文明用语基本规范

（最高人民法院 2010 年 12 月 6 日发布）

为规范法院工作人员工作用语，提高文明司法水平，树立法院工作人员良好职业形象，维护人民法院司法公信力，根据《中华人民共和国法官职业道德基本准则》和《法官行为规范》，制定本规范。

一、基本要求

（一）法院工作人员应当树立以人为本、司法为民的理念，增强群众感情，增强工作责任心，加强职业素质修养，在审判、执行及其他工作中，自觉使用文明规范的工作用语。

（二）法院工作人员的工作用语，应当符合"公正、廉洁、为民"司法核心价值观的要求，体现对当事人及其他诉讼参与人的尊重和关切。

（三）法院工作人员对待当事人及其他诉讼参与人，应当做到称谓恰当、语言得体、语气平和、态度公允。

（四）法院工作人员应当使用规范的法律用语，根据不同对象的实际情况，必要时应当把法律语言转换成符合法律规定的群众语言，让当事人及其他诉讼参与人清楚明白地参与诉讼。

（五）法院工作人员应当避免盛气凌人、语言生硬、态度粗暴，严禁使用伤害群众感情、可能激化矛盾的语言，防止因用语不当对司法公信力产生不良影响。

二、接待来访用语规范

接待来访者，应当主动问候、语言礼貌、态度热情，解答问题清晰、准确，诉讼引导认真、耐心，不得对来访者的询问简单敷衍或者不予理睬，不得嘲讽、挖苦、训斥来访者。

在接待来访过程中，应当根据具体情况参考使用如下文明用语：

（一）你好！今天来访的人比较多，请你排队等候。

（二）你好，请问你来法院要办什么事情？

（三）请不要着急，有话慢慢讲，法院会依法处理的。

（四）如果你要起诉，请先看看诉讼须知，把有关材料准备齐全。如果有不清楚的地方，我们会为你提供帮助。

（五）起诉最好提交诉状，也可以口头起诉。如果你自己不会写诉状，可以委托他人代写。

（六）你要找的×××法官（同志）现在不在办公室。请你留下联系方式，我们将转交给他，请他和你联系。

（七）按照法院有关规定，当事人（代理人）不能到法官办公室。请你到××接待室等候，我们马上帮你约见法官。

（八）你反映的问题我们已经记录下来，请你留下联系方式，我们将按规定办理并及时给你答复。

（九）你提出的要求不符合法律规定，我们不能办理，请你理解。

（十）你提出的问题属于审判工作秘密，依照法律规定我们不能透露，请你理解。

三、立案用语规范

认真听取当事人的诉求，耐心释明相关法律规定，做好诉讼风险、诉讼程序等相关提示，不得拒绝回答当事人的合理疑问或者以简单语句敷衍应付，不得不讲明理由而简单拒绝立案，不得就证据效力、案件结果等实体性问题作出主观判断或者向当事人提供倾向性意见。

在立案过程中，应当根据具体情况参考使用如下文明用语：

（一）请问你是要立案吗？请把起诉材料交给我看一下。

（二）你的诉状格式不够规范。请参照样本修改后再来递交。

（三）你的起诉（申诉）材料不全，还缺少××材料，请补齐后再来办理立案（申诉）手续。

（四）自己提出的诉求应当有证据予以支持。如果没有证据或证据不足，可能要承担败诉后果，希望你认真考虑。

（五）你的案件尚未立案，正在审查之中，我们会在××天内给你答复，请你耐心等待。

（六）你的起诉材料已齐全，经审查符合受理条件，请你到收费窗口缴纳案件受理费。

（七）经过认真审查，你的案件不属本院管辖（告知具体原因）。按照有关规定，应由××法院管辖，建议你到××法院起诉。

（八）你的案件本院已经受理，按规定将转交××庭审理，承办法官会及时与你联系。

（九）你反映的问题不属于法院职责范围，根据有关规定，应由××部门负责，建议你到××部门反映。

四、庭外调查用语规范

实施庭外调查，应当依法表明身份，告知被调查人的权利和义务，明确询问事由，做到语言得当、客观严谨，调查笔录应当送被调查人阅读或者当面宣读。

在庭外调查过程中，应当根据具体情况参考使用如下文明用语：

（一）我们是××法院××庭的工作人员，今天依法就××一案向你调查有关情况，请你协助。

（二）根据法律规定，证人有如实作证的义务，如果作伪证将要负法律责任，请你如实提供证言。

（三）你刚才所作的证言，书记员已制作了笔录，请你仔细核对，如有遗漏或者差错，可以补正；如果没有错误，请你签名、捺印。

（四）谢谢你对法院工作的配合和支持，再见。

五、庭审用语规范

开庭审理案件，应当善听慎言、语言规范、语气庄重，语速适当，中立、公正地对待双方当事人，不得使用带有倾向性的语言进行提问或者表现出对双方当事人态度上的差异。制止庭审过程中诉讼参与人的不当言行，应当遵守相关规定、注意语言文明、避免简单指责、粗暴训斥。

在庭审过程中，应当根据具体情况参考使用如下文明用语：

（一）请你围绕诉讼请求陈述案件事实和相关理由，正面回答法庭提出的问题。

（二）这些事情刚才你陈述过了，法庭已经认真听取并记录在案，由于时间关系，请不要再作重复。

（三）请根据你的诉讼请求（答辩意见），向法庭提供相关证据材料。

（四）请注意法庭秩序，遵守法庭纪律，让对方把话说完。未经法庭许可，请不要向对方发问。

（五）旁听人员请遵守法庭纪律，保持肃静。

（六）这是法庭审理笔录，请你认真阅看，如有遗漏或者错误，可以申请补正；

如无异议，请在笔录上签名、捺印。

（七）你的证言法庭已经记录在案，谢谢你的配合。休庭后将请你阅看庭审笔录中的证言部分，现在请你到庭外休息。

（八）请你保持冷静。法庭已充分注意到你反映的情况，判决是根据事实、依照法律慎重作出的。如果你对本判决不服，可以在法定期限内向上级法院提起上诉。

六、诉讼调解用语规范

进行诉讼调解，应当体现客观、公正的立场，以通俗易懂的语言释之以法，以平等协商的语言晓之以理，以真诚耐心的态度动之以情，不得使用威胁性的语言对当事人施加压力，以判压调。

在诉讼调解过程中，应当根据具体情况参考使用如下文明用语：

（一）根据本案的情况和双方的关系，建议你们通过协商来解决纠纷。请问你们是否同意进行调解？

（二）既然双方都同意调解，希望本着互谅互让的精神，认真考虑对方提出的方案。

（三）请你们相信，法庭会按照自愿、合法的原则公正地主持调解，不会偏向任何一方。

（四）如果调解不能成功，法庭会依法作出公正判决，请你们不要有思想顾虑。

（五）对方已经同意做出让步。你是否也作些适当让步，这样有利于问题的解决。

（六）今天的调解双方没有形成一致意见，请你们回去再作考虑。如果还有其他调解方案，请及时与我们联系。

七、执行用语规范

承办执行案件，应当认真回答当事人关于执行问题的询问，以清晰、简明的语言进行相关提示、告知进展情况，通过讲理说法促使被执行人履行义务，采取执行措施时认真释明有关规定，不得对申请执行人推诿敷衍或者表现出厌烦情绪，不得训斥、责骂申请执行人或被执行人，不得使用威胁性语言强迫申请执行人接受和解。

在执行过程中，应当根据具体情况参考使用如下文明用语：

（一）你的案件由×××执行员（法官）办理，你可直接与他联系，办公电话是×××。

（二）你的案件正在执行中，执行情况我们会及时向你反馈。

（三）如果你知道被执行人的下落和财产情况，请你向法院提供，这样有利于尽早实现你的债权。

（四）目前被执行人下落不明，又无财产可供执行，你若有这方面的线索，请及时与执行人员联系。

（五）履行法院生效判决或裁定是公民的义务。如果拒不履行法院判决，要承担相应的法律责任。

（六）希望你按照判决配合法院执行。如果不按法律规定履行义务，法院将依法强制执行。

（七）我们是严格依法执行。如果你认为法院判决不公，可以通过申诉解决，但按照法律规定，申诉期间不能停止执行，请你理解和配合。

（八）现在我们依法开始强制执行，请案件无关人员离开现场。暴力抗拒执法是违法犯罪行为，妨碍法院执行将被追究法律责任。

（九）感谢你对法院执行工作的支持和协助。

八、安全检查用语规范

实施安全检查，应当以礼貌的语言进行提示，引导当事人自觉配合，不得对当事人态度粗暴、语言强硬，避免使用命令性的语句要求其接受检查。如发现违禁物品应当坚决禁止带入并依法予以没收，但应当耐心释明相关规定，避免与当事人发生冲突。

在安全检查过程中，应当根据具体情况参考使用如下文明用语：

（一）请你出示本人有效身份证件进行登记。这是法院的制度要求，请你理解，谢谢配合。

（二）请接受安全检查。安全检查是法院的制度规定，请你理解，谢谢配合。

（三）对不起，请你取出随身携带的物品进行检查。按照规定，管制刀具、药品、易燃易爆物品及其他危险品严禁带入。

（四）登记、检查完毕，你要去的第××审判庭在××楼××层。

九、送达法律文书用语规范

送达法律文书，应当依法表明身份，对当事人称谓恰当、语言文明，按照规定进行相关程序性提示，但应当避免向当事人透露案情或者就实体性问题提供咨询意见。

在送达法律文书过程中，应当根据具体情况参考使用如下文明用语：

（一）你好，我是××法院的工作人员×××。现在把出庭传票送达给你，请你准时出庭。

（二）按照法律规定，被告无正当理由拒不到庭，法院可以依法缺席审判；原告无正当理由不到庭，法院可以按撤诉处理。

（三）你好，现在把判决书送达给你，请你签收。如果不服本院判决，可以在法定期限内提起上诉。

（四）案件当事人×××拒绝签收法院判决书，我们依法采取留置方式送达。现在请你见证，谢谢协助。

本规范适用于全国各级人民法院全体工作人员。地方各级人民法院可以结合本地实际，在本规范基础上作出更加具体的文明用语相关规定。

法官行为规范

（最高人民法院 2005 年 11 月 4 日发布试行，2010 年 12 月 6 日修订后发布正式施行）

为大力弘扬"公正、廉洁、为民"的司法核心价值观，规范法官基本行为，树立良好的司法职业形象，根据《中华人民共和国法官法》和《中华人民共和国公务员法》等法律，制定本规范。

一、一般规定

第一条　忠诚坚定。坚持党的事业至上、人民利益至上、宪法法律至上，在思想上和行动上与党中央保持一致，不得有违背党和国家基本政策以及社会主义司法制度的言行。

第二条　公正司法。坚持以事实为根据、以法律为准绳，平等对待各方当事人，确保实体公正、程序公正和形象公正，努力实现办案法律效果和社会效果的有机统一，不得滥用职权、枉法裁判。

第三条　高效办案。树立效率意识，科学合理安排工作，在法定期限内及时履行职责，努力提高办案效率，不得无故拖延、贻误工作、浪费司法资源。

第四条　清正廉洁。遵守各项廉政规定，不得利用法官职务和身份谋取不正当利益，不得为当事人介绍代理人、辩护人以及中介机构，不得为律师、其他人员介绍案源或者给予其他不当协助。

第五条　一心为民。落实司法为民的各项规定和要求，做到听民声、察民情、知民意，坚持能动司法，树立服务意识，做好诉讼指导、风险提示、法律释明等便民服务，避免"冷硬横推"等不良作风。

第六条　严守纪律。遵守各项纪律规定，不得泄露在审判工作中获取的国家秘密、商业秘密、个人隐私等，不得过问、干预和影响他人正在审理的案件，不得随意发表有损生效裁判严肃性和权威性的言论。

第七条　敬业奉献。热爱人民司法事业，增强职业使命感和荣誉感，加强业务学习，提高司法能力，恪尽职守，任劳任怨，无私奉献，不得麻痹懈怠、玩忽职守。

第八条 加强修养。坚持学习，不断提高自身素质；遵守司法礼仪，执行着装规定，言语文明，举止得体，不得浓妆艳抹，不得佩戴与法官身份不相称的饰物，不得参加有损司法职业形象的活动。

二、立案

第九条 基本要求

（一）保障当事人依法行使诉权，特别关注妇女、儿童、老年人、残疾人等群体的诉讼需求；

（二）便利人民群众诉讼，减少当事人诉累；

（三）确保立案质量，提高立案效率。

第十条 当事人来法院起诉

（一）加强诉讼引导，提供诉讼指导材料；

（二）符合起诉条件的，在法定时间内及时立案；

（三）不符合起诉条件的，不予受理并告知理由，当事人坚持起诉的，裁定不予受理；

（四）已经立案的，不得强迫当事人撤诉；

（五）当事人自愿放弃起诉的，除法律另有规定外，应当准许。

第十一条 当事人口头起诉

（一）告知应当递交书面诉状；

（二）当事人不能书写诉状且委托他人代写有困难的，要求其明确诉讼请求、如实提供案件情况和联络方式，记入笔录并向其宣读，确认无误后交其签名或者捺印。

第十二条 当事人要求上门立案或者远程立案

（一）当事人因肢体残疾行动不便或者身患重病卧床不起等原因，确实无法到法院起诉且没有能力委托代理人的，可以根据实际情况上门接收起诉材料；

（二）当事人所在地离受案法院距离远且案件事实清楚、法律关系明确、争议不大的，可以通过网络或者邮寄的方式接收起诉材料；

（三）对不符合上述条件的当事人，应当告知其到法院起诉。

第十三条 当事人到人民法庭起诉

人民法庭有权受理的，应当接受起诉材料，不得要求当事人到所在基层人民法院立案庭起诉。

第十四条 案件不属于法院主管或者本院管辖

（一）告知当事人不属于法院主管或者本院没有管辖权的理由；

（二）根据案件实际情况，指明主管机关或者有管辖权的法院；

（三）当事人坚持起诉的，裁定不予受理，不得违反管辖规定受理案件。

第十五条　依法应当公诉的案件提起自诉

（一）应当在接受后移送主管机关处理，并且通知当事人；

（二）情况紧急的，应当先采取紧急措施，然后移送主管机关并告知当事人。

第十六条　诉状内容和形式不符合规定

（一）告知按照有关规定进行更正，做到一次讲清要求；

（二）不得因法定起诉要件以外的瑕疵拒绝立案。

第十七条　起诉材料中证据不足

原则上不能以支持诉讼请求的证据不充分为由拒绝立案。

第十八条　遇到疑难复杂情况，不能当场决定是否立案

（一）收下材料并出具收据，告知等待审查结果；

（二）及时审查并在法定期限内将结果通知当事人。

第十九条　发现涉及群体的、矛盾易激化的纠纷

及时向领导汇报并和有关部门联系，积极做好疏导工作，防止矛盾激化。

第二十条　当事人在立案后询问证据是否有效、能否胜诉等实体问题

（一）不得向其提供倾向性意见；

（二）告知此类问题只有经过审理才能确定，要相信法院会公正裁判。

第二十一条　当事人在立案后询问案件处理流程或时间

告知案件处理流程和法定期限，不得以与立案工作无关为由拒绝回答。

第二十二条　当事人预交诉讼费

（一）严格按规定确定数额，不得额外收取或者随意降低；

（二）需要到指定银行交费的，及时告知账号及地点；

（三）确需人民法庭自行收取的，应当按规定出具收据。

第二十三条　当事人未及时交纳诉讼费

（一）符合司法救助条件的，告知可以申请缓交或者减免诉讼费；

（二）不符合司法救助条件的，可以书面形式通知其在规定期限内交费，并告知无正当理由逾期不交诉讼费的，将按撤诉处理。

第二十四条　当事人申请诉前财产保全、证据保全等措施

（一）严格审查申请的条件和理由，及时依法作出裁定；

（二）裁定采取保全等措施的，及时依法执行；不符合申请条件的，耐心解释原因；

（三）不得滥用诉前财产保全、证据保全等措施。

第二十五条　当事人自行委托或者申请法院委托司法鉴定

（一）当事人协商一致自行委托的，应当认真审查鉴定情况，对程序合法、结论公正的鉴定意见应当采信；对不符合要求的鉴定意见可以要求重新鉴定，并说明理由；

（二）当事人申请法院委托的，应当及时做出是否准许的决定，并答复当事人；准许进行司法鉴定的，应当按照规定委托鉴定机构及时进行鉴定。

三、庭审

第二十六条　基本要求

（一）规范庭审言行，树立良好形象；

（二）增强庭审驾驭能力，确保审判质量；

（三）严格遵循庭审程序，平等保护当事人诉讼权利；

（四）维护庭审秩序，保障审判活动顺利进行。

第二十七条　开庭前的准备

（一）在法定期限内及时通知诉讼各方开庭时间和地点；

（二）公开审理的，应当在法定期限内及时公告；

（三）当事人申请不公开审理的，应当及时审查，符合法定条件的，应当准许；不符合法定条件的，应当公开审理并解释理由；

（四）需要进行庭前证据交换的，应当及时提醒，并主动告知举证时限；

（五）当事人申请法院调取证据的，如确属当事人无法收集的证据，应当及时调查收集，不得拖延；证据调取不到的，应当主动告知原因；如属于当事人可以自行收集的证据，应当告知其自行收集；

（六）自觉遵守关于回避的法律规定和相关制度，对当事人提出的申请回避请求不予同意的，应当向当事人说明理由；

（七）审理当事人情绪激烈、矛盾容易激化的案件，应当在庭前做好工作预案，防止发生恶性事件。

第二十八条　原定开庭时间需要更改

（一）不得无故更改开庭时间；

（二）因特殊情况确需延期的，应当立即通知当事人及其他诉讼参加人；

（三）无法通知的，应当安排人员在原定庭审时间和地点向当事人及其他诉讼参加人解释。

第二十九条　出庭时注意事项

（一）准时出庭，不迟到，不早退，不缺席；

（二）在进入法庭前必须更换好法官服或者法袍，并保持整洁和庄重，严禁着便装出庭；合议庭成员出庭的着装应当保持统一；

（三）设立法官通道的，应当走法官通道；

（四）一般在当事人、代理人、辩护人、公诉人等入庭后进入法庭，但前述人员迟到、拒不到庭的除外；

（五）不得与诉讼各方随意打招呼，不得与一方有特别亲密的言行；

（六）严禁酒后出庭。

第三十条　庭审中的言行

（一）坐姿端正，杜绝各种不雅动作；

（二）集中精力，专注庭审，不做与庭审活动无关的事；

（三）不得在审判席上吸烟、闲聊或者打瞌睡，不得接打电话，不得随意离开审判席；

（四）平等对待与庭审活动有关的人员，不与诉讼中的任何一方有亲近的表示；

（五）礼貌示意当事人及其他诉讼参加人发言；

（六）不得用带有倾向性的语言进行提问，不得与当事人及其他诉讼参加人争吵；

（七）严格按照规定使用法槌，敲击法槌的轻重应当以旁听区能够听见为宜。

第三十一条　对诉讼各方陈述、辩论时间的分配与控制

（一）根据案情和审理需要，公平、合理地分配诉讼各方在庭审中的陈述及辩论时间；

（二）不得随意打断当事人、代理人、辩护人等的陈述；

（三）当事人、代理人、辩护人发表意见重复或与案件无关的，要适当提醒制止，不得以生硬言辞进行指责。

第三十二条　当事人使用方言或者少数民族语言

（一）诉讼一方只能讲方言的，应当准许；他方表示不通晓的，可以由懂方言的人用普通话进行复述，复述应当准确无误；

（二）使用少数民族语言陈述，他方表示不通晓的，应当为其配备翻译。

第三十三条　当事人情绪激动，在法庭上喊冤或者鸣不平

（一）重申当事人必须遵守法庭纪律，法庭将会依法给其陈述时间；

（二）当事人不听劝阻的，应当及时制止；

（三）制止无效的，依照有关规定作出适当处置。

第三十四条　诉讼各方发生争执或者进行人身攻击

（一）及时制止，并对各方进行批评教育，不得偏袒一方；

（二）告诫各方必须围绕案件依序陈述；

（三）对不听劝阻的，依照有关规定作出适当处置。

第三十五条　当事人在庭审笔录上签字

（一）应当告知当事人庭审笔录的法律效力，将庭审笔录交其阅读；无阅读能力的，应当向其宣读，确认无误后再签字、捺印；

（二）当事人指出记录有遗漏或者差错的，经核实后要当场补正并要求当事人在补正处签字、捺印；无遗漏或者差错不应当补正的，应当将其申请记录在案；

（三）未经当事人阅读核对，不得要求其签字、捺印；

（四）当事人放弃阅读核对的，应当要求其签字、捺印；当事人不阅读又不签字、捺印的，应当将情况记录在案。

第三十六条　宣判时注意事项

（一）宣告判决，一律公开进行；

（二）宣判时，合议庭成员或者独任法官应当起立，宣读裁判文书声音要洪亮、清晰、准确无误；

（三）当庭宣判的，应当宣告裁判事项，简要说明裁判理由并告知裁判文书送达的法定期限；

（四）定期宣判的，应当在宣判后立即送达裁判文书；

（五）宣判后，对诉讼各方不能赞赏或者指责，对诉讼各方提出的质疑，应当耐心做好解释工作。

第三十七条　案件不能在审限内结案

（一）需要延长审限的，按照规定履行审批手续；

（二）应当在审限届满或者转换程序前的合理时间内，及时将不能审结的原因告知当事人及其他诉讼参加人。

第三十八条　人民检察院提起抗诉

（一）依法立案并按照有关规定进行审理；

（二）应当为检察人员和辩护人、诉讼代理人查阅案卷、复印卷宗材料等提供必要的条件和方便。

四、诉讼调解

第三十九条　基本要求

（一）树立调解理念，增强调解意识，坚持"调解优先、调判结合"，充分发挥调解在解决纠纷中的作用；

（二）切实遵循合法、自愿原则，防止不当调解、片面追求调解率；

（三）讲究方式方法，提高调解能力，努力实现案结事了。

第四十条　在调解过程中与当事人接触

（一）应当征询各方当事人的调解意愿；

（二）根据案件的具体情况，可以分别与各方当事人做调解工作；

（三）在与一方当事人接触时，应当保持公平，避免他方当事人对法官的中立性产生合理怀疑。

第四十一条　只有当事人的代理人参加调解

（一）认真审查代理人是否有特别授权，有特别授权的，可以由其直接参加调解；

（二）未经特别授权的，可以参与调解，达成调解协议的，应当由当事人签字或者盖章，也可以由当事人补办特别授权追认手续，必要时，可以要求当事人亲自参加调解。

第四十二条　一方当事人表示不愿意调解

（一）有调解可能的，应当采用多种方式，积极引导调解；

（二）当事人坚持不愿调解的，不得强迫调解。

第四十三条　调解协议损害他人利益

（一）告知参与调解的当事人应当对涉及到他人权利、义务的约定进行修正；

（二）发现调解协议有损他人利益的，不得确认该调解协议内容的效力。

第四十四条　调解过程中当事人要求对责任问题表态

应当根据案件事实、法律规定以及调解的实际需要进行表态，注意方式方法，努力促成当事人达成调解协议。

第四十五条　当事人对调解方案有分歧

（一）继续做好协调工作，尽量缩小当事人之间的分歧，以便当事人重新选择，争取调解结案；

（二）分歧较大且确实难以调解的，应当及时依法裁判。

五、文书制作

第四十六条　基本要求

（一）严格遵守格式和规范，提高裁判文书制作能力，确保裁判文书质量，维护裁判文书的严肃性和权威性；

（二）普通程序案件的裁判文书应当内容全面、说理透彻、逻辑严密、用语规范、文字精练；

（三）简易程序案件的裁判文书应当简练、准确、规范；

（四）组成合议庭审理的案件的裁判文书要反映多数人的意见。

第四十七条　裁判文书质量责任的承担

（一）案件承办法官或者独任法官对裁判文书质量负主要责任，其他合议庭成员对裁判文书负有次要责任；

（二）对裁判文书负责审核、签发的法官，应当做到严格审查、认真把关。

第四十八条 对审判程序及审判全过程的叙述

（一）准确叙述当事人的名称、案由、立案时间、开庭审理时间、诉讼参加人到庭等情况；

（二）简易程序转为普通程序的，应当写明转换程序的时间和理由；

（三）追加、变更当事人的，应当写明追加、变更的时间、理由等情况；

（四）应当如实叙述审理管辖异议、委托司法鉴定、评估、审计、延期审理等环节的流程等一些重要事项。

第四十九条 对诉讼各方诉状、答辩状的归纳

（一）简要、准确归纳诉讼各方的诉、辩主张；

（二）应当公平、合理分配篇幅。

第五十条 对当事人质证过程和争议焦点的叙述

（一）简述开庭前证据交换和庭审质证阶段各方当事人质证过程；

（二）准确概括各方当事人争议的焦点；

（三）案件事实、法律关系较复杂的，应当在准确归纳争议焦点的基础上分段、分节叙述。

第五十一条 普通程序案件的裁判文书对事实认定部分的叙述

（一）表述客观，逻辑严密，用词准确，避免使用明显的褒贬词汇；

（二）准确分析说明各方当事人提交证据采信与否的理由以及被采信的证据能够证明的事实；

（三）对证明责任、证据的证明力以及证明标准等问题应当进行合理解释。

第五十二条 对普通程序案件定性及审理结果的分析论证

（一）应当进行准确、客观、简练的说理，对答辩意见、辩护意见、代理意见等是否采纳要阐述理由；

（二）审理刑事案件，应当根据法律、司法解释的有关规定并结合案件具体事实做出有罪或者无罪的判决，确定有罪的，对法定、酌定的从重、从轻、减轻、免除处罚情节等进行分析认定；

（三）审理民事案件，应当根据法律、法规、司法解释的有关规定，结合个案具体情况，理清案件法律关系，对当事人之间的权利义务关系、责任承担及责任大小等进行详细的归纳评判；

（四）审理行政案件，应当根据法律、法规、司法解释的有关规定，结合案件事实，就行政机关及其工作人员所作的具体行政行为是否合法，原告的合法权益是

否被侵害，与被诉具体行政行为之间是否存在因果关系等进行分析论证。

第五十三条　法律条文的引用

（一）在裁判理由部分应当引用法律条款原文，必须引用到法律的条、款、项；

（二）说理中涉及多个争议问题的，应当一论一引；

（三）在判决主文理由部分最终援引法律依据时，只引用法律条款序号。

第五十四条　裁判文书宣告或者送达后发现文字差错

（一）对一般文字差错或者病句，应当及时向当事人说明情况并收回裁判文书，以校对章补正或者重新制作裁判文书；

（二）对重要文字差错或者病句，能立即收回的，当场及时收回并重新制作；无法立即收回的，应当制作裁定予以补正。

六、执行

第五十五条　基本要求

（一）依法及时有效执行，确保生效法律文书的严肃性和权威性，维护当事人的合法权益；

（二）坚持文明执行，严格依法采取执行措施，坚决避免不作为和乱作为；

（三）讲求方式方法，注重执行的法律效果和社会效果。

第五十六条　被执行人以特别授权为由要求执行人员找其代理人协商执行事宜

（一）应当从有利于执行考虑，决定是否与被执行人的代理人联系；

（二）确有必要与被执行人本人联系的，应当告知被执行人有义务配合法院执行工作，不得推托。

第五十七条　申请执行人来电或者来访查询案件执行情况

（一）认真做好记录，及时说明执行进展情况；

（二）申请执行人要求查阅有关案卷材料的，应当准许，但法律规定应予保密的除外。

第五十八条　有关当事人要求退还材料原件

应当在核对当事人提交的副本后将原件退还，并由该当事人签字或者盖章后归档备查。

第五十九条　被执行财产的查找

（一）申请执行人向法院提供被执行财产线索的，应当及时进行调查，依法采取相应的执行措施，并将有关情况告知申请执行人；

（二）应当积极依职权查找被执行人财产，并及时依法采取相应执行措施。

第六十条　执行当事人请求和解

（一）及时将和解请求向对方当事人转达，并以适当方式客观说明执行的难度和风险，促成执行当事人达成和解；

（二）当事人拒绝和解的，应当继续依法执行；

（三）申请执行人和被执行人达成和解的，应当制作书面和解协议并归档，或者将口头达成的和解协议内容记入笔录，并由双方当事人签字或者盖章。

第六十一条　执行中的暂缓、中止、终结

（一）严格依照法定条件和程序采取暂缓、中止、终结执行措施；

（二）告知申请执行人暂缓、中止、终结执行所依据的事实和相关法律规定，并耐心做好解释工作；

（三）告知申请执行人暂缓、中止执行后恢复执行的条件和程序；

（四）暂缓、中止、终结执行确有错误的，应当及时依法纠正。

第六十二条　被执行人对受委托法院执行管辖提出异议

（一）审查案件是否符合委托执行条件，不符合条件的，及时向领导汇报，采取适当方式纠正；

（二）符合委托执行条件的，告知被执行人受委托法院受理执行的依据并依法执行。

第六十三条　案外人对执行提出异议

（一）要求案外人提供有关异议的证据材料，并及时进行审查；

（二）根据具体情况，可以对执行财产采取限制性措施，暂不处分；

（三）异议成立的，采取适当方式纠正；异议不成立的，依法予以驳回。

第六十四条　对被执行人财产采取查封、扣押、冻结、拍卖、变卖等措施

（一）严格依照规定办理手续，不得超标的、超金额查封、扣押、冻结被执行人财产；

（二）对采取措施的财产要认真制作清单，记录好种类、数量，并由当事人签字或者盖章予以确认；

（三）严格按照拍卖、变卖的有关规定，依法委托评估、拍卖机构，不得损害当事人合法利益。

第六十五条　执行款的收取

（一）执行款应当直接划入执行款专用账户；

（二）被执行人即时交付现金或者票据的，应当会同被执行人将现金或者票据交法院财务部门，并及时向被执行人出具收据；

（三）异地执行、搜查扣押、小额标的执行或者因情况紧急确需执行人员直接代收现金或者票据的，应当即时向交款人出具收据，并及时移交法院财务部门；

（四）严禁违规向申请执行人和被执行人收取费用。

第六十六条　执行款的划付

（一）应当在规定期限内办理执行费用和执行款的结算手续，并及时通知申请执行人办理取款手续；

（二）需要延期划付的，应当在期限届满前书面说明原因，并报有关领导审查批准；

（三）申请执行人委托或者指定他人代为收款的，应当审查其委托手续是否齐全、有效，并要求收款人出具合法有效的收款凭证。

第六十七条　被执行人以生效法律文书在实体或者程序上存在错误而不履行

（一）生效法律文书确有错误的，告知当事人可以依法按照审判监督程序申请再审或者申请有关法院补正，并及时向领导报告；

（二）生效法律文书没有错误的，要及时做好解释工作并继续执行。

第六十八条　有关部门和人员不协助执行

（一）应当告知其相关法律规定，做好说服教育工作；

（二）仍拒不协助的，依法采取有关强制措施。

七、涉诉信访处理

第六十九条　基本要求

（一）高度重视并认真做好涉诉信访工作，切实保护信访人合法权益；

（二）及时处理信访事项，努力做到来访有接待、来信有着落、申诉有回复；

（三）依法文明接待，维护人民法院良好形象。

第七十条　对来信的处理

（一）及时审阅并按规定登记，不得私自扣押或者拖延不办；

（二）需要回复和退回有关材料的，应当及时回复、退回；

（三）需要向有关部门和下级法院转办的，应当及时转办。

第七十一条　对来访的接待

（一）及时接待，耐心听取来访人的意见并做好记录；

（二）能当场解答的，应当立即给予答复，不能当场解答的，收取材料并告知按约定期限等待处理结果。

第七十二条　来访人系老弱病残孕者

（一）优先接待；

（二）来访人申请救助的，可以根据情况帮助联系社会救助站；

（三）在接待时来访人出现意外情况的，应当立即采取适当救护措施。

第七十三条　集体来访

（一）向领导报告，及时安排接待并联系有关部门共同处理；

（二）视情况告知选派 1 至 5 名代表说明来访目的和理由；

（三）稳定来访人情绪，并做好劝导工作。

第七十四条　信访事项不属于法院职权范围

告知法院无权处理并解释原因，根据信访事项内容指明有权处理机关。

第七十五条　信访事项涉及国家秘密、商业秘密或者个人隐私

（一）妥善保管涉及秘密和个人隐私的材料；

（二）自觉遵守有关规定，不披露、不使用在信访工作中获得的国家秘密、商业秘密或者个人隐私。

第七十六条　信访人反映辖区法院裁判不公、执行不力、审判作风等问题

（一）认真记录信访人所反映的情况；

（二）对法院裁判不服的，告知其可以依法上诉、申诉或者申请再审；

（三）反映其他问题的，及时将材料转交法院有关部门处理。

第七十七条　信访人反复来信来访催促办理结果

（一）告知规定的办理期限，劝其耐心等待处理结果；

（二）情况紧急的，及时告知承办人或者承办部门；

（三）超过办理期限的，应当告知超期的理由。

第七十八条　信访人对处理结果不满，要求重新处理

（一）处理确实不当的，及时报告领导，按规定进行纠正；

（二）处理结果正确的，应当做好相关解释工作，详细说明处理程序和依据。

第七十九条　来访人表示不解决问题就要滞留法院或者采取其他极端方式

（一）及时进行规劝和教育，避免使用不当言行刺激来访人；

（二）立即向领导报告，积极采取适当措施，防止意外发生。

八、业外活动

第八十条　基本要求

（一）遵守社会公德，遵纪守法；

（二）加强修养，严格自律；

（三）约束业外言行，杜绝与法官形象不相称的、可能影响公正履行职责的不良嗜好和行为，自觉维护法官形象。

第八十一条　受邀请参加座谈、研讨活动

（一）对与案件有利害关系的机关、企事业单位、律师事务所、中介机构等的邀请应当谢绝；

（二）对与案件无利害关系的党、政、军机关、学术团体、群众组织的邀请，经向单位请示获准后方可参加。

第八十二条　受邀请参加各类社团组织或者联谊活动

（一）确需参加在各级民政部门登记注册的社团组织的，及时报告并由所在法院按照法官管理权限审批；

（二）不参加营利性社团组织；

（三）不接受有违清正廉洁要求的吃请、礼品和礼金。

第八十三条　从事写作、授课等活动

（一）在不影响审判工作的前提下，可以利用业余时间从事写作、授课等活动；

（二）在写作、授课过程中，应当避免对具体案件和有关当事人进行评论，不披露或者使用在工作中获得的国家秘密、商业秘密、个人隐私及其他非公开信息；

（三）对于参加司法职务外活动获得的合法报酬，应当依法纳税。

第八十四条　接受新闻媒体与法院工作有关的采访

（一）接受新闻媒体采访必须经组织安排或者批准；

（二）在接受采访时，不发表有损司法公正的言论，不对正在审理中的案件和有关当事人进行评论，不披露在工作中获得的国家秘密、商业秘密、个人隐私及其他非公开信息。

第八十五条　本人或者亲友与他人发生矛盾

（一）保持冷静、克制，通过正当、合法途径解决；

（二）不得利用法官身份寻求特殊照顾，不得妨碍有关部门对问题的解决。

第八十六条　本人及家庭成员遇到纠纷需通过诉讼方式解决

（一）对本人的案件或者以直系亲属代理人身份参加的案件，应当依照有关法律规定，平等地参与诉讼；

（二）在诉讼过程中不以法官身份获取特殊照顾，不利用职权收集所需证据；

（三）对非直系亲属的其他家庭成员的诉讼案件，一般应当让其自行委托诉讼代理人，法官本人不宜作为诉讼代理人参与诉讼。

第八十七条　出入社交场所注意事项

（一）参加社交活动要自觉维护法官形象；

（二）严禁乘警车、穿制服出入营业性娱乐场所。

第八十八条　家人或者朋友约请参与封建迷信活动

（一）不得参加邪教组织或者参与封建迷信活动；

（二）向家人和朋友宣传科学，引导他们相信科学、反对封建迷信；

（三）对利用封建迷信活动违法犯罪的，应当立即向有关组织和公安部门反映。

第八十九条 因私出国（境）探亲、旅游

（一）如实向组织申报所去的国家、地区及返回的时间，经组织同意后方可出行；

（二）准时返回工作岗位；

（三）遵守当地法律，尊重当地民风民俗和宗教习惯；

（四）注意个人形象，维护国家尊严。

九、监督和惩戒

第九十条 各级人民法院要严格要求并督促本院法官遵守本规范，具体由各级法院的政治部门和纪检监察部门负责。

第九十一条 上级人民法院指导、监督下级人民法院对本规范的贯彻执行，最高人民法院指导和监督地方各级人民法院对本规范的贯彻执行。

第九十二条 地方各级人民法院应当结合本院实际，研究制定具体的实施细则或实施办法，切实加强本规范的培训与考核。

第九十三条 各级人民法院广大法官要自觉遵守和执行本规范，对违反本规范的人员，情节较轻且没有危害后果的，进行诫勉谈话和批评教育；构成违纪的，根据人民法院有关纪律处分的规定进行处理；构成违法的，根据法律规定严肃处理。

十、附则

第九十四条 人民陪审员以及人民法院其他工作人员参照本规范执行，法官退休后应当参照本规范有关要求约束言行。

第九十五条 本规范由最高人民法院负责解释。

第九十六条 本规范自发布之日起施行，最高人民法院 2005 年 11 月 4 日发布的《法官行为规范（试行）》同时废止。

中华人民共和国法官职业道德基本准则

（最高人民法院 2001 年 10 月 18 日发布，2010 年 12 月 6 日修订后重新发布）

第一章　总　则

第一条　为加强法官职业道德建设，保证法官正确履行法律赋予的职责，根据《中华人民共和国法官法》和其他相关规定，制定本准则。

第二条　法官职业道德的核心是公正、廉洁、为民。基本要求是忠诚司法事业、保证司法公正、确保司法廉洁、坚持司法为民、维护司法形象。

第三条　法官应当自觉遵守法官职业道德，在本职工作和业外活动中严格要求自己，维护人民法院形象和司法公信力。

第二章　忠诚司法事业

第四条　牢固树立社会主义法治理念，忠于党、忠于国家、忠于人民、忠于法律，做中国特色社会主义事业建设者和捍卫者。

第五条　坚持和维护中国特色社会主义司法制度，认真贯彻落实依法治国基本方略，尊崇和信仰法律，模范遵守法律，严格执行法律，自觉维护法律的权威和尊严。

第六条　热爱司法事业，珍惜法官荣誉，坚持职业操守，恪守法官良知，牢固树立司法核心价值观，以维护社会公平正义为己任，认真履行法官职责。

第七条　维护国家利益，遵守政治纪律，保守国家秘密和审判工作秘密，不从事或参与有损国家利益和司法权威的活动，不发表有损国家利益和司法权威的言论。

第三章　保证司法公正

第八条　坚持和维护人民法院依法独立行使审判权的原则，客观公正审理案件，在审判活动中独立思考、自主判断，敢于坚持原则，不受任何行政机关、社会团体和个人的干涉，不受权势、人情等因素的影响。

第九条　坚持以事实为根据，以法律为准绳，努力查明案件事实，准确把握法律精神，正确适用法律，合理行使裁量权，避免主观臆断、超越职权、滥用职权，确保案件裁判结果公平公正。

第十条 牢固树立程序意识，坚持实体公正与程序公正并重，严格按照法定程序执法办案，充分保障当事人和其他诉讼参与人的诉讼权利，避免执法办案中的随意行为。

第十一条 严格遵守法定办案时限，提高审判执行效率，及时化解纠纷，注重节约司法资源，杜绝玩忽职守、拖延办案等行为。

第十二条 认真贯彻司法公开原则，尊重人民群众的知情权，自觉接受法律监督和社会监督，同时避免司法审判受到外界的不当影响。

第十三条 自觉遵守司法回避制度，审理案件保持中立公正的立场，平等对待当事人和其他诉讼参与人，不偏袒或歧视任何一方当事人，不私自单独会见当事人及其代理人、辩护人。

第十四条 尊重其他法官对审判职权的依法行使，除履行工作职责或者通过正当程序外，不过问、不干预、不评论其他法官正在审理的案件。

第四章 确保司法廉洁

第十五条 树立正确的权力观、地位观、利益观，坚持自重、自省、自警、自励，坚守廉洁底线，依法正确行使审判权、执行权，杜绝以权谋私、贪赃枉法行为。

第十六条 严格遵守廉洁司法规定，不接受案件当事人及相关人员的请客送礼，不利用职务便利或者法官身份谋取不正当利益，不违反规定与当事人或者其他诉讼参与人进行不正当交往，不在执法办案中徇私舞弊。

第十七条 不从事或者参与营利性的经营活动，不在企业及其他营利性组织中兼任法律顾问等职务，不就未决案件或者再审案件给当事人及其他诉讼参与人提供咨询意见。

第十八条 妥善处理个人和家庭事务，不利用法官身份寻求特殊利益。按规定如实报告个人有关事项，教育督促家庭成员不利用法官的职权、地位谋取不正当利益。

第五章 坚持司法为民

第十九条 牢固树立以人为本、司法为民的理念，强化群众观念，重视群众诉求，关注群众感受，自觉维护人民群众的合法权益。

第二十条 注重发挥司法的能动作用，积极寻求有利于案结事了的纠纷解决办法，努力实现法律效果与社会效果的统一。

第二十一条　认真执行司法便民规定，努力为当事人和其他诉讼参与人提供必要的诉讼便利，尽可能降低其诉讼成本。

第二十二条　尊重当事人和其他诉讼参与人的人格尊严，避免盛气凌人、"冷硬横推"等不良作风；尊重律师，依法保障律师参与诉讼活动的权利。

第六章　维护司法形象

第二十三条　坚持学习，精研业务，忠于职守，秉公办案，惩恶扬善，弘扬正义，保持昂扬的精神状态和良好的职业操守。

第二十四条　坚持文明司法，遵守司法礼仪，在履行职责过程中行为规范、着装得体、语言文明、态度平和，保持良好的职业修养和司法作风。

第二十五条　加强自身修养，培育高尚道德操守和健康生活情趣，杜绝与法官职业形象不相称、与法官职业道德相违背的不良嗜好和行为，遵守社会公德和家庭美德，维护良好的个人声誉。

第二十六条　法官退休后应当遵守国家相关规定，不利用自己的原有身份和便利条件过问、干预执法办案，避免因个人不当言行对法官职业形象造成不良影响。

第七章　附　则

第二十七条　人民陪审员依法履行审判职责期间，应当遵守本准则。人民法院其他工作人员参照执行本准则。

第二十八条　各级人民法院负责督促实施本准则，对于违反本准则的行为，视情节后果予以诫勉谈话、批评通报；情节严重构成违纪违法的，依照相关纪律和法律规定予以严肃处理。

第二十九条　本准则由最高人民法院负责解释。

第三十条　本准则自发布之日起施行。最高人民法院2001年10月18日发布的《中华人民共和国法官职业道德基本准则》同时废止。

最高人民法院印发《关于进一步加强人民法院"立案信访窗口"建设的若干意见（试行）》的通知

（法发〔2009〕60 号）

各省、自治区、直辖市高级人民法院，解放军军事法院，新疆维吾尔自治区高级人民法院生产建设兵团分院：

现将最高人民法院《关于进一步加强人民法院"立案信访窗口"建设的若干意见》印发给你们，请各地结合实际，认真贯彻执行。

2009 年 12 月 25 日

关于进一步加强人民法院"立案信访窗口"建设的若干意见（试行）

人民法院的"立案信访窗口"是人民群众表达诉求、参与诉讼、解决纠纷的重要场所，也是人民法院了解社情民意、服务涉诉群众、联系社会各界的桥梁纽带。多年来，各级人民法院重视加强立案信访场所建设，落实司法为民措施，收到了良好效果。为进一步贯彻落实"三个至上"人民法院工作指导思想，树立人民法院公正高效、亲民便民的良好司法形象，现就进一步加强人民法院"立案信访窗口"建设，提出如下意见：

一、总体要求

1. 坚持"党的事业至上、人民利益至上、宪法法律至上"的指导思想，围绕"为大局服务，为人民司法"的工作主题，结合"人民法官为人民"主题实践活动，深入持久开展"立案信访窗口"建设活动，建一流队伍，创一流服务，争一流业绩，使之成为人民法院全局工作亮点。

2. 着重从服务管理、功能布局、设施保障、制度规章等方面入手，端正思想，改进作风，提高效率，完善机制，加强"立案信访窗口"的标准化、规范化建设，使之成为"功能完善、制度健全、设施齐备、服务到位"的司法服务场所。

二、基本功能

1. 诉讼引导。由专人负责来访接待引导，根据采访群众的目的要求，将其引导至相关区域。

2. 立案审查。及时接收，审查案件材料，办理立案手续、核算、收取诉讼费用。

3. 立案调解。设立调解室，由经验丰富；业务素质高的法官或专职人民调解员、退休法官等进行诉前调解或立案调解。

4. 救助服务。对经济困难的当事人，特别是涉及老弱病残、下岗职工、农民工等追索赡养费、抚养费、养老金、抚恤金、拖欠工资的，提供必要的司法救助，决定诉讼费的减、缓、免除。

5. 查询咨询。通过柜台窗口接待、登记本、触摸屏、电话、网络等手段和形式，为当事人提供承办法官及审判庭、开庭时间、案件流转、执行进展等案件信息查询服务。为来访群众提供法律咨询服务。

6. 材料收转。接收当事人提交的诉讼材料，并负责转交承办法官或合议庭。

7. 判后答疑。针对当事人对生效裁判提出的疑问，通知原承办法官、相关审判庭进行答疑释惑，促使当事人服判息诉。

8. 信访接待。接待群众初次来访、申诉或者申请再审，分流引导越级上访和重复上访，妥善处置集体访等重点信访，保持依法有序的信访秩序，保障机关安全和社会安定。

三、基础设施

1. 立案信访场所面积应按照《人民法院法庭建设标准》（法〔2002〕260号，建设部建标〔2002〕229号）建设，且符合工作的实际需要。

2. 立案场所和信访接待场所应适当分开，做到布局合理、庄重大方、宽敞明亮、整洁卫生。

3. 立案信访场所设置于标志明显、交通便利、方便群众出入的地点。

4. 在保障安全有序的前提下，立案信访工作采用"柜台式"或"窗口式"等开放办公方式。

5. 人民法院应在立案信访场所设置休息座椅、饮水器具和卫生服务设施，提供笔墨纸张、复印、打字、电话、传真、网络等相关服务。

6. 人民法院应当向当事人提供诉讼指南、来访须知、风险告知书等诉讼指引资料。有条件的法院应配置公示屏幕、电子触摸屏、传呼系统等。

7. 人民法院应在明显位置公布服务承诺、工作流程、管理制度、法院和法官相关信息。

8. 立案信访场所应当配备手持安检仪、液体检测仪、通道式X光物检仪以及防爆桶、防火毯等安检设备。

四、工作制度

1. 首问负责制度。接待来访的首位工作人员，应认真负责地做好接待工作。对职责范围内的事项，应及时办理；对职责范围外的事项，应及时移交有关部门和人员，并向来访群众说明情况。

2. 服务承诺制度。公开承诺立案受理、信访处理、信息查询、案件咨询、材料转交等有关内容的办理时间、期限和要求，自觉接受人民群众和社会各界的监督。

3. 办事公开制度。公开立案信访工作职责、工作流程及其他相关信息；公开投诉电话，设置意见箱，专人负责处理群众投诉，虚心听取各方面的意见和建议。

4. 文明接待制度。工作人员应当着装上岗，做到精神饱满、仪表端庄，衣着整洁、举止得体、服务周到、用语文明(参照使用的文明用语及禁用语附后)，高效及时、方法适当。

5. 岗位责任制度。实行定岗、定人、定责，做到职能明晰、任务明确、权责结合、考核有据。

五、岗位要求

1. 导诉人员应当使用文明、规范的语言询问来访人员的来访目的，按照不同要求介绍办事程序，指引办事地点，发放办事序号。

2. 立案人员应当认真审查当事人提交的起诉或上诉材料，征求其是否同意诉前调解或立案调解。对不宜调解的，告知诉讼风险，及时办理立案手续。准确计算诉讼费用，向当事人送达有关诉讼文书。对材料不齐全的，一次性指导当事人补齐；对因故不能当即立案的，应说明原因，并约定立案时间；对不属于人民法院受理范围或不属于本院管辖的，应进行法律释明，告知有权处理的单位和机关。

3. 查询咨询和答疑人员应当认真听取来访人员的提问，耐心回答问题，详细解释诉讼程序和法律规定，提供诉讼指引。

4. 材料收转人员接收诉讼材料应当认真核对，及时登记；接收材料后，通知相关审判庭领取，并做好移送交接工作。

5. 接访人员应做到及时接待，耐心细致，初访必接，有诉必理。认真审查信访材料，听取意见，及时记录来访信息。对能够当场解答的问题，应即问即答；不能当场解答的，告知按规定期限等待处理。对集体访等非正常上访，及时报告，妥善处理，防止矛盾激化。

六、行为规范

1. 根据不同季节统一着法院制服，按照规定佩戴法徽，挂牌上岗。不得披衣、敞怀、挽衣袖、卷裤腿、穿与制服不相称的鞋子；不得染彩发、染指甲、剃光头、文身、蓄胡须。

2. 时刻保持良好的精神状态和平和的心态，仪表端庄、自然，精力集中，举止文明，不带情绪上岗。

3. 对待来访群众应态度诚恳、自然、亲切，语言规范、语气温和、语调平和，不得生硬傲慢、拿腔拿调。

4. 平等对待每一位来访群众，尊重年老、疾病或残疾当事人的人格；对老弱病残孕等特殊群体应当特别关照。

5. 遇到言辞激烈、情绪激动的当事人，应保持冷静，不得与其发生争执或不理不睬；对于当事人的攻击、侮辱性语言，应表明态度，及时予以制止；对当事人的无理要求或错误意见应耐心释明，礼貌拒绝。

6. 对于多人来访，应努力照顾到在场每一个人的情绪，防止引发秩序混乱。

7. 严格执行岗位职责和工作流程，工作细致认真、准确快速、优质高效，尽量减少来访群众的等候时间，避免因工作失误给来访群众造成负担。

8. 对于需递交给来访群众的材料应当双手交到其手中，并嘱咐收好，不得扔或摔给来访群众。

9. 工作时间不得擅自离开岗位，不得从事与工作无关的活动。不得在工作时间或者工作日中午饮酒，不得在工作场所吸烟、饮食，不得与他人有勾肩搭背、挽手、嬉闹等不雅行为。

10. 不得采取任何方式和借口怠慢、顶撞、刁难来访群众或推托、拒办相关事项，不得与来访群众争吵、打架。

七、接待用语

1. 接待时应当使用文明规范用语，不得使用禁止使用的语句和说法。不得使用任何辱骂、嘲讽和挖苦的语言，不得大声斥责、教训来访群众。

2. 对来访群众要称谓恰当、说话得体；要考虑到来访群众的年龄、性别、职业、受教育程度等因素，尽量使用来访群众能够听懂的语言与来访群众进行交流。

3. 语言应简单明了、条理清楚、表达准确。

八、组织领导

1. 各高、中级人民法院应建立"立案信访窗口"建设工作领导小组。领导小组的职责是：研究"立案信访窗口"建设工作的重大事项，协调解决工作中的困难和问题，督促检查工作进展情况。中级、基层人民法院院长要亲自抓，全面落实"立案信访窗口"建设的各项要求和措施。

2. 按照"政治坚定、业务精通、纪律严明、作风优良、品德高尚"的要求，为"立案信访窗口"配备与任务相适应的工作人员，加强立案信访法官的政治思想教育和审判业务培训。实行定期轮岗，初任法官和拟任中层领导的人员应当到"立案信访窗口"锻炼，将立案信访岗位作为培养锻炼干部的基地。

3．地方各级人民法院应当从实际出发，因地制宜，按照最高人民法院提出的要求制定具体工作方案，抓好落实。加强对"立案信访窗口"建设的宣传工作，表彰宣传先进典型，总结先进经验，完善工作机制，提高立案信访工作水平。

4．主动接受党委领导、人大监督，定期或者不定期地向党委、人大汇报"立案信访窗口"建设工作情况，邀请人大代表、政协委员、执法监督员视察指导工作，认真听取意见、建议；及时与政府沟通情况，积极争取支持，推进"立案信访窗口"建设活动深入开展。

参照使用的"立案信访窗口"文明用语和禁用语

1."立案信访窗口"文明用语：

您好！

让您久等了！

对不起！

请稍等。

请您不要着急。

您有什么困难需要我们帮助吗？

您还有什么要补充的吗？

不知道您听清楚了没有？

您的材料不全，请补齐再来。

您的填写有误，请您重新填写。

您还有什么不清楚的吗？

请您核对一下签收的材料。

请您签名。

请留下您的联系方式，我们会很快给您答复。

2."立案信访窗口"禁用语：

你怎么又来了？

我已经跟你说清楚了！

这个事我管不了，爱找谁找谁去！

你说了算还是我说了算！

你懂不懂？

别吵（哭）了，要吵（哭）回家吵（哭）去，烦死人了！

你有完没完？

有意见找领导去，我的态度就是这么样，你能怎么着！

你是怎么搞的！又弄错了！

不是告诉你了吗？怎么还不明白！

参考文献

［1］安秀萍．司法口才学教程［M］．北京：中国政法大学出版社，2017.

［2］刘爱君．调解沟通艺术［M］．北京：中国政法大学出版社，2016.

［3］赵颖．秘书沟通协调与谈判技巧［M］．北京：中国人民大学出版社，2014.

［4］梁辉．有效沟通实务［M］．北京：中国人民大学出版社，2015.

［5］段烨．只用管好四种人［M］．北京：北京大学出版社，2013.

［6］李海峰．我为什么看不懂你［M］．北京：中国文联出版社，2010.

［7］杨亚菲．性格决定领导力［M］．广州：广东经济出版社，2012.

［8］王建中．调解心理艺术［M］．北京：人民法院出版社，2001.

［9］陈绍娟，徐浩然．律师礼仪［M］．北京：中国政法大学出版社，2015.

［10］（澳）亚伦·皮斯，（澳）芭芭拉·皮斯．身体语言密码［M］．北京：中国城市出版社，2007.

［11］欣悦．妙用肢体语言［M］．北京：中国纺织出版社，2003.

［12］郭锦杭．法律沟通的实证分析［J］．嘉应学院学报，2010(9)：73-77.

［13］孙晓雷，汪翔．侦查讯问中犯罪嫌疑人身体语言研究［J］．湖北警官学院学报，2014(10)：
34-36.

后 记

  写作本书的动意由来以久，一来是多年参与公益司法实践工作的所见所闻，越发希望有必要把其中的所思整理出来；二来是多年的口才教学实践越发意识到，学生在法院作书记员需要的技能不是在法庭内外的慷慨陈词，而是如何将民事纠纷的开庭通知、诉讼传票等法律文书顺利及时地送达当事人，如何给来法院"要说法"的众多心急气躁的纠纷当事人提供有效的诉讼指引；三来是民事法律纠纷的案件量和诉前调解量的逐年增多，越发凸显出通过有效的沟通化解矛盾的价值。

  民事司法沟通在国内本是边缘学科，研究成果甚少，关于这一领域的著作仍是空白，要提供系统、适用的民事司法沟通技能对任何一个法律人或者研究沟通的管理人都有较高难度。如何将沟通学与司法实务两个专业领域完美结合"握手"是本书创作的一大挑战。

  本人十年"口才""司法口才"的教学历程，深感口才学的研究仍局限在普通的"演讲与口才"或"法庭论辩艺术""司法宣读"之中，这与目前高职院校法律文秘毕业生走上书记员岗位的技能要求和适用工作场景相去甚远。为了给读者提供真实可操作性的学习技能和工作场景，本书在最初定位时就确立了由一线法官和律师组成的团队合力打造的原则，将处理民事纠纷过程中，与不同交流对象进行沟通的专业技能作为目标，将法官助理、书记员或律师助理或执业律师、法官等岗位所需沟通技巧作为本书的重点。在策划本书过程中，有着二十多年审判经验的资深法官王成和曾是法官出身"下海"做律师的王善忠，美女教师兼好友、礼仪专家李建欣为本书的架构提供了大量有价值的建议。

  本书的创作团队优势互补、通力合作，将各自在一线实务工作的经验转化为通俗易懂的知识技能。除了第一、二、三、四、五章由本人承担外，所有实务操作内容由李迎新（第九章第一节）、王善忠（第六章第一节、第八章第二节、第九章第三节）、宋垚（第六章第二节、第三节、第七章、第八章第一节、第九章第二节）和刘哲尔（第十章）倾力奉献。书中所有案例情境均来自一线。

为了便于读者对书中相关理论与沟通技能要点的理解，及时了解司法队伍规范化建设的最新政策与规定，本书特在附录中加入了涉及司法工作人员行为规范等法规、政策介绍，作为知识点的有益补充。

本着"以素质为基础，以知识为依托，以能力为中心"的高素质技能型人才培养理念，与法律行业专家合作开发的《民事司法沟通》一书，经过两年多的反复打磨，终于要和读者见面了。

在此一并感谢北京政法职业学院和本书编辑团队给予的大力支持！感谢三位法学界大咖——张新宝教授、李大进会长、邹治法官给予本书的肯定与赞誉。

刘爱君

2021 年 10 月于北京